AF618338

Verehrt – verdammt – vergessen

Die Mütter der römischen Kaiser

Günter Aumann

Reichert | Wiesbaden | 2024

Coverabbildung:
Domna bekränzt Caracalla, National Museum Warschau

Bibliografische Information der Deutschen Nationalbibliothek:
Die Deutsche Bibliothek verzeichnet diese Publikation in der Deutschen Nationalbibliografie; detaillierte bibliografische Daten sind im Internet über http://dnb.dnb.de abrufbar.

Gedruckt auf säurefreiem Papier (alterungsbeständig – pH 7, neutral)

www.reichert-verlag.de.
ISBN: 978-3-7520-0823-4 (Print)
eISBN: 978-3-7520-0310-9 (E-Book)
https://doi.org/10.29091/9783752003109

Inhaltsverzeichnis

Vorwort

Dieses Buch handelt von den Müttern der römischen Kaiser bis zum Tod des Theodosius I im Jahr 395, „weil dieser faktisch die definitive Teilung des *Imperium Romanum* besiegelte“.[1] Wenn man das Gallische Sonderreich und das Britannische Sonderreich nicht berücksichtigt (was für unser Thema schon aufgrund der Datenlage geboten ist), listet die *Römische Kaisertabelle* [58] für diesen Zeitraum 66 Kaiser auf. Da häufiger Brüder parallel oder nacheinander Kaiser waren (Titus, Domitian – Caracalla, Geta – Claudius II Gothicus, Quintillus – Tacitus, Florianus[2] – Carinus, Numerianus – Constantin II, Constans, Constantius II – Valentinian I, Valens), kommt man auf 58 Kaisermütter.

Jeder Kaiser trug den Titel *Augustus*. Daneben führten auch einige Kaisersöhne diesen Titel, ohne an der Regentschaft beteiligt zu sein (oft waren sie viel zu jung). Nimmt man deren Mütter hinzu, erhöht sich die Zahl der Kaisermütter auf 63. Von ihnen gewinnen jedoch lediglich 15 Konturen. Ihnen ist jeweils ein Abschnitt dieses Buchs gewidmet. Die spärlichen Daten der Übrigen sind am Beginn der jeweiligen Kapitel sowie im Kapitel über die Mütter der sogenannten Soldatenkaiser zusammengestellt.

Nur acht der 15 näher vorgestellten Kaisermütter starben eines natürlichen Todes. Drei begingen Selbstmord bzw. wurden in den Suizid getrieben, vier wurden ermordet. Auch wenn neun der 15 den ehrenvollen Titel *Augusta* trugen und drei sogar als *Diva* vergöttlicht wurden, war also ihr Leben oft alles andere als einfach. (Unter den übrigen Kaisermüttern finden sich sechs weitere *Augustae* sowie zwei weitere *Divae*.) Da unser Augenmerk den Müttern gilt, beschränken wir uns bei ihren kaiserlichen Söhnen auf Begebenheiten, bei denen die Mutter in Erscheinung tritt oder die helfen, den Ablauf der Ereignisse zu verstehen.

In der Kaiserzeit genossen Frauen der senatorischen Oberschicht in der Regel eine gediegene Bildung und konnten große Vermögen erwerben. Sie waren auch – im Gegensatz zu Griechinnen – im öffentlichen Raum präsent. Das für die römische Gesellschaft wichtige Beziehungsgeflecht zwischen Patron und Klient eröffnete ihnen daher erhebliche Einflussmöglichkeiten. Sie begleiteten auch ihre Männer auf ihre Posten in der Provinz und erweiterten so ihren Horizont. Ein Versuch, dies zu verbieten, scheiterte im Jahr 21 n. Chr. Bezeichnend sind die nach Tacitus von den Befürwortern eines Verbots vorgebrachten Argumente: „Nicht nur schwach und Strapazen nicht gewachsen sei dieses Geschlecht, sondern, falls man ihm freie Hand lasse, auch brutal, ehrgeizig und machtbesessen. Man marschiere mit den Soldaten, habe Zenturionen zur Hand; erst kürzlich habe eine Frau sogar das Manöver einer Kohorte und eine Parade von Legionen befehligt. Sie sollten doch daran denken, dass immer, wenn jemand wegen Erpressung angeklagt werde, die Vorwürfe überwiegend die Frauen beträfen. An sie hängten sich sofort die übelsten Elemente unter den Provinzbewohnern, von ihnen würden die Geldgeschäfte in die Hand genommen und abgeschlossen. Zwei Personen werde gehuldigt, wenn sie sich in der Öffentlichkeit zeigten, zwei Amtssitze gebe es."[3] Ehrgeizige Frauen waren also Tacitus – und großen Teilen der männlichen Oberschicht – suspekt. Auch Seneca machte daraus kein Hehl. In einer Trostschrift, die er während seiner achtjährigen Verbannung auf Korsika an seine Mutter richtete, prangerte er jene Mütter an, „die permanent die Kräfte ihrer Kinder in weiblicher Zügellosigkeit überfordern, die, weil Frauen keine Staatsämter bekleiden dürfen, durch sie ihren Ehrgeiz befriedigen wollen".[4]

Seneca beruft sich hier auf die eindeutige Grenze, die das Gesetz dem Ehrgeiz von Frauen setzte: „Die Frauen sind von allen staatlichen und öffentlichen Ämtern ausgeschlossen und können daher weder Richter sein, noch eine Magistratur bekleiden, noch vor Gericht Anträge stellen."[5] Diese auf die ursprüngliche Verknüpfung von Bürgerrechten mit der Pflicht zum Kriegsdienst zurückgehende Regelung blieb stets in Kraft. Es ist daher kein Zufall, dass Kaiser Augustus in seinem Tatenbericht keine einzige Frau namentlich erwähnt. Nur wenige Frauen versuchten, diese Grenze zu überschreiten, wie die ältere Agrippina, die in den militärischen Bereich eindrang, oder deren Tochter, die sogar nach der Macht griff. Doch auch andere gelangten zu erheblichem Einfluss, etwa Livia, die Gattin des Augustus, oder Frauen in der Epoche der severischen Herrscher. Die zunehmende Dominanz der christlichen Kirche, in der für Frauen nur dienende Funktionen und Werke der Frömmigkeit vorgesehen waren, brachte diese Entwicklung im vierten Jahrhundert zum Stillstand.

Da im römischen Recht allein die männliche (agnatische) Linie zählte, erfahren wir von den Vätern der Kaiser wesentlich mehr als von ihren Müttern. Um letzteren näherzukommen, muss man daher neben den literarischen Quellen auch auf numismatische und epigraphische zurückgreifen. Der Nutzen der verschiedenen Quellen wird von den Historikern sehr unterschiedlich beurteilt. Je nach Forschungsansatz verspricht eine „allein auf den literarischen Quellen beruhende Untersuchung … nur einen geringen Erkenntnisgewinn" oder enttäuscht „das spröde Staatsdenkmal der Münzen, … da es alles Individuelle und Zufällige bis zur Unkenntlichkeit filtert und läutert".[6] Will man zumindest einigen Müttern Gestalt verleihen, kann man jedenfalls auf keine der meist ohnehin nicht sehr zahlreichen Quellen verzichten. Leider liefern sie fast ausschließlich Äußerungen *über* diese Frauen, Äußerungen *von* ihnen sind kaum vorhanden. Schließlich ist beim Studium der Quellen zu beachten, dass sie ausnahmslos von Männern verfasst wurden, von denen nicht wenige Probleme mit ehrgeizigen Frauen hatten, ja ihnen jede Untat zutrauten.

Dabei variiert die Nachrichtenlage in den gut vier Jahrhunderten, die hier betrachtet werden, sehr stark. Während der Herrschaft der Julier-Claudier, also bis zu Neros Tod, herrscht kein Mangel an Quellen, aus denen auch vieles über die Mütter der Kaiser zu erfahren ist. Bei den Flaviern kennt man lediglich von Vespasians Mutter einige interessante Details. Unter den Adoptivkaisern ist von den Müttern der Kaiser Trajan, Hadrian und Antoninus Pius wenig bekannt; lediglich die Mütter des Mark Aurel und des Commodus treten in Erscheinung. Deutlich besser wird die Situation während der Herrschaft der

Severer, als unter den Frauen am Kaiserhof mehrere markante Persönlichkeiten zu finden sind. Danach verebben die Informationen. Von den Müttern der sogenannten Soldatenkaiser, die sich im dritten Jahrhundert in kurzen Abständen ablösen, kennt man oft nicht einmal ihre Namen. Erst im vierten Jahrhundert bessert sich die Lage wieder.

Die Namen der beteiligten Personen unterscheiden sich bisweilen in den verschiedenen Quellen. Um Verwirrungen zu vermeiden, wurden sie – wo nötig auch in Zitaten – angeglichen. Ebenso wurden unterschiedliche Schreibweisen vereinheitlicht (angelehnt an die *Römische Kaisertabelle* [58]). Stammtafeln der Julisch-Claudischen Dynastie (S. 17), der Adoptivkaiser (S. 84), der Severer (S. 104) und des Constantinisch-Valentinianischen Hauses (S. 133) helfen, den Überblick zu behalten. In ihnen sind Kaiser gelb, Kaisermütter blau hervorgehoben.

Jahreszahlen ohne weitere Angabe meinen im Folgenden stets Jahre nach Christus.

Ich danke dem Dr. Ludwig Reichert Verlag für die positive Aufnahme meines Buchprojekts und Frau Dr. Anna Lahr für dessen kompetente und konstruktive Begleitung.

Bretten, im April 2024 *Günter Aumann*

Auftakt: Aurelia und Caesar

Von den zahlreichen Schriften des um 75 geborenen römischen Ritters Gaius Suetonius Tranquillus blieben lediglich die nach 120 erschienenen acht Bücher *De vita Caesarum* vollständig erhalten. Das Werk enthält Biografien von zwölf römischen Herrschern, von denen die der julisch-claudischen Kaiser die mit Abstand umfangreichsten sind. Sueton konnte dafür Informationen nutzen, die ihm unter Trajan als Leiter der kaiserlichen Bibliothek und unter seinem Nachfolger Hadrian als dessen Kanzleichef zugänglich waren. Allerdings verschmähte er auch nicht – den Absatz steigernden – Klatsch aus dem Privatleben der Kaiser.

Sueton beginnt seine mit Domitian endenden Kaiserbiographien – so der übliche deutsche Titel – mit der Biographie des Gaius Iulius Caesar, der zwar Diktator auf Lebenszeit (*dictator perpetuo*) war, aber keinen Titel führte, der ihn zu einem König oder Kaiser gemacht hätte. Trotzdem wollen wir in dieser Tradition vor der Beschäftigung mit den Kaisermüttern einen Blick auf Caesars Mutter Aurelia werfen, zumal der Name Caesar im deutschen Wort „Kaiser" (und im russischen „Zar") weiterlebt. Außerdem zeigen sich exemplarisch die Schwierigkeiten, die Frauenporträts in einer von Männern dominierten Welt und Geschichtsschreibung entgegenstehen.

Caesars Vater hieß wie sein Sohn Gaius Iulius Caesar. Auch dessen Vater trug diesen Namen – die Römer verstanden es, den Geschichtsschreibern das Leben schwer zu machen. Obwohl er der altehrwürdigen, patrizischen *gens Iulia* angehörte, ist vom Großvater kaum etwas bekannt. Vom Vater wissen wir zumindest, dass er Prätor war. Irgendwann vor 100 v. Chr. heiratete er Aurelia, mit der er neben seinem Sohn zwei Töchter namens Iulia hatte.

Aurelia gehörte dem sehr einflussreichen Zweig Cotta der *gens Aurelia* an; allein zwischen 75 und 65 v. Chr. stellte er mit den Brüdern Gaius, Marcus und Lucius Aurelius Cotta drei Konsuln. Wie eng Aurelia mit ihnen verwandt war, ist unsicher.[1]

Gaius Iulius Caesar kam im heute nach ihm benannten Monat Juli des Jahres 100 v. Chr. zur Welt – nach dem älteren Plinius, indem Aurelias Gebärmutter aufgeschnitten wurde.[2] Dass dies nicht stimmen konnte, wusste schon der im 6. Jahrhundert lebende byzantinische Autor Johannes Lydos, da die damals durchaus bekannte – aber unvermeidlich zum Tod der Mutter führende – Methode des „Kaiserschnitts" nur bei im Sterben liegenden Gebärenden angewandt wurde und Aurelia die Geburt überlebte.[3] Der von Plinius hergestellte Zusammenhang zwischen dem Beinamen Caesar und dem Verb *caedere* (*caesus*: (heraus)geschnitten) ist also fragwürdig und könnte sich höchstens auf einen früheren Träger dieses Beinamens beziehen. Ein im 4./5. Jahrhundert lebender Vergil-Kommentator nennt daneben eine weitere Etymologie: Er heiße Caesar, „entweder weil er geboren wurde, indem er aus dem Leib der Mutter geschnitten wurde, oder weil dessen Großvater in

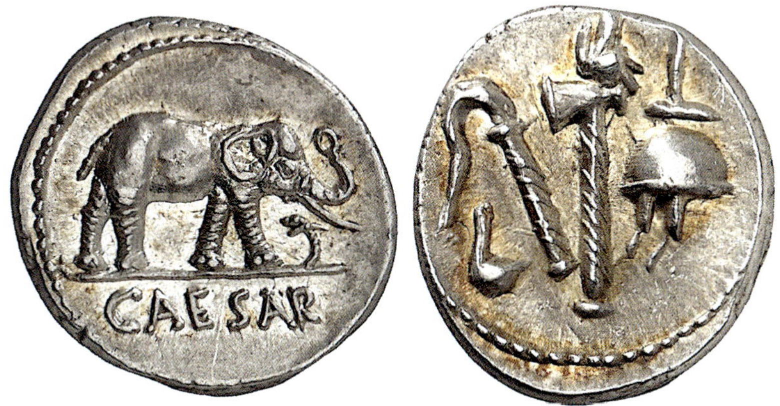

Abb. 1: Denar Caesars

Afrika mit eigener Hand einen Elefanten getötet hatte, der in der Sprache der Karthager *caesa* heißt".[4]

Letzteres würde zumindest die prominente Rolle erklären, die der Elefant auf Caesars Münzen spielt. Ein eindrucksvolles Beispiel zeigt die Abb. 1. Auf dem Revers dieses 49 v. Chr. geprägten Denars sehen wir Priestergeräte: eine Schöpfkelle, einen Weihwedel, eine mit einem Tierkopf verzierte Axt sowie eine Priesterkappe mit Wangenklappen und hoher Spitze (*apex*). Sie verweisen auf Caesars Amt als *pontifex maximus*, die einzige offizielle Stellung, die Caesar zum Zeitpunkt der Prägung bekleidete.

Tacitus rechnet Aurelia unter die vorbildlichen Mütter früherer Zeit: „Denn vor langer Zeit wurde der Sohn eines jeden, nachdem er von einer tugendhaften Mutter geboren worden war, nicht in der Kammer einer bezahlten Amme, sondern auf dem Schoß und an der Brust der Mutter erzogen, deren besonderes Lob es war, das Haus zu bewahren und für die Kinder da zu sein. Es wurde andererseits irgendeine ältere Verwandte ausgewählt, deren erprobten und bewährten Regeln der gesamte Nachwuchs derselben Familie anvertraut wurde; in ihrer Gegenwart war es weder gestattet zu sagen, was schimpflich zu sagen, noch zu tun, was unehrenhaft zu tun schien. Und sie lenkte nicht nur die Studien und die Beschäftigungen, sondern auch die Freizeit und die Spiele der Buben mit einer gewissen Sittenreinheit und Zurückhaltung. Wir haben gehört, dass so Cornelia, die Mutter der Gracchen, so Aurelia, die Mutter Caesars, und so Atia, die Mutter des Augustus, die Erziehung geregelt und Kinder großgezogen haben, die führende Stellungen einnehmen sollten."[5]

Danach kümmerte sich Aurelia intensiv um die Erziehung ihres Sohns und trug so nach Cicero dazu bei, dass Caesar „unter nahezu allen Rednern das gewählteste Latein" sprach.[6] Namentlich erwähnt wird sie von Cicero allerdings ebenso wenig wie von Dio, der Caesars Erziehung geradezu überbordend rühmt.[7]

Mit 15 Jahren verlor Caesar seinen Vater. Er starb völlig überraschend im Jahr 85 v. Chr. in Pisa „morgens beim Anziehen der Schuhe".[8]

Im Jahr 84 oder 83 v. Chr. heiratete Caesar Cornelia, die Tochter des Cinna, der viermal Konsul gewesen war. Um 76 v. Chr. gebar sie ihm Iulia, Caesars einziges Kind. „Vom Diktator Sulla ließ er sich durch nichts bewegen, sich von ihr zu trennen. Deshalb bestrafte man ihn damit, dass er … die Mitgift seiner Frau sowie Erbansprüche gegenüber seinem Geschlecht verlor; darauf zählte man ihn unter die Anhänger der Gegenpartei, so dass er sich sogar gezwungen sah, sich aus der Öffentlichkeit zurückzuziehen und fast jede Nacht seinen Schlupfwinkel zu wechseln – und das, obwohl er an viertägigem Wechselfieber litt und diese Krankheit sich noch verschlimmerte – und sich von seinen Verfolgern mit Geld loszukaufen, bis die Vestalinnen sowie [die *pontifices*] Mamercus Aemilius und [Gaius] Aurelius Cotta, mit denen er verwandt war, seine Begnadigung erwirkten. Es ist hinlänglich bekannt, dass Sulla, als sich sehr vertraute und hochangesehene Männer bei ihm für Caesar einsetzten und er eine Zeit lang ihre Bitten abgelehnt hatte, sie aber weiterhin hartnäckig für ihn eintraten, ihnen schließlich … entgegenschrie, er gebe sich geschlagen: Sollten sie doch siegen und ihn und ihren Willen haben. Sie sollten nur wissen, dass der, von dem sie so sehr wünschten, dass ihm nichts geschehe, über kurz oder lang der Partei der Optimaten, deren Interessen er und sie doch gleichermaßen verfochten hätten, den Garaus machen werde."[9]

Dass Caesar Sullas Diktatur unbeschadet überstand, hatte er also nicht zuletzt Aurelias einflussreicher Verwandtschaft zu verdanken. Sie verhalf ihm auch zu seinem ersten Amt: 74 oder 73 v. Chr. wurde er anstelle des verstorbenen Gaius Aurelius Cotta in das Priesterkollegium der *pontifices* gewählt.[10] Als 64 oder 63 v. Chr. der *pontifex maximus* Maximus Metellus starb, „bewarben sich die angesehensten Männer Roms, Isauricus und Catulus, deren Wort im Senat entscheidendes Gewicht besaß, um das begehrte Priesteramt. Dennoch gab Caesar [der lediglich ehemaliger Ädil war] nicht klein bei, sondern trat vor das Volk und meldete ebenfalls seine Bewerbung an. Die Erfolgsaussichten hielten sich die Waage, doch bereitete die Ungewissheit des Wahlausgangs Catulus größere Sorgen, weil er in hoher Stellung stand. Er schickte deshalb zu Caesar und ließ ihm eine bedeutende Geldsumme antragen, wenn er von seiner Bewerbung Abstand nähme. Dieser jedoch erwiderte, er werde den Kampf durchfechten, selbst wenn er noch mehr Schulden machen müsse. Als der Wahltag gekommen war und ihn die Mutter unter Tränen an die Tür begleitete, küsste er sie zum Abschied und sagte: ‚Mutter, heute siehst du deinen Sohn als *pontifex maximus* oder als Verbannten wieder.'"[11] Caesar hatte wohl geschickter bestochen: er besiegte seine Konkurrenten überwältigend. „Selbst in deren Stimmbezirken erhielt er mehr Stimmen als beide in allen zusammen."[12]

Dass Aurelia auch weiterhin in Caesars Haus lebte, sehen wir an einem Skandal, der sich im Jahr 62 v. Chr. ereignete, in dem Caesar Prätor war. Im Zentrum stand „Publius Clodius, ein Spross aus altem Adel, der viel Ansehen wegen seines Reichtums und seiner Redegabe genoss, aber auch ein unübertroffener Meister der Ausschweifung und Frechheit war, und dies selbst in Kreisen, deren Liederlichkeit stadtbekannt war. Er verliebte sich in Caesars Gattin Pompeia [die Caesar nach dem Tod der Cornelia geheiratet hatte], und sie stieß ihn nicht zurück. Doch waren ihre Gemächer sorgfältig bewacht und Caesars Mutter

Aurelia, eine sittenstrenge Matrone, behielt die junge Frau ständig im Auge, so dass es für die Verliebten schwierig und gefährlich war, einander zu treffen."[13] Beim Fest der Bona Dea, von dessen Teilnahme Männer strikt ausgeschlossen waren, sah Clodius seine Chance gekommen.

„In diesem Jahr hatte Pompeia das Fest auszurichten. Clodius, der noch keinen Bart hatte und deshalb unerkannt zu bleiben glaubte, verkleidete sich als Harfenspielerin und ging hin. Er sah wirklich wie ein junges Mädchen aus. Zufällig fand er die Türen offen und ließ sich von Pompeias Zofe, welche ins Vertrauen gezogen worden war, ohne Scheu hineinführen. Dann lief jene voraus, um ihrer Herrin Bescheid zu sagen. Da sie aber lange nicht zurückkam, traute sich Clodius nicht stehenzubleiben, wo sie ihn hatte warten heißen, und irrte, den Lichtern sorgfältig ausweichend, in dem weitläufigen Haus herum, bis ihm eine Dienerin der Aurelia begegnete und ihn in der Meinung, eine Frau vor sich zu haben, zum Spielen aufforderte. Als er sich sträubte, zog sie ihn in die Mitte und fragte, wer er sei und woher er käme. Clodius erwiderte, er warte auf Pompeias Zofe ..., verriet sich aber durch seine Stimme. Die Dienerin schrie auf und eilte sogleich zu der Gesellschaft in den erleuchteten Räumen mit dem Ruf, sie habe einen Mann ertappt. Aufgescheucht liefen die Frauen durcheinander; Aurelia brach die Mysterien ab und verhüllte die heiligen Gerätschaften, ließ dann die Türen verschließen und ging mit Fackeln durch das Haus, um Clodius zu suchen. Man fand ihn versteckt im Zimmer des Mädchens, das ihn eingelassen hatte, und die Frauen, welche ihn bald erkannten, jagten ihn aus dem Haus. Noch in der Nacht ging die Gesellschaft auseinander. Sogleich erzählten die Frauen ihren Männern, was geschehen war, und am andern Morgen durchflog die Kunde von Clodius' Ruchlosigkeit die Stadt. Der Frevler müsse büßen, er sei den Beleidigten Strafe schuldig, ebenso der Stadt und den Göttern. Einer der Volkstribune reichte gegen Clodius Klage ein wegen Schändung der Religion und die mächtigsten Männer im Senat traten einhellig als Zeugen gegen ihn auf." Auch Caesars „Mutter Aurelia und seine Schwester Iulia gaben vor den Richtern alles, wie es der Wahrheit entsprach, zu Protokoll".[14] Trotzdem wurde Clodius von den (bestochenen) Richtern freigesprochen. Es wurde gespottet, „die Richter hätten nicht deshalb um eine Wache ersucht, damit sie wohlgeschützt ihr Urteil über Clodius fällen, sondern damit sie ihre empfangenen Bestechungsgelder retten könnten".[15]

Interessant für uns ist, dass nicht Caesars Gattin Pompeia, sondern seine Mutter Aurelia das Fest beendete, also als Hausherrin fungierte. Ebenso bemerkenswert ist es, dass Aurelia den Vorfall vor Gericht bestätigte, obwohl sich ihr Sohn, der es sich mit dem beim Volk beliebten Clodius nicht verderben wollte, ahnungslos gab.

Als Caesar in Gallien kämpfte, „verlor er zuerst seine Mutter, dann seine Tochter und wenig später seine Enkelin".[16] Über den Tod der Mutter erfahren wir nichts. Dagegen werden wir über den Tod der Tochter und Enkelin im August oder September 54 v. Chr. bestens informiert: „Als es bei der Wahl der Ädilen zu einem Handgemenge kam und mehrere Leute in seiner Nähe erschlagen wurden, wurde [Pompeius Magnus] mit Blut bespritzt und musste seine Kleidung wechseln. Als nun die Diener die Kleider zu seinem Haus brachten und ein großes Lärmen und Rennen entstand, fiel seine junge Frau [Iulia], die gerade schwanger war, beim Anblick der mit Blut bespritzten Toga in Ohnmacht und kam nur langsam wieder zu sich, und infolge dieser Erschütterung und Erregung hatte sie eine Frühgeburt. Daher fanden auch diejenigen, welche sonst die Freundschaft des Pompeius mit Caesar am heftigsten tadelten, an der Liebe der Frau nichts auszusetzen. Als sie dann wieder schwanger wurde und ein Töchterchen zur Welt gebracht hatte, starb sie an der Geburt, und das Kind überlebte sie nur wenige Tage."[17]

Ähnlich sieht es bei den Feiern aus, die Caesar zu Ehren seiner verstorbenen Angehörigen ausrichtete. Bereits 65 v. Chr. hatte er als Ädil für seinen 20 Jahre vorher verstorbenen Vater eine aufwendige Leichenfeier veranstaltet, bei der er „als erster in seinem Amt für die gesamte Ausstattung der Arena Silber verwendete. Und die Verurteilten drangen damals zum ersten Mal auch mit silbernem Gerät auf die wilden Tiere ein."[18] Hauptgrund für diesen Aufwand war wohl nicht die Liebe zu seinem Vater, sondern der Versuch, sich beim Volk beliebt zu machen.

Dies gilt auch für Caesars Veranstaltungen zu Ehren seiner verstorbenen Tochter. Als er im Jahr 46 v. Chr. als Sieger über seine nach der Schlacht bei Pharsalos nach Afrika geflohenen Gegner „nach Rom zurückgekehrt war, sprach er vor dem Volk in stolzen Worten von der Größe seines Sieges. ... Dann feierte er Triumphe über Gallien, Ägypten, Pontus und Afrika. ... Als die Triumphzüge vorüber waren, verteilte Caesar an die Soldaten reiche Geschenke und erfreute das Volk durch Speisungen und Schauspiele. Die ganze Bürgerschaft war eingeladen und wurde an 22 000 Tischen bewirtet. Anschließend veranstaltete er zu Ehren seiner vor Jahren verstorbenen Tochter Iulia Gladiatorenkämpfe und bot der Menge das Schauspiel einer Seeschlacht."[19]

Von Feiern zu Ehren seiner Mutter Aurelia berichten die Quellen nichts. Auch sonst hören wir nichts mehr von ihr. Caesars „Scheiterhaufen auf dem Marsfeld wurde dicht neben dem Grabmal seiner Tochter Iulia errichtet und vor der Rednertribüne wurde ein vergoldetes Modell des Tempels der Venus Genetrix aufgestellt".[20] Neben der väterlichen *gens Iulia*, deren Stammvater Iulus (oder Ascanius) war, der mit seinem Vater Aeneas – einem Sohn der Venus – aus dem brennenden Troja entkommen war, spielte die *gens Aurelia* der Mutter, deren Unterstützung Caesar unter Sulla vielleicht sogar sein Leben verdankte, so gut wie keine Rolle mehr.

1 Die julisch-claudische Dynastie

Über die Mütter der ersten Kaiser Augustus (27 v. Chr.–14 n. Chr.), Tiberius (14–37), Caligula (37–41), Claudius (41–54) und Nero (54–68) berichten die Geschichtsschreiber – einige von ihnen sind uns bereits im letzten Kapitel begegnet – ausführlich. Angesichts der zahlreichen Morde, deren sie in den Quellen beschuldigt oder zumindest verdächtigt werden, ist allerdings bei der Lektüre eine gewisse Skepsis angebracht.

Wohl ab 150 schrieb der um 95 in Alexandria geborene und nach 160 in Rom gestorbene Appian seine nur teilweise erhaltene *Römische Geschichte*. Das in griechischer Sprache verfasste, aus 24 Büchern bestehende Werk behandelt die Kriege Roms bis zum Ende der Republik. Sein historischer Wert wird sehr unterschiedlich beurteilt. Von ihm erfahren wir einiges über Atia, die Mutter des Octavius und späteren Augustus.

Eine wichtige Quelle für Informationen über die Mutter des ersten Kaisers ist auch die um 20 v. Chr. entstandene und nur fragmentarisch erhaltene Augustus-Biografie des Nikolaos von Damaskus (hier zitiert nach [71]). Das griechisch geschriebene Werk beruht großenteils auf der einige Jahre früher erschienenen, verloren gegangenen Autobiografie *De vita sua* des Augustus, stellt also dessen Wirken überaus positiv dar.

Ähnliches gilt für die *Römische Geschichte* des um 20 v. Chr. wohl in Capua geborenen Velleius Paterculus. Er entstammte einer Familie aus dem Ritterstand, die sich seit mehreren Generationen im Militärdienst bewährt hatte. In dieser Tradition begleitete er als Offizier viele Jahre den späteren Kaiser Tiberius bei seinen Feldzügen, den er in seinem Werk ebenso rühmt wie dessen Mutter Livia.

Um die Mitte des ersten nachchristlichen Jahrhunderts wurde der Geschichtsschreiber Publius Cornelius Tacitus geboren. Den Höhepunkt seiner senatorischen Laufbahn erreichte er unter Kaiser Nerva, als er im Jahr 97 Konsul wurde. Seine mit dem Tod des Augustus einsetzenden und mit Neros Tod endenden *Annalen* sind die wichtigste literarische Quelle für unser Wissen über die julisch-claudischen Kaiser und ihre Familien. Leider sind nur die Bücher 1 bis 4 und 12 bis 15 vollständig erhalten; im letzten Buch 16 bricht das Werk mitten im Satz ab. Als scharfer Kritiker des von Augustus begründeten Prinzipats schildert Tacitus diese Zeit in düsteren Farben, wobei Frauen am Kaiserhof besonders schlecht wegkommen.

Der aus Kleinasien stammende Cassius Dio erlebte den Höhepunkt seiner senatorischen Karriere im Jahr 229, in dem er sein zweites Konsulat als Amtskollege des Kaisers Severus Alexander bekleidete. Mit diesem Jahr endet auch seine umfangreiche, 80 Bücher umfassende, griechisch geschriebene *Römische Geschichte*. Von großen Teilen sind jedoch nur Fragmente oder ein mittelalterlicher Auszug (eine Epitome) überliefert. Bei den Zitaten folgen wir in Bucheinteilung und sonstiger Nummerierung Veh [27].

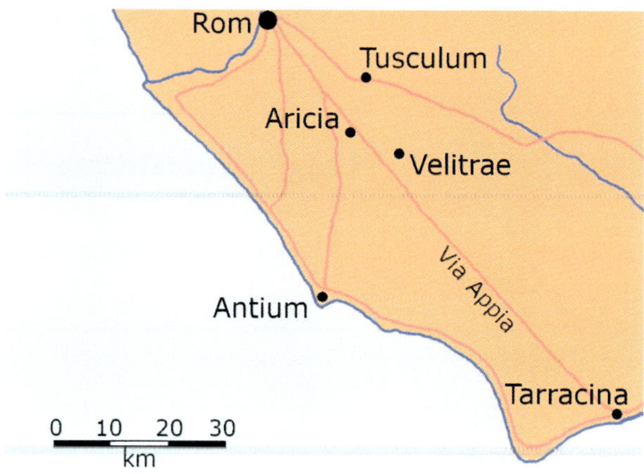

Abb. 2: Latium

Die Stammtafel auf S. 17 möchte helfen, das komplizierte Beziehungsgeflecht zwischen den julisch-claudischen Kaisern und ihren Familien zu entwirren.

1.1 Ausschlaggebend – Atia und Augustus

Gaius Iulius Caesar hatte als nächste Verwandte zwei Schwestern und aus seiner ersten Ehe eine Tochter, alle mit dem Namen Iulia (siehe S. 10). Die um 101 v. Chr. geborene jüngere Schwester (nur diese spielt im Folgenden eine Rolle) heiratete Marcus Atius Balbus aus der alten Latinerstadt Aricia, die gut 20 km südöstlich von Rom an der Via Appia lag (siehe Abb. 2). Das Paar hatte zwei Töchter namens Atia. Die (uns interessierende) ältere Atia heiratete um 70 v. Chr. den deutlich älteren Gaius Octavius, für den es die zweite Ehe war.

Auch wenn Caesar damals erst am Beginn seiner Karriere stand, ließ die Ehe mit Caesars Nichte Octavius – nach Plutarch „ein Mann von keinem besonderen Ansehen"[1] – gesellschaftlich aufsteigen. Velleius Paterculus stellt zwar Octavius deutlich positiver dar, sieht das aber genauso: „Octavius stammte zwar aus keinem Patriziergeschlecht, wohl aber aus einer angesehenen Ritterfamilie. Er war ein charakterfester, unbescholtener Mann, rechtschaffen und wohlhabend. Zum Prätor wurde er [61 v. Chr.] an erster Stelle gewählt, gegen Kandidaten aus den vornehmsten Familien. Seinem hohen Ansehen verdankte er es, dass er Atia, die Tochter der Iulia, zur Frau gewann."[2]

Das Paar bekam zwei Kinder. Um 69 v. Chr. kam die Tochter Octavia, 63 v. Chr. der Sohn Gaius Octavius auf die Welt. Letzteren kennt man unter den Namen Octavian, den er seit 44 v. Chr. – zusätzlich zum durch Adoption erworbenen Namen Gaius Iulius Caesar – hätte führen können, aber selbst nie verwendete, und Augustus, mit dem er 27 v. Chr. vom Senat geehrt wurde.

Einen großen Teil seiner Kindheit verbringt Octavius auf den elterlichen Landgütern. Noch 150 Jahre später „wird auf seinem vom Großvater ererbten Landgut unmittelbar vor

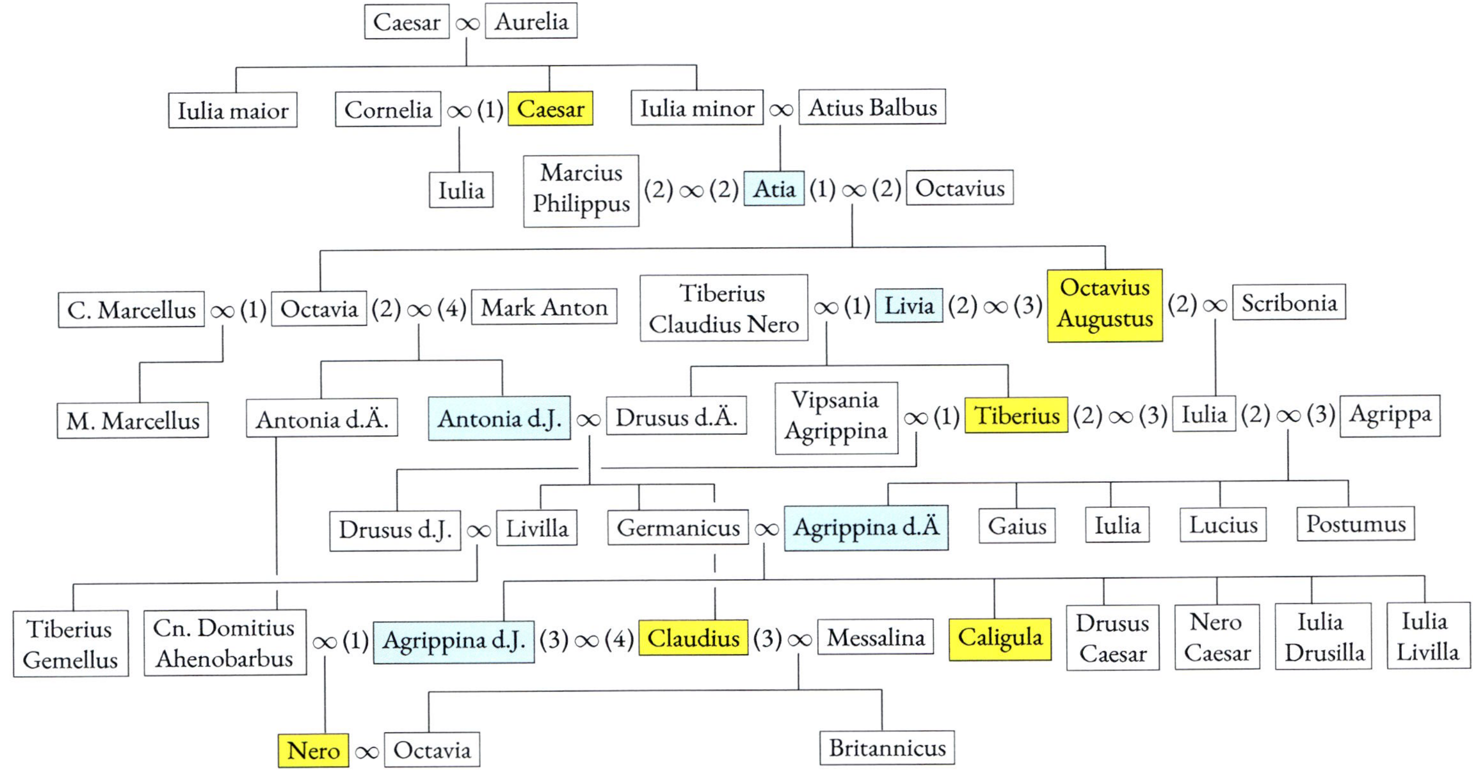

Abb. 3: Die julisch-claudische Dynastie

den Toren von Velitrae der Ort gezeigt, wo er laufen lernte".[3] Auch das Elternhaus seiner Mutter in dem nahen und über die Via Appia gut erreichbaren Aricia (siehe Abb. 2) wird er dabei kennengelernt haben.

Schon mit vier Jahren verliert Octavius seinen Vater.[4] Atia heiratet bald darauf Lucius Marcius Philippus, der 56 v. Chr. Konsul wurde. Octavius wechselt nun in das Haus seiner Großmutter Iulia. Als sie im Jahr 51 v. Chr. mit nur 50 Jahren stirbt, hält der 11-jährige Octavius für sie „vor dem versammelten Volk die Leichenrede".

„Nach dem Tod der Großmutter wuchs er bei seiner Mutter Atia und ihrem Gatten Lucius Philippus auf. … Seine Mutter und ihr Mann Philippus kümmerten sich sehr um ihn. Jeden Tag fragten sie die Lehrer und Beschützer, die sie dem Jungen gegeben hatten, was er getan habe, wohin er gegangen sei, wie und mit wem er den Tag verbracht habe."[5] Noch nach dem Anlegen der *toga virilis*, der Männertoga, im Oktober 48 v. Chr. lebte er bei der Mutter, was wohl ungewöhnlich war: „Obwohl er dem Gesetz nach unter die Männer aufgenommen worden war, hinderte ihn seine Mutter daran, außer Haus zu gehen – es sei denn dorthin, wohin er auch früher als Knabe gegangen war. Sie hielt ihn zur selben Lebensführung wie bisher an und er musste in demselben Raum wie vorher schlafen. Nur dem Gesetz nach war er ein Mann, im Übrigen wurde er behandelt wie ein Knabe."[6] Atia glich demnach den von Horaz gerühmten „strengen Müttern" der alten Zeit.[7] Dass sie auch für Tacitus eine vorbildliche Mutter war, haben wir bereits gesehen (siehe S. 11).

Als Caesar im Januar des Jahres 49 v. Chr. mit seinen Truppen den Rubikon überschritt und damit den Bürgerkrieg eröffnete, wurde die Lage der Familie problematisch. „Als der Bürgerkrieg auf Rom übergriff, schickten die Mutter Atia und Philippus Octavius auf eines seiner väterlichen Güter."[8] Vermutlich wurde Octavius nach Velitrae gebracht, um zu verhindern, dass er als Geisel genommen werden konnte.

Schon bald nach seinem kriegsentscheidenden Sieg bei der nordgriechischen Stadt Pharsalos über das von Pompeius Magnus geführte Senatsheer im August 48 v. Chr. macht Caesar deutlich, dass er große Stücke auf seinen Großneffen Octavius hält. Kaum hatte dieser die Männertoga angelegt, lässt er ihn in das angesehene Priesterkollegium der *pontifices* aufnehmen. Im Frühjahr des folgenden Jahres macht er ihn für die Dauer der *Feriae Latinae*, während der die Magistrate zum Vollzug eines alten Rituals in die Albaner Berge zogen, zum *praefectus urbi*[9] und damit zum nominellen Stadtoberhaupt, zu dieser Zeit ein Amt mit wenig Kompetenzen, aber hohem Prestige. Dass auch Atias Bedeutung in Caesars Umfeld zunimmt, verrät drei Jahre später sein Testament, in dem Caesar sie beauftragt, sich um sein Begräbnis zu kümmern.[10] Die Unruhen nach Caesars Ermordung verhinderten, dass sie diese Aufgabe wahrnehmen konnte.

Noch vor Ende des Jahres 47 v. Chr. zieht Caesar gegen seine aus Griechenland nach Nordafrika geflohenen Gegner in den Kampf. Der 16-jährige Octavius „wollte ihn auf diesem Feldzug begleiten, um auch militärische Erfahrungen zu sammeln. Als er aber bemerkte, dass seine Mutter Atia dagegen war, widersprach er ihr nicht und fügte sich. Es war klar, dass auch Caesar ihn aus Fürsorge nicht in den Krieg ziehen lassen wollte, damit er seine Lebensweise angesichts seiner schwachen Konstitution nicht ändern müsse und sich sein gesamtes Befinden nicht verschlechtere. Deswegen wurde er von der Teilnahme am Feldzug freigestellt."[11] Trotzdem darf er bei Caesars afrikanischem Triumph ordensgeschmückt dem Triumphwagen folgen.

Als Caesar im Spätherbst 46 v. Chr. mit einem großen Heer nach Spanien aufbricht, wo die Söhne des Pompeius Magnus den letzten Widerstand gegen Caesar organisieren, hören wir nichts mehr von Bedenken der Mutter. Doch wieder verhindert eine Krankheit eine Teilnahme des Octavius. Zwar reist er nach seiner Genesung eilends Caesar hinterher, erreicht ihn aber erst nach dessen entscheidendem Sieg bei Munda im März 45 v. Chr.[12] Doch als Caesar siegreich aus Spanien zurückkehrt, sitzt Octavius hinter ihm im Wagen[13] und kann von einer glänzenden Karriere träumen (auch wenn Mark Anton den ehrenvolleren Platz neben Caesar einnimmt). Caesars Tod bei einer Sitzung des Senats an den Iden des März 44 v. Chr. rückt diese plötzlich in weite Ferne.

Eigentlich wollte Caesar nach dieser Sitzung zu einem großen Feldzug gegen die Parther aufbrechen. Octavius sollte ihn dabei begleiten. „Da Octavius noch ein junger Mann war, hatte ihn Caesar zur Ausbildung und zur Einübung im Kriegswesen nach Apollonia am Ionischen Meer geschickt,"[14] wo Caesar Truppen für diesen Feldzug zusammengezogen hatte. Dort erreichte Octavius die Nachricht von Caesars Ermordung. Wohl um den 25. März „kam ganz verwirrt und niedergeschlagen ein Freigelassener aus Rom, den seine Mutter zu ihm geschickt hatte, und brachte einen Brief, in dem stand, dass Caesar im Senat von denen um Cassius und Brutus getötet worden sei. Sie forderte ihren Sohn auf, zu ihr zurückzukehren; sie sagte, auch sie selbst wisse nicht, wie die Entwicklung weitergehe. Er müsse sich jetzt als Mann erweisen, vernünftig nachdenken und – Umständen und Schicksal folgend – entsprechend tatkräftig handeln."[15]

Octavius „hielt es für richtig, sich erst einmal ruhig zu verhalten, nach Rom zu gehen, sich vorher aber, nach der Ankunft in Italien, über die Ereignisse nach Caesars Tod zu informieren und zusammen mit den dortigen Freunden über die gesamte Lage zu beraten".[16] In Lupia (dem heutigen Lecce) „stieß er auf Leute, die beim Begräbnis Caesars [dabei gewesen waren]. … Sie berichteten ihm unter anderem, dass er im Testament als Caesars Sohn adoptiert worden sei und drei Viertel des Vermögens für ihn bestimmt seien."[17]

Nachdem er erfahren hatte, dass sich keiner seiner Gegner dort aufhielt, begab sich Octavius nach Brindisi. Dort „erreichte ihn ein Brief seiner Mutter, in dem sie ihn dringend bat, so schnell wie möglich zu kommen und sich ihr und dem gesamten Haus anzuvertrauen, damit auswärts kein Anschlag auf ihn vorbereitet werden könne, weil er zum Sohn Caesars gemacht worden sei. Sie schrieb ihm ungefähr das, was er schon wusste, und auch, dass sich das ganze Volk gegen Brutus und Cassius im Zorn über ihre Tat erhoben habe. … Die Mutter Atia freute sich über das ruhmreiche Schicksal und die Größe der Machtstellung, die sie auf ihren Sohn zukommen sah. Ihr war aber auch klar, dass das Unternehmen voller Schrecken und Gefahren war, und da sie wusste, was ihrem Onkel Caesar zugestoßen war, missbilligte sie es auch schon wieder. Sie schwankte zwischen den Meinungen ihres Mannes Philippus [der seinem Stiefsohn entschieden davon abriet, Caesars Erbe anzutreten] und ihres Sohns. Deswegen war sie voller Sorge, zum einen, wenn sie sich die vielen

Gefahren aufzählte, die jemanden erwarteten, der die Herrschaft über alle anstrebte, und dann war sie wieder hochgemut, wenn sie sich die Höhe seiner Stellung und seines Ansehens ausmalte. Deswegen wagte sie es zwar nicht, den Sohn von seinen großen Plänen und der Ausübung seiner gerechten Vergeltung abzubringen, doch trieb sie ihn wegen der Ungewissheit des Schicksals auch nicht dazu an. Gleichwohl gestand sie ihm zu, den Namen Caesars zu führen, und sie selbst war sogar die erste, die das billigte."[18]

Nikolaos sieht Atia hin- und hergerissen zwischen der Angst einer Mutter um ihren Sohn und dem Ehrgeiz einer römischen Aristokratin. Die Vorbehalte des Stiefvaters gegen die Annahme des Testaments entspringen allerdings weniger der Angst um das Leben seines Stiefsohns, dem er nicht über den Weg traut, als der Sorge um die Karriere seines leiblichen Sohns.[19]

Mit großem Pathos berichtet Appian über das erste Zusammentreffen des Octavius mit seinen Verwandten nach seiner Ankunft in Rom. „Als er in der Stadt eintraf, machten sich seine Mutter, Philippus und alle sonstigen Verwandten Sorgen um ihn. Sie fürchteten die Abneigung des Senats gegen Caesar, den Senatsbeschluss, wonach Caesars Ermordung gerichtlich nicht verfolgt werden solle, und schließlich die gegen ihn von Seiten des damals übermächtigen Antonius an den Tag gelegte Geringschätzung, der ihn bei seiner Ankunft weder als Caesars Sohn begrüßt, noch irgendjemand zu ihm geschickt hatte. Octavius beruhigte sie und erklärte, er selbst wolle sich als der Jüngere zu Antonius als dem Älteren und als Privatmann zum Konsul begeben und dem Senat die gebührende Achtung erweisen. Und was das Dekret betreffe, so meinte er, es sei zustande gekommen, da noch niemand die Mörder vor Gericht gezogen habe; wenn aber einer den nötigen Mut aufbringe und dies tue, dann würden sofort das Volk und auch der Senat ihm als gesetzestreuem Mann Hilfe leisten, nicht minder die Götter seine gerechte Sache unterstützen und desgleichen Antonius. Schlage er hingegen sowohl Erbe als auch Adoption aus, werde er sich an Caesar versündigen und dem Volk, was die [von Caesar testamentarisch ausgesetzten] Spenden angehe, Unrecht antun. Am Ende seiner Rede brach es aus ihm heraus, die Ehre verpflichte ihn dazu, sich nicht nur in Gefahr zu begeben, sondern selbst den Tod zu erleiden, wenn er sich, nachdem ihn Caesar auf solche Weise allen anderen vorgezogen habe, des Mannes würdig erweisen wolle, der keiner Gefahr aus dem Weg gegangen sei. Dabei zitierte er Achills Rede, die ihm damals besonders frisch im Gedächtnis stand, und sprach, sich seiner Mutter zuwendend, als wäre sie die Göttin Thetis: ‚Sterben möcht' ich sogleich, da mir das Schicksal nicht gönnte, dem erschlagenen Freund zu helfen.' Diesen Worten fügte Octavius noch hinzu, dass dieser Ausspruch und besonders die Tat dem Achill bei allen Menschen unsterblichen Ruhm eingebracht habe. … Nun wandelte sich die Angst seiner Mutter in Freude, sie umarmte ihn als den allein eines Caesars würdigen Spross. Sie ließ ihn nicht weitersprechen und spornte ihn an, mit Hilfe der *Fortuna* seine Ziele zu verfolgen. Allerdings solle er, so lautete ihr Rat, zunächst mehr mit List und Geduld als mit offener Kühnheit vorgehen. Octavius stimmte freudig zu und versprach, danach zu handeln."[20]

Dass Octavius einen Homer-Vers frisch im Gedächtnis hatte, ist glaubhaft: Er hatte in Apollonia seinen alten Griechischlehrer dabei.[21] Es verwundert aber, dass er mit diesen

Worten Atias Furcht in Freude verwandelte. Schließlich starb Achill bald nach seinem Sieg über Hector durch einen Pfeil des Paris, der seine Ferse traf.

Im Unterschied zu Appian begnügt sich Sueton mit einer lakonischen Feststellung: „Im Übrigen trat er – nach Rom zurückgekehrt – die Erbschaft an, obwohl seine Mutter Bedenken hatte und sein Stiefvater, der Konsular [ehemalige Konsul] Marcius Philippus, sogar viele Gegenargumente anführte."[22] Octavius heißt nun offiziell Gaius Iulius Caesar; für uns wird er – um Missverständnisse zu vermeiden – zu Octavian.

Im Herbst 44 v. Chr. spitzt sich die Rivalität zwischen Mark Anton und Octavian zu. Am 2. September hält Cicero seine erste *Philippica* gegen Mark Anton, am 6. Oktober verlässt dieser Rom, um seine bei Brindisi stehenden Truppen zu übernehmen; Ende Oktober geht Octavian ebenfalls in den Süden, um Truppen anzuheuern. Seiner Mutter verschweigt er den Zweck seiner Reise. „Er hielt es nicht für richtig, der Mutter seinen Plan zu offenbaren, damit sie nicht aus Liebe und Schwäche, wie es eben bei einer Frau und Mutter ist, seinen großen Plänen im Weg stünde. Er sagte also zum Schein, dass er nach Kampanien zu den Gütern seines Vaters gehe, um auch diese zu verkaufen und sich dadurch Geld zu verschaffen, das er ausgeben könne für das, was sein Vater angeordnet habe."[23]

Ohne eigenes Zutun wurde Atia in den Kampf zwischen Octavian und Mark Anton um die Vorherrschaft im Römischen Reich hineingezogen. Octavians Gegner griffen nämlich auf ein bewährtes Mittel zurück: Sie verunglimpften die Herkunft seiner Mutter (zumal sein Adoptivvater Caesar unangreifbar war). Sueton referiert zunächst nüchtern die Fakten, bevor er die Anwürfe auflistet, die von Mark Anton und seinen Anhängern vorgebracht wurden: „Atia war eine Tochter des Marcus Atius Balbus und der Iulia, der Schwester Caesars. Balbus stammte väterlicherseits aus einer Familie aus Aricia, die viele Ahnenbilder von Senatoren vorweisen konnte; von Seiten seiner Mutter stand er in sehr engen verwandtschaftlichen Beziehungen zu Pompeius [Magnus]. Nach der Prätur [um 60 v. Chr.] war er einer der Zwanzigmänner und verteilte nach dem Iulischen Gesetz das kampanische Gebiet an das Volk. Derselbe Antonius aber, der auf die mütterlichen Ahnen des Augustus mit Verachtung herabsieht, hält ihm vor, sein Urgroßvater stamme irgendwo aus Afrika und habe in Aricia bald einen Salbenladen, bald das Müller- und Bäckerhandwerk betrieben."[24]

Dass Mark Anton Atia ihre kleinstädtische Herkunft vorwirft, empfindet Cicero, der aus der Kleinstadt Arpinum stammt, als Angriff auf seine eigene Ehre. Am 20. Dezember 44 kontert er in seiner dritten *Philippica* diesen Vorwurf des Antonius geschickt durch den Hinweis auf dessen eigene Frau, die in dem nicht weit davon entfernten Tusculum geboren wurde: „Niedere Abkunft wirft er einem Sohn Caesars vor – wo doch auch dessen natürlicher Vater, wenn er länger gelebt hätte, Konsul geworden wäre. ‚Seine Mutter stammt aus Aricia.' Man sollte meinen, er rede von Tralles oder Ephesus. Da könnt ihr sehen, wie man auf uns herabblickt, auf uns alle, die wir aus Landstädten stammen, und das heißt auf nahezu sämtliche Bürger – denn wie viele sind es, die nicht zu uns gehören? Und welcher Landstadt könnte jemand Achtung erweisen, der so hochmütig auf Aricia herabblickt, einen durch sein Alter ehrwürdigen, durch seine Rechtsstellung mit uns verbündeten, durch seine Lage fast benachbarten, durch den Glanz der Bewohner überaus angesehenen Ort? … Wenn dir eine Frau aus Aricia nicht genügt, warum genügt dir dann eine aus Tusculum? Dabei hatte diese untadelige und vortreffliche Frau Marcus Atius Balbus zum Vater, einen höchst ehrenwerten Mann, und der war Prätor gewesen. Deine Gattin hingegen, eine gute Frau – jedenfalls eine reiche –, ist die Tochter eines gewissen Bambalio [der Stammler], einer ausgemachten Null. Nichts ist erbärmlicher als jener, dem die schwere Zunge und der unbewegliche Geist diesen verächtlichen Beinamen eingebracht haben.“[25]

Mark Anton macht Atias Herkunft schlecht, Cicero rühmt sie, Vergil überhöht sie schließlich. Bei der *gens Iulia* ihrer Mutter konnte er auf den etablierten Mythos zurückgreifen (siehe S. 14). Um die *gens Atia* ihres Vaters ähnlich würdig erscheinen zu lassen, erfindet Vergil in seiner *Aeneis* den Freund Atys des jungen Iulus. Er stellt ihn uns als Teilnehmer des Troja-Spiels vor, bei dem berittene Jugendliche eine Parade und Scheingefechte vorführen.[26] Wir erblicken in der Reihe der geschmückten und bewaffneten jugendlichen Reiter

Atys hierauf, von dem die latinischen Atier stammen,
Atys, der kleine Knabe, geliebt von dem Knaben Iulus.
Endlich ritt, an Gestalt der schönste von allen, Iulus
auf dem Sidonierpferd, das jüngst ihm die glänzende Dido
hatte gegeben, ein Pfand und Angedenken der Liebe.

Augustus sah in diesem Spiel „eine alte und ehrwürdige Sitte“[27] und ließ es daher später sehr häufig aufführen.

Am 1. Januar 43 gelang es Cicero mit seiner fünften *Philippica*, den Senat davon zu überzeugen, dass er Octavians Hilfe im Kampf gegen Mark Anton benötigte. So konnte Octavian im Rang eines Prätors im April 43 bei Mutina (heute Modena) an der Schlacht zwischen den Senatstruppen und denen des Mark Anton teilnehmen. Antonius unterlag, doch die beiden Konsuln verloren bei den Kämpfen ihr Leben. Octavian erkannte die Chance, die sich ihm dadurch bot, und forderte vom Senat eines der beiden frei gewordenen Konsulate. Als der es ablehnte, einem 19-Jährigen ein Amt zu verleihen, das regulär erst mit dem 43. Lebensjahr zu erreichen war, handelte Octavian umgehend. „Er überschritt von der gallischen Provinz aus in Richtung Italien den Rubikon, den Fluss, den in gleicher Weise auch sein Vater als ersten bei Beginn des Bürgerkriegs überquert hatte.“[28] Die darüber bestürzten und zunehmend zerstrittenen Senatoren fahndeten in ihrer Not „auch nach Octavians Mutter und Schwester, konnten sie aber weder auf offene noch heimliche Art finden, was sie erneut beunruhigte; entgingen ihnen doch wichtige Geiseln. … Octavian aber rückte mit seinem … Heer in Eilmärschen auf die Stadt vor, da ihn die Sorge quälte, den beiden Frauen könnte ein Leid geschehen. Und er schickte an das Volk, das sich in heller Aufregung befand, Berittene voraus und ließ es auffordern, Ruhe zu bewahren. Während nun alle verblüfft dastanden, bezog er gegenüber dem Quirinal Stellung, ohne dass jemand ihn zu bekämpfen oder zu hindern wagte. Da kam es erneut zu einer erstaunlichen Wendung: Die Senatoren eilten auf ihn zu und begrüßten ihn, es stürmte auch das gewöhnliche Volk

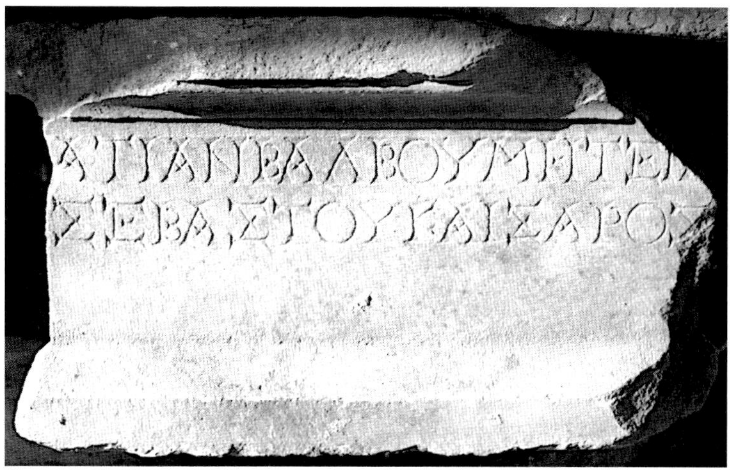

Abb. 4: Basis einer Statue für Atia

herbei und nahm die disziplinierte Haltung der Soldaten als ein Zeichen des Friedens auf. Octavian aber ließ sein Heer an der Stelle, wo es gerade war, stehen und betrat am folgenden Tag nur in Begleitung einer ausreichenden Leibgarde die Stadt. Auch jetzt begegneten ihm die ganze Straße entlang wieder einzelne Volkshaufen, die ihn begrüßten und nichts an Freundlichkeit und höflichem Entgegenkommen fehlen ließen. Seine Mutter und Schwester, die sich im Vestatempel bei den heiligen Jungfrauen aufhielten, schlossen ihn in ihre Arme."[29]

Die Sorge um seine Verwandten war zumindest nicht der Hauptgrund für Octavians rasches Vorrücken. Er wollte vielmehr „die Einwohner Roms noch unvorbereitet antreffen".[30] Die Überrumpelung gelang. Am 19. August 43 v. Chr. erzwang Octavian für sich das Konsulat. Bei Atia dürfte dies zwiespältige Gefühle hervorgerufen haben. Natürlich erfüllte es jede aristokratische Mutter mit Stolz, wenn einer ihrer Söhne dieses Amt übernahm. Doch Atia wird auch das Alter ihres Sohns, die angespannte Lage im Reich und das Schicksal ihres Onkels bedacht haben. Vermutlich verdunkelten daher düstere Gedanken ihre Freude.

Atia starb noch im Jahr 43 v. Chr: Octavian „verlor seine Mutter in seinem ersten Konsulat".[31] Er richtete für sie ein Staatsbegräbnis (*funus publicum*) aus,[32] bei dem er als Konsul die Leichenrede hielt. Atia war die erste Frau, die so geehrt wurde. Wohl in Octavians Auftrag verfasste der Dichter Domitius Marsus für ihr Grab folgenden Zweizeiler:[33]

Hier ist Atias Asche, Fremder, hier ist Caesars Mutter
bestattet. So wollte es der römische Senat.

Da Sueton von „höchsten Ehrungen" für die Verstorbene spricht, wurden vermutlich auch Denkmäler für sie errichtet. Die Quellen berichten allerdings nur von einem Denkmal für Octavians früh verstorbenen Vater Octavius.[34]

Dass zumindest später Statuen für Atia errichtet wurden, beweist eine im kleinasiatischen Aphrodisias gefundene Statuenbasis aus weißem Marmor (siehe Abb. 4). Wir lesen darauf

ΑΤΙΑΝ ΒΑΛΒΟΥ ΜΗΤΕΡΑ	für Atia, (Tochter) des Balbus, Mutter
ΣΕΒΑΣΤΟΥ ΚΑΙΣΑΡΟΣ	des Augustus Caesar

Allerdings blieb die zugehörige Statue nicht erhalten, weshalb wir kein gesichertes Bildnis von Atia kennen.

Es war Atia nicht vergönnt, den Werdegang ihres Sohns, der ihn schließlich im Januar 27 v. Chr. als *Augustus* in ungeahnte Höhen führte, weiter zu verfolgen. Am Beginn dieses Aufstiegs hatte sie ihm geraten, listenreich vorzugehen. Er scheint dies ein Leben lang beherzigt zu haben. Noch in seinem Tatenbericht verschleiert Augustus seine große Machtfülle, indem er behauptet, er sei in den 40 Jahren seiner Regentschaft lediglich *princeps senatus*, der erste Mann im Senat, gewesen.[35] Zeitlebens schätzte er deswegen die Anrede *princeps*, die namensgebend für die von ihm begründete und heute Prinzipat genannte Epoche wurde.

1.2 Mordende Stiefmutter? – Livia und Tiberius

Livia, die bis zu ihrer Hochzeit mit Octavian den Beinamen Drusilla führte, wurde Ende Januar 58 v. Chr. geboren. Ihr Vater Livius Drusus Claudianus gehörte der in der Republik sehr erfolgreichen *gens Livia* an und war in die altehrwürdige patrizische *gens Claudia* adoptiert worden. Livia war also von „allerhöchstem Adel".[36] Tacitus charakterisiert sie anlässlich ihres Todes wie folgt: „Sie war von einer häuslichen Sittsamkeit der althergebrachten Art, leutseliger, als es Frauen in früheren Zeiten gutgeheißen hätten, als Mutter tonangebend, als Ehefrau nachgiebig und an das intrigante Wesen ihres Mannes [Augustus], die Falschheit ihres Sohns [Tiberius] gut angepasst."[37] Tacitus verbirgt nicht, wie wenig er von dieser Familie hält. Immerhin attestiert er Livia auch einige positive Seiten, verblüffend in Anbetracht der Verbrechen, die er ihr – wie wir noch sehen werden – anderswo zutraut.

Im Jahr 43 v. Chr. wurde die 15-jährige Livia mit Tiberius Claudius Nero verheiratet, der wie ihr Vater zur *gens Claudia* gehörte und wie dieser die Caesar-Attentäter unterstützte. Ihr Vater, der sich deutlich auf Seiten der Attentäter positioniert hatte und kurze Zeit später als Vogelfreier auf den Proskriptionslisten der Triumvirn wiederfand,[38] wollte wohl durch diese Hochzeit einen Teil seines Vermögens retten, indem er es als Mitgift seiner Tochter übertrug. Claudius Nero war deutlich älter als Livia. Bereits im Jahr 50 v. Chr. hatte er nämlich mit Cicero, der zu dieser Zeit Statthalter der kleinasiatischen Provinz *Cilicia* war, über die Heirat von dessen Tochter Tullia verhandelt. Doch bevor Ciceros Nachricht darüber Gattin und Tochter in Rom erreichte, hatten diese bereits eine anderweitige Verlobung arrangiert.[39] Vermutlich war Neros Werben andernorts erfolgreicher, die Heirat mit Livia also seine zweite Ehe.

Ihr Erstgeborener Tiberius Claudius Nero, den man nur unter seinem Vornamen Tiberius kennt, kam am 16. November 42 v. Chr. in Rom zur Welt,[40] also kurz nach den beiden Schlachten bei der makedonischen Stadt Philippi, in denen das Heer der Verschwörer um Brutus und Cassius den Truppen des Octavian und Mark Anton unterlag. Danach beging Livias Vater wie viele der besiegten republikanischen Offiziere Selbstmord, ihr Gatte – in diesem Jahr Prätor – wechselte in das Lager des Mark Anton. Er hätte eine bessere Wahl treffen können.

Als im Jahr 41 v. Chr. Mark Antons Bruder Lucius Antonius Konsul wurde, kam es in Italien zum Krieg zwischen Octavian und den Anhängern des Mark Anton. Er kulminierte in der Belagerung des Lucius in Perusia (dem heutigen Perugia) durch Octavians Truppen. Nach der Kapitulation des Lucius im Februar 40 v. Chr. versuchte wohl Claudius Nero, den Kampf bei Neapel fortzuführen.[41] Doch schon bald wurde seine Lage aussichtslos und er musste mit Frau und Sohn Hals über Kopf nach Sizilien zu Sextus Pompeius, dem jüngeren Sohn des Pompeius Magnus, fliehen, bei dem viele der bei Philippi Geschlagenen Zuflucht gefunden hatten.

Für den noch nicht einmal zwei Jahre alten Tiberius wurde die überstürzte Flucht seiner Eltern zu einem traumatischen Erlebnis. „Er hat sie bei Neapel beim Einfall der Feinde durch sein Wimmern zweimal fast verraten, als sie heimlich an Bord eines Schiffes gehen wollten, das eine Mal, als er von der Brust seiner Amme, das andere Mal, als er hastig aus den Armen seiner Mutter gerissen wurde von Leuten, die versuchten, den schwachen Frauen in dieser kritischen Situation eine Last abzunehmen."[42] In Sizilien wurde zwar der junge Tiberius von der Schwester des Pompeius mit einem Mantel, einer Fibel und goldenen Amulettkapseln reich beschenkt; da sich aber Claudius Nero mit Sextus Pompeius überwarf, ging es bald weiter nach Griechenland, wo Tiberius eine Zeit lang „den Spartanern, deren Patrone die Claudier waren, anvertraut wurde". Doch auch in Griechenland kam der kleine Tiberius nicht zur Ruhe. Als man sich einmal „bei Nacht auf den Weg machte, geriet er in Lebensgefahr, als plötzlich in den Wäldern ringsum ein Brand ausbrach und alle, die sich zu der Reise zusammengetan hatten, einschloss, so dass Livias Kleidung und Haar zum Teil versengt wurden".

Durch den im Frühjahr 39 v. Chr. zwischen Octavian, Mark Anton und Sextus Pompeius bei Misenum geschlossenen Vertrag rehabilitiert,[43] konnte die Familie nach Italien und Rom zurückkehren. Dort erwartete den knapp 3-jährigen Tiberius aber nicht die erhoffte Normalität, sondern ein erneuter Umbruch.

Im September dieses Jahres feierte Octavian seinen 24. Geburtstag und seine erste Bartschur, ein römisches Ritual, das einige Jahre nach dem Anlegen der *toga virilis* die Aufnahme eines Jugendlichen in die Männerwelt besiegelte. Octavian hatte diese Rasur lange aufgeschoben, da er durch einen Trauerbart seine enge Verbundenheit mit seinem ermordeten Adoptivvater demonstrieren wollte. Höchstwahrscheinlich sah Octavian auf dem prächtigen Fest, das er zu diesem Anlass ausrichtete, zum ersten Mal Livia, die mit ihrem zweiten Sohn Drusus schwanger war. Auch Octavians Frau Scribonia war zu diesem Zeitpunkt schwanger. Sie gebar ihm Ende des Jahres sein einziges Kind Iulia. Noch am gleichen

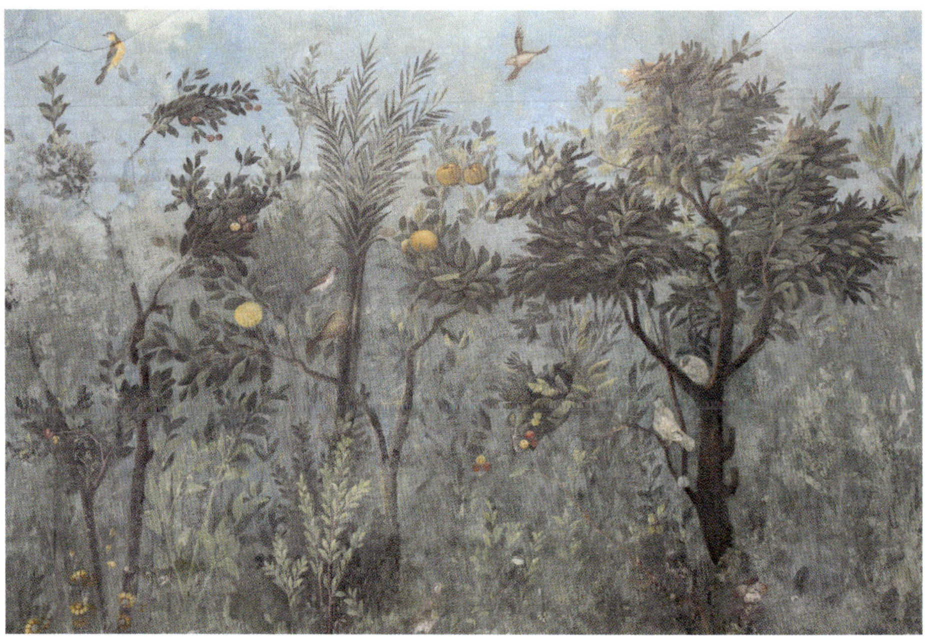

Abb. 5: Fresko aus Livias Villa

Tag ließ sich Octavian von ihr scheiden.[44] Wenig später nahm er Livia „aus Gier nach ihrer Schönheit ihrem Mann weg – unsicher bleibt, ob gegen ihren Willen; aber er hatte es derart eilig, dass er ihr nicht einmal Zeit zur Niederkunft ließ, sondern sie schwanger in sein Haus führte."[45] Claudius Nero durfte bei Livias Hochzeit die Rolle des Brautvaters übernehmen,[46] musste also gute Miene zum bösen Spiel machen. Wie erklärte dies wohl die Braut ihrem dreijährigen Sohn Tiberius?

Da die Ehe 52 Jahre bis zum Tod des Augustus hielt, obwohl der von ihm so sehr ersehnte Erbe ausblieb, darf man annehmen, dass Octavian von Livias Wesen und Schönheit tief beeindruckt war. Doch für den meist nüchtern kalkulierenden Octavian waren Livias alter Adel und die Möglichkeit, durch diese Hochzeit den einst Proskribierten zu zeigen, dass auch sie unter ihm eine Chance zum Aufstieg hatten, wohl mehr als eine nette Zugabe.

Während ihrer Schwangerschaft wird sich Livia oft in ihrer etwa 14 km nördlich von Rom gelegenen Villa, die später unter dem Namen *Ad Gallinas* (Bei den Hühnern) bekannt war, aufgehalten haben. Zu dieser überliefert Sueton folgenden Mythos: „Als Livia gleich nach der Hochzeit mit Augustus ihr Landgut bei Veji besuchte, flog ein Adler an ihr vorüber mit einem weißen Huhn, das einen Lorbeerzweig im Schnabel hielt, und ließ es, so wie er es geraubt hatte, in ihren Schoß fallen. Sie entschloss sich, das Federvieh aufziehen und den Zweig einpflanzen zu lassen; später brütete es so zahlreiche Küken aus, dass die Villa heute noch *Ad Gallinas* heißt, und aus dem Zweig wurde ein solcher Lorbeerstrauch, dass die Kaiser, wenn sie dabei waren, als Triumphatoren einzuziehen, dort die Lorbeerzweige pflücken gingen."[47] Die herrlichen Fresken, die den sogenannten Garten-

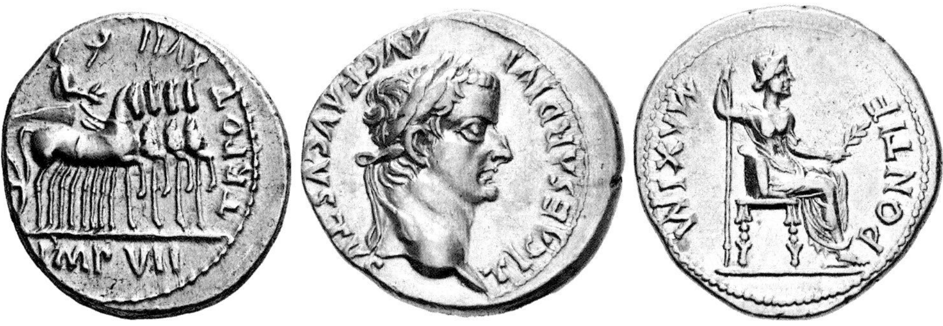

Abb. 6: Tiberius

saal der Villa ringsum schmückten, können noch heute (im Palazzo Massimo alle Terme in Rom) bestaunt werden (siehe Abb. 5).

Im März oder April 38 v. Chr. wurde Drusus geboren, der danach seinem Vater übergeben wurde, bei dem auch Tiberius lebte. Sueton beschreibt Tiberius als einen Mann mit einem „ängstlichen Gemüt.... Fast immer machte er ein ernstes Gesicht und meistens war er schweigsam, selbst mit seiner nächsten Umgebung sprach er kein Wort oder nur ganz selten und auch dann sehr bedächtig, wobei er immer ganz leicht mit den Fingern gestikulierte. Alle diese unangenehmen und dazu noch recht anmaßenden Verhaltensweisen hat bereits Augustus an ihm getadelt und oft beim Senat und beim Volk damit zu entschuldigen versucht, dass er erklärte, es seien ihm zur Natur gewordene schlechte Gewohnheiten, aber keine Charakterfehler."[48] Tiberius war demnach ein eher schüchterner, verschlossener Mensch. Wegen dieser Zurückhaltung schmäht ihn Tacitus als verschlagen, Sueton im Einklang mit Augustus als arrogant.

Doch Tiberius spielt die Zurückhaltung nicht, wie sich deutlich an seiner Münzprägung ablesen lässt: Trotz seiner langen Regentschaft gibt es von ihm nur zwei Denartypen und selbst deren Reverse wurden nicht unter seiner Regentschaft entworfen, sondern von Münzen des Augustus übernommen.[49] In Abb. 6 sehen wir in der Mitte die beiden Typen gemeinsame Vorderseite mit dem markanten Profil des Tiberius; die Umschrift TI(berius) CAESAR DIVI AVG(usti) F(ilius) AVGVSTVS weist ihn als Sohn des als *Divus* vergöttlichten, also unter die Staatsgötter aufgenommenen Augustus aus. Links zeigt die Rückseite des deutlich selteneren, nur zu Beginn seiner Regentschaft geprägten Denars Tiberius in einer Quadriga, erinnert also an seine Triumphe, die er unter Augustus feiern konnte. Rechts thront *Pax*, die Personifikation des Friedens (zu erkennen am Olivenzweig in der linken Hand) auf der Rückseite des wesentlich häufigeren Typs. Die Thronende wird in Münzkatalogen meist als „Livia in Gestalt der *Pax*" beschrieben, was naheliegt, da die *Ara pacis*, der heute noch zu bewundernde Friedensaltar des Augustus, an Livias 49. Geburtstag eingeweiht wurde.

Der zeitlebens menschenscheue Tiberius drängte sicher auch als Kind nicht auf die große Bühne. Doch sie blieb ihm nicht erspart. Als er „neun Jahre alt war, starb sein Vater und er hielt für ihn vorne auf der Rednerbühne die Leichenrede".[50] Da der Verstorbene testamentarisch Octavian die Vormundschaft über seine beiden Söhne übertragen hatte, kamen Tiberius und Drusus nun zu Octavian (und Livia). Wenig später wurde Tiberius mit der etwa einjährigen Vipsania Agrippina, Tochter aus der ersten Ehe des Agrippa, der ein enger Freund und der wichtigste Feldherr Octavians war, verlobt.

Den nächsten großen Auftritt hatte Tiberius beim dreitägigen, jedes Maß sprengenden Triumph, den Octavian im August 29 v. Chr. nach der endgültigen Ausschaltung aller Konkurrenten um die Macht im *Imperium Romanum* feierte. Er „begleitete den Wagen Octavians auf dem Zügelpferd zur Linken, während Marcus Marcellus, der Sohn der Octavia, auf dem Pferd zur Rechten ritt".

Tiberius und Octavians Neffe Marcellus (siehe die Stammtafel auf S. 17) wurden beide im Jahr 42 v. Chr. geboren, waren also etwa 13 Jahre alt. Für die beiden Jungen war es natürlich eine hohe Auszeichnung, bei diesem Triumphzug mitreiten zu dürfen. Doch jedem, der am Straßenrand dem Triumphator zujubelte, war klar, dass diesem sein den rechten Ehrenplatz einnehmender Neffe näher stand als sein zur Linken reitender Stiefsohn Tiberius. Angedeutet hatte sich dies schon 35 v. Chr., als Octavian nicht nur Livia, sondern auch seiner – damals noch mit Mark Anton verheirateten – Schwester Octavia „Standbilder verlieh und außerdem das Recht, ohne Vormund ihre eigenen Angelegenheiten regeln zu dürfen und dieselbe Sicherheit und Unverletzlichkeit wie die Volkstribunen zu genießen".[51]

Die beiden Frauen konnten damit über ihre beträchtlichen Vermögen verfügen, ohne einen männlichen *tutor* um Erlaubnis fragen zu müssen. Auch wenn dies zu ihrer Zeit oft nur noch eine Formsache war – schon Cicero klagte, dass die Frauen das Abhängigkeitsverhältnis umzukehren wüssten, also Tutoren fanden, die ihnen gehorchten[52] – und der *tutor* sogar vom Prätor gezwungen werden konnte, seine Zustimmung zu geben,[53] bedeutete dies einen wichtigen Schritt persönlicher Emanzipation. Augustus dehnte später dieses Schwester und Gattin verliehene Recht auf Frauen aus, die das Drei-Kinder-Recht besaßen (wozu sie nicht unbedingt drei Kinder haben mussten).[54]

Augustus – dieser Titel wurde Octavian am 16. Januar 27 v. Chr. vom Senat verliehen – festigte die Stellung des Marcellus, indem er im Jahr 25 v. Chr. den 17-Jährigen mit seiner 14-jährigen Tochter Iulia verheiratete und zwei Jahre später zum Ädilen und *pontifex* machte. Jeder sah nun in ihm den Nachfolger.[55]

Doch Marcellus starb noch im selben Jahr. Zum ersten Mal wurde Livia – angesichts der Umstände offensichtlich unbegründet – des Mordes bezichtigt: „Gegen Livia aber wurde der Vorwurf laut, sie habe den Tod des Marcellus veranlasst, weil er ihren Söhnen vorgezogen worden war. Dieser Verdacht ist jedoch fragwürdig, da sich dieses und das folgende Jahr als dermaßen krankheitsträchtig erwiesen, dass in diesem Zeitraum außergewöhnlich viele Menschen starben."[56]

Tiberius war nun wieder der erste Anwärter auf das Erbe des Augustus. Dessen Handeln in den nächsten Jahren zeigt, wie sehr ihm dies missfiel. Zunächst musste seine Tochter Iulia, die 23 v. Chr. mit 16 Jahren – nach zweijähriger, kinderlos gebliebener Ehe – Witwe geworden war, zwei Jahre später den 43-jährigen Agrippa heiraten (der sich dafür von seiner

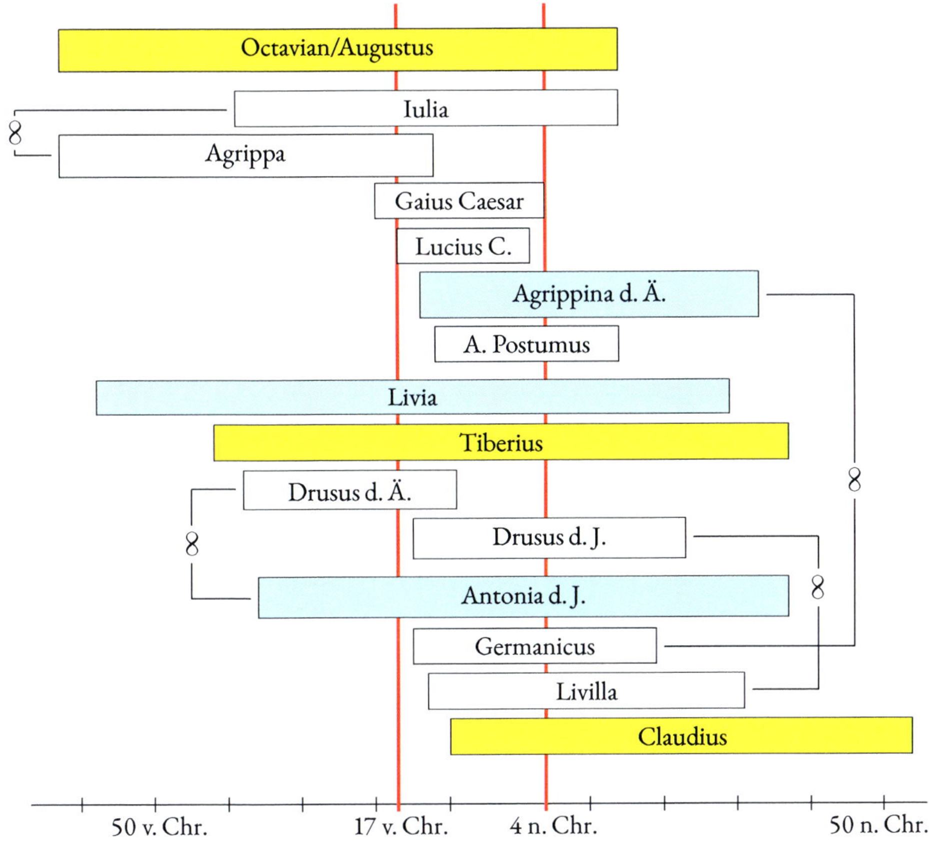

Abb. 7: Zu den Adoptionen der Jahre 17 v. Chr. und 4 n. Chr.

zweiten Frau, die ihm ebenfalls Augustus zugeteilt hatte, scheiden lassen musste). Das Paar erfüllte seine dynastischen Erwartungen: Es bekam fünf Kinder, darunter drei Söhne: Gaius kam 20, Lucius 17, Postumus 12 v. Chr. (nach Agrippas Tod) auf die Welt. Unmittelbar nach der Geburt des Lucius adoptierte Augustus seine beiden Enkel, wodurch sie zu Gaius Caesar und Lucius Caesar wurden. Dass er dabei deren leiblichen Vater Agrippa sowie die beiden erwachsenen Söhne Livias, den 24-jährigen Tiberius und den 21-jährigen Drusus, überging (siehe Abb. 7), zeigt zum einen, dass Livias Einsatz für ihre Söhne – so es einen solchen gab – vergeblich war, zum anderen Augustus' unbedingten, in krassem Gegensatz zur republikanischen Tradition stehenden Willen, die Herrschaft an einen Blutsverwandten weiterzugeben.

Für den nun zweifachen Adoptiv- und Großvater Augustus war Tiberius dynastisch nicht mehr von Interesse. Er konnte daher im Jahr 16 v. Chr. seine 17-jährige Verlobte Vipsania Agrippina heiraten. Die Ehe, aus der der Sohn Drusus – zur Unterscheidung von seinem gleichnamigen Onkel der Jüngere genannt – hervorging, war wohl sehr glücklich. Doch bereits im Jahr 12 v. Chr. beendete Agrippas Tod, der Iulia zum zweiten Mal zur Witwe machte, diese Verbindung. Tiberius musste sich scheiden lassen, um im Jahr darauf – nach Ablauf der Trauerfrist – Iulia zu heiraten. Dies traf Tiberius schwer: Als ihm Vipsania „einmal über den Weg lief, konnte er seinen Blick nicht von ihr abwenden und sah ihr mit geschwollenen Augen hinterher, so dass man darauf achtgab, dass er sie später nie mehr zu Gesicht bekam“.[57]

Im Jahr 11 v. Chr. starb Octavia. Wie seine Mutter ehrte Augustus seine Schwester mit einem Staatsbegräbnis, bei dem er die Leichenrede hielt.[58] Spätestens jetzt ist Livia die erste Frau am Hof, die *femina princeps*, [59]

in der sich die Göttin des Glückes
gerne wiedererkennt, fälschlich der Blindheit geziehn:
außer dem Kaiser ist nichts in der Welt vom Aufgang der Sonne
bis zum Abend, was je heller erstrahlte als sie.

Die Begnadigung des an das Schwarze Meer verbannten Ovids konnte (oder wollte) die von ihm so Gepriesene allerdings nicht erwirken.

In den Augen des Augustus erreichte seine Tochter Iulia nie das Format der etwa 20 Jahre älteren Livia, wie eine „wohlbekannte Geschichte“ zeigt, die der um 400 lebende Schriftsteller und Philosoph Macrobius überliefert: „Bei einem Gladiatorenspiel zogen Livia und Iulia wegen der Unterschiedlichkeit ihres Gefolges die Aufmerksamkeit des Volks auf sich. Während Livia würdige Männer umgaben, wurde Iulia von einer Schar junger und zudem ausgelassener Männer umringt. Schriftlich ermahnte sie ihr Vater, doch zu sehen wie sehr sich die beiden vornehmsten Damen [in ihrem Auftreten] unterschieden. Sie antwortete mit einem Bonmot: ‚Wenn ich alt bin, werden auch diese Männer alt sein.‘“[60]

Im Spätjahr 9 v. Chr. starb Livias jüngerer Sohn Drusus an den Folgen eines Beinbruchs. Nach Seneca „gab sie den sterblichen Überresten ihres Drusus das Geleit und die vielen in ganz Italien brennenden Scheiterhaufen erregten sie so, als würde sie ihn ebenso viele Male verlieren. Sobald sie ihn aber in die Gruft gebracht hatte, begrub sie zugleich mit ihm auch ihren Schmerz und trauerte nicht mehr als recht und billig war, da ja der Kaiser und ihr zweiter Sohn noch lebten. Unaufhörlich pries sie zudem ihren großen Drusus, stellte sich ihn überall, im Familienkreis und in der Öffentlichkeit, vor Augen, liebte es besonders, von ihm zu sprechen und von ihm zu hören. … In der ersten Aufwallung, wenn die Schmerzen besonders schwer zu tragen und heftig sind, ließ sie sich von Areus, dem Hausphilosophen ihres Mannes, trösten. Dies habe ihr, gestand sie, sehr geholfen und zwar mehr als das römische Volk, das sie mit ihrem Kummer nicht bedrücken wollte, mehr als Augustus, der, da er eine seiner beiden Stützen verloren hatte, erschüttert war und nicht unter dem Leid der Seinen zusammenbrechen durfte, mehr als ihr Sohn Tiberius, der ihr durch seine liebevolle Zuwendung bei jenem herben, von ganzen Völkern beklagten Verlust das Gefühl vermitteln wollte, es fehle ihr an nichts – außer an der vollen Zahl ihrer Söhne.“[61]

Bei aller dynastischen Missachtung: Augustus wusste um die Qualitäten des Tiberius. Er hatte ihn nach Gallien, Pannonien, Dalmatien und Germanien geschickt und dabei als fähigen Feldherrn erlebt. Am 1. Januar 7 v. Chr., beim Antritt seines zweiten Konsulats, konnte Tiberius einen Triumph *ex Germania* feiern. „Zusammen mit seiner Mutter weihte er die *porticus* der Livia [eine große von einer Säulenhalle umgebene Parkanlage] ein. Er selbst bewirtete die Senatoren auf dem Kapitol, während sie für sich allein an einem anderen Platz deren Gattinnen diese Ehrung erwies.“[62]

Ein Jahr später wurde Tiberius sogar – wie einst Agrippa – die *tribunicia potestas*, die Amtsgewalt eines Volkstribuns, für fünf Jahre verliehen. Diese – allen römischen Kaisern eigene und jährlich erneuerte – Amtsgewalt, die ermächtigte, Volksversammlungen einzuberufen, den Senat zusammenzurufen und (innerhalb Roms) ein Veto gegen jede Amtshandlung eines Magistrats sowie gegen Volks- und Senatsbeschlüsse einzulegen, war der zentrale Baustein der kaiserlichen Machtfülle. Trotzdem wurde Tiberius im selben Jahr mit 36 Jahren zum „Aussteiger“.

Sueton wundert sich darüber: „Obwohl doch so vieles so günstig lief, beschloss er plötzlich in der Blüte seiner Jugend und bei voller Gesundheit, abzutreten und sich so weit wie möglich aus dem Zentrum davonzumachen.... Er bat unter dem Vorwand, er sei der Ämter überdrüssig und brauche Erholung von den Strapazen, um Urlaub. Den Gefallen zu bleiben, tat er nicht einmal seiner Mutter, die ihn auf Knien darum bat, und auch nicht seinem Stiefvater, der sich sogar im Senat darüber beklagte, dass er ihn im Stich lasse. Ja er hat sogar vier Tage lang keine Nahrung mehr zu sich genommen, als man ihn mit zu großer Beharrlichkeit zurückhalten wollte. Schließlich erhielt er die Erlaubnis [nach Rhodos] abzureisen.“[63]

Dass Livia ihren Sohn Tiberius von diesem – in den Augen römischer Aristokraten völlig unverständlichen – Schritt abhalten wollte, ist begreiflich, zumal ja drei Jahre vorher ihr jüngerer Sohn Drusus gestorben war. Das Verhalten, das Augustus in dieser Situation nach Sueton zeigt, ist nicht untypisch für ihn: Er bedauert eher sich als den Menschen, über den er rücksichtslos verfügt hatte – hier Tiberius, den er in die Ehe mit Iulia gezwungen hatte.

Die sich offensichtlich nicht in das Schicksal einer Strohwitwe fügende Iulia verbannte ihr Vater im Jahr 2 v. Chr. auf die nicht einmal 2 km^2 große Insel Pandateria (heute Ventotene) im Tyrrhenischen Meer; die Ehe mit Tiberius wurde aufgelöst. Als Tiberius von Iulias Verbannung erfuhr, war er darüber nicht sonderlich betrübt, hielt es aber doch „für seine Pflicht, seinen Einfluss geltend zu machen und für die Tochter beim Vater in zahlreichen Briefen immer wieder Fürsprache einzulegen, etwa ihr alles, was er ihr einmal geschenkt hatte, zu lassen, wie auch immer sie sich benommen hatte“.[64] Im Jahr 3 n. Chr. lockerte Augustus die strengen Bedingungen ihres Exils und erlaubte seiner Tochter, sich in Rhegium (dem heutigen Reggio di Calabria) niederzulassen.[65]

Als im Jahr 1 v. Chr. seine *tribunicia potestas* endete und Tiberius nurmehr Privatmann war, „bat er um die Erlaubnis, seine Verwandten wiederzusehen, nach denen er sich innigst zurücksehne. Aber seiner Bitte wurde nicht entsprochen.... Also blieb er entgegen seinem Wunsch weiterhin auf Rhodos und erreichte mit Mühe über seine Mutter, dass er sozusagen als Gesandter [*legatus*] im Auftrag des Augustus fern von Rom sei.“[66] Im Jahr 2 durfte er schließlich zurückkehren, „aber nur unter der Bedingung, sich völlig aus der Politik herauszuhalten“.[67]

Im selben Jahr stirbt der jüngere, zwei Jahre später auch der ältere Adoptivsohn des Augustus. Damit wendet sich das Blatt entscheidend. Wieder gerät Livia in Verdacht: „Lucius Caesar raffte auf dem Weg zu den Heeren in Spanien und den nach einer Verwundung krank gewordenen Gaius auf dem Rückweg von Armenien ein vom Schicksal zu früh bestimmter Tod oder ein Anschlag ihrer Stiefmutter Livia hinweg."[68] Neben Tacitus erwähnt auch Dio das Gerücht, Livia könnte bei diesen Todesfällen ihre Hand im Spiel gehabt haben.[69] Dagegen schreibt Sueton, der sonst gerne alle kursierenden Gerüchte listet, lakonisch: „Gaius starb in Lykien, Lucius in Massilia [Marseille]."[70]

Noch im Jahr 4 adoptierte Augustus seinen Stiefsohn Tiberius. Dazu lesen wir bei Tacitus – als Erklärung für Livias einflussreiche Stellung nach dem Tod des Augustus –, es werde überliefert, Kaiser Tiberius „sei durch die Herrschsucht seiner Mutter [aus Rom] vertrieben worden, die er als Teilhaberin an seiner Herrschaft ablehnte, aber davon nicht fernhalten konnte, da er die Herrschaft selbst von ihr als Geschenk bekommen habe. Denn Augustus hatte überlegt, Germanicus, dem allgemein gelobten Enkel seiner Schwester, den römischen Staat zu übertragen, aber er fügte sich den Bitten seiner Frau, ließ Tiberius den Germanicus adoptieren und adoptierte selbst Tiberius; das hielt ihm Livia später immer wieder vor und verlangte Gegenleistungen dafür."[71] War Livias Einfluss wirklich so entscheidend, wie Tacitus hier unterstellt?

Mangels eigener Söhne hatte Augustus seine dynastischen Hoffnungen zunächst auf seinen Neffen Marcus Marcellus, dann auf seine beiden Enkel gesetzt. Nach deren Tod musste der inzwischen fast 66-jährige Augustus umgehend handeln, zumal er jederzeit mit seinem Tod zu rechnen hatte (so kränklich, wie er zeitlebens war). Tief getroffen vom Tod seiner Enkel strebte er eine möglichst umfassend abgesicherte Regelung an. Die Abb. 7 auf S. 29 zeigt die Optionen, die Augustus im Jahr 4 hatte. Zur Auswahl standen der nach Agrippas Tod geborene 15-jährige Agrippa Postumus, Livias Sohn Tiberius, dessen 18-jähriger Sohn Drusus der Jüngere sowie zwei Söhne von Antonia der Jüngeren (oder Antonia minor), nämlich der ebenfalls 18-jährige Germanicus sowie der 13-jährige Claudius. Lediglich letzterer spielte – da er als nicht vorzeigbar galt – keine Rolle (wir werden später darauf zurückkommen). Alle übrigen wurden eingebunden: Agrippa Postumus und Tiberius wurden adoptiert, Tiberius musste seinerseits Germanicus adoptieren. Tiberius hieß nun Tiberius Caesar, Germanicus entsprechend Germanicus Caesar.

Ein Blick auf die beteiligten Personen und die in engem Zusammenhang mit den Adoptionen erfolgten Eheschließungen zeigt nicht den von Tacitus behaupteten fügsamen Augustus, sondern neben einem perfekt austarierten Interessenausgleich zwischen dem julischen und claudischen Teil der kaiserlichen Familie insbesondere eine – angesichts des Scheiterns früherer Regelungen unverzichtbare – umfassende Absicherung der Nachfolgepläne. Germanicus war der Sohn des älteren (9 v. Chr. gestorbenen) Drusus und der jüngeren Antonia und damit ein Enkel der Livia und Großneffe des Augustus. Im Jahr 5 heiratete er die ältere Agrippina, die eine Tochter der Iulia und damit eine Enkelin des Augustus war. Dies war somit die ideale Verbindung, um Octavians und Livias dynastische Interessen in Einklang zu bringen. Von ihren Kindern (Urenkel von Augustus und Livia) werden die jüngere Agrippina (als Gattin des Claudius und Neros Mutter) sowie der spätere Kaiser Caligula von sich reden machen. Livias Enkel Drusus der Jüngere war der Sohn des Tiberius und der Vipsania Agrippina, Agrippas Tochter aus seiner ersten Ehe. Bald nach dem Jahr 4 heiratete er Livilla, die Schwester des Germanicus, also eine Großnichte des Augustus und Enkelin der Livia. Auch ein Sohn des Drusus hätte also Augustus einen blutsverwandten Herrscher beschert – eine für Augustus erfreuliche, aber die Einigkeit im Kaiserhaus nicht gerade fördernde Möglichkeit.

Bleibt Agrippa Postumus, der als einziger Livias Ambitionen hätte vereiteln können. Doch der fiel bei Augustus bald in Ungnade. Dio berichtet von ihm: „Er bekam häufig Wutanfälle und beschimpfte dann Livia als Stiefmutter, während er Augustus selbst wiederholt beschuldigte, dass dieser ihm das väterliche Erbe vorenthalte.“[72] Die Situation scheint schnell eskaliert zu sein. Schon zwei Jahre nach der Adoption verstieß ihn Augustus „wegen seiner niederträchtigen und unbeherrschten Natur und verbannte ihn nach Surrentum [heute Sorrent] ... Weil er nicht im Geringsten zugänglicher, vielmehr von Tag zu Tag rasender wurde, ließ er ihn [ein Jahr später] auf eine Insel [Planasia, das heutige Pianosa] bringen und obendrein unter militärische Bewachung stellen.“[73] Er muss sich einiges gegenüber seinem Groß- und Adoptivvater erlaubt haben, damit dieser zu solch drastischen Maßnahmen griff. Klar ist lediglich, dass Agrippa Postumus weder körperlich noch geistig beeinträchtigt war; andernfalls wäre er – wie der zwei Jahre jüngere Claudius – von Augustus nicht als Nachfolger in Betracht gezogen worden. Tacitus bestätigt zwar, dass Agrippa Postumus „keine Spur anständigen Verhaltens zeigte und mit seiner Körperkraft dummdreist auftrumpfte“,[74] doch habe man ihm keine Schandtat nachweisen können. Verbannt worden sei er nur, weil Livia den alt gewordenen Augustus inzwischen völlig in der Hand hatte (*devinxerat*).

Caligula nannte seine Urgroßmutter Livia „immer wieder einen Odysseus in Frauenkleidern“.[75] Der jüdisch-hellenistische Philosoph Philon von Alexandria, der um 40 eine Delegation seiner Heimatstadt zu Caligula anführte, schlägt in die gleiche Kerbe. Allerdings würde sein – in Philons Augen überschwängliches – Lob heute wenig Gefallen finden: „Das Erkenntnisvermögen der Frauen ist irgendwie schwächer als das der Männer, weil sie außerhalb der mit den Sinnen erfahrbaren Umwelt ausschließlich geistig Wahrnehmbares nicht begreifen können. Sie aber übertraf hierin – wie auch sonst – all ihre Geschlechtsgenossinnen. ... Ihr Denken glich dem eines Mannes; es war so scharfsichtig, dass sie nur geistig Wahrnehmbares besser erfasste als mit den Sinnen wahrgenommene Dinge und letztere für Schatten des ersteren hielt.“[76] Nach Philon empfand Livia also wie Plato, auf dessen berühmtes Höhlengleichnis er hier anspielt; ein höheres Lob kann in der Antike ein Philosoph nicht aussprechen.

Livia war jedenfalls eine Frau mit einem scharfen Verstand und eine gewiefte Taktikerin, die ihre Grenzen kannte, aber auch ihre Möglichkeiten ausschöpfte. Nach Dio diskutierte Augustus mit ihr wichtige politische Fragen und ließ sich von ihr bisweilen sogar überzeugen.[77] Man kann also davon ausgehen, dass die ausgeklügelte Regelung aus dem Jahr 4 das Ergebnis einer solchen Diskussion war. Die Behauptung des Tacitus, Tiberius habe seine Herrschaft „als Geschenk der Livia" erhalten, stimmt jedenfalls nur, wenn man sie zur Serienmörderin macht, wie das Tacitus – zumindest unterschwellig – tut.

Nachdem Augustus seinen Enkel Agrippa Postumus verbannt hatte, konnte nur noch eine Versöhnung der beiden Tiberius als Nachfolger verhindern. Obwohl Agrippas Verhalten während seiner Verbannung diese so gut wie ausschloss, ging das Gerücht um, Livia habe Augustus ermordet, um einer Aussöhnung zuvorzukommen. Während Sueton dies mit keinem Wort erwähnt (offensichtlich hält er es für haltlos), greift es Tacitus gerne auf: Als sich der Gesundheitszustand des Augustus verschlechterte, „munkelten manche von einem Verbrechen seiner Frau. Denn es war das Gerücht aufgekommen, wenige Monate vorher sei Augustus … nach Planasia gefahren, um Agrippa zu besuchen. Viele Tränen seien dort auf beiden Seiten geflossen und Beweise der Zuneigung ausgetauscht worden; das habe die Hoffnung genährt, der junge Mann werde wieder in das Haus des Großvaters aufgenommen. … Ob das nun stimmt oder nicht, kaum war Tiberius in Illyricum eingerückt, wurde er durch ein Eilschreiben seiner Mutter zurückbeordert und es lässt sich nicht genau feststellen, ob er Augustus in der Stadt Nola noch atmend oder bereits leblos vorfand. Denn durch scharf zupackende Wachen hatte Livia Haus und Wege abriegeln lassen und von Zeit zu Zeit streute man im Volk erfreuliche Nachrichten, bis man dann – nachdem die Vorkehrungen getroffen waren, welche die Umstände erforderten – gleichzeitig verbreitete, Augustus sei gestorben und [Tiberius] Nero übernehme die Macht."[78]

Nahtlos fährt Tacitus im gleichen Ton fort: „Die erste Untat des neuen Prinzipats war Postumus Agrippas Ermordung; obwohl er ahnungslos und unbewaffnet war, konnte ihn ein Zenturio trotz seines beherzten Handelns nur mit Mühe überwältigen. Keine Erklärung gab Tiberius in dieser Angelegenheit vor dem Senat ab. Er tat so, als habe es Befehle seines Vaters gegeben, mit denen dieser den wachhabenden Tribun anwies, Agrippa unverzüglich umzubringen, sobald für ihn selbst die letzte Stunde geschlagen habe."[79] Etwas zurückhaltender formuliert Sueton: „Was diese Weisung von höchster Stelle anbelangt, so ist zweifelhaft, ob Augustus sie auf seinem Sterbebett erlassen habe, um so einem Tumult nach seinem Ableben den Anlass zu nehmen, oder ob Livia sie im Namen des Augustus diktiert habe, wobei dahingestellt bleibt, ob dies mit oder ohne Wissen des Tiberius geschah."[80] Generationen von Historikern haben sich seither über diese Frage den Kopf zerbrochen und die verschiedensten Theorien aufgestellt.[81] Der Wahrheit ist man dabei nicht nähergekommen.

Tiberius war bei seinem Regierungsantritt 54, seine Mutter 71 Jahre alt. Da Tiberius nach seiner Scheidung von Iulia nicht mehr geheiratet hatte, war Livia weiterhin die „First Lady". In ihren Augen konnte ihr verschlossener und daher oft mürrisch wirkender Sohn einem Vergleich mit ihrem verstorbenen charismatischen, rückblickend weiter verklärten Gatten nicht standhalten. Daher war sie in den 15 Jahren, die sie noch leben sollte, immer wieder versucht, Tiberius zu bemuttern und ihm Ratschläge zu geben (möglicherweise mit dem mehr oder weniger dezenten Hinweis auf ihre Rolle bei Tiberius' Adoption; siehe S. 32). Dass dies dem neuen Herrscher nicht gefiel, ist nachvollziehbar – zumal Augustus der Witwe testamentarisch eine neue, bisher unbekannte Stellung verschafft hatte: Er hatte in seinem Testament verfügt, dass Livia in die *gens Iulia* aufgenommen wurde sowie den Namen – und ehrenvollen Titel – *Augusta* erhielt.[82] Sie hieß nun offiziell Iulia Augusta. Dies brachte ihr zwar keine Rechte, stellte sie aber protokollarisch auf eine Stufe mit ihrem Sohn Tiberius Augustus. Eine derart herausgehobene öffentliche Rolle für eine Frau war neu und für viele Männer – für Tiberius ebenso wie für Geschichtsschreiber – schwer zu ertragen. Daher lagen die Senatoren, die glaubten, sich durch Ehrungen für seine Mutter beim Kaiser beliebt machen zu können, völlig falsch.

Tiberius „bat seine Mutter, in allem, soweit es sich für sie schickte, ihr Verhalten dem seinen anzupassen, teils damit sie ihn nachahme, teils um sie von übermäßigem Stolz abzuhalten. Denn sie nahm eine ganz gewaltige, alle Frauen vor ihr weit überragende Stellung ein, so dass sie jederzeit den Senat und alle Leute aus dem Volk, welche ihr in ihrem Haus eine Aufwartung machen wollten, empfangen konnte; und diese Tatsache fand sogar Aufnahme in die offiziellen Tagesberichte. Ebenso trugen die Briefe des Tiberius eine Zeit lang auch ihren Namen und die Mitteilungen wurden gleichermaßen an beide gerichtet. Abgesehen davon, dass sie es niemals wagte, in der Kurie oder in den Feldlagern oder Volksversammlungen zu erscheinen, versuchte sie alles andere in ihre Hand zu nehmen, so als wenn sie allein das Regiment führte. Denn zu Lebzeiten des Augustus hatte sie den größten Einfluss ausgeübt und immer wieder erklärte sie, dass Tiberius durch sie Kaiser geworden sei; so war sie auch nicht zufrieden, auf gleichem Fuß mit ihm zu regieren, sondern verlangte sogar den Vortritt vor ihm. Daher wurde neben anderen ungewöhnlichen Vorschlägen von vielen der Antrag eingebracht, sie solle ‚Mutter des Vaterlands' genannt werden; viele waren sogar für den Titel ‚Erzeuger des Vaterlands'. ... Tiberius war über all diese Dinge ungehalten; er versagte daher, abgesehen von ganz wenigen Ausnahmen, den zu Ehren Livias getroffenen Beschlüssen seine Bestätigung und ließ sie auch sonst nichts Übertriebenes tun."[83]

Livia hielt nach Dio also offizielle Morgenempfänge (*salutationes*) ab, wie man sie zuvor nur von Männern kannte, für die eine möglichst große Besucherschar ein wichtiges Indiz für ihre gesellschaftliche Bedeutung war. Positiv vermerkt Dio, dass Livia nicht im Senat oder in Feldlagern auftrat – auch wenn er es ihr nicht als Zurückhaltung anrechnet, sondern ihrem fehlenden Mut zuschreibt. Er will damit seinen Lesern den fortschreitenden Verfall der Sitten in den zwei folgenden Jahrhunderten vor Augen führen. Denn als im Jahr 221 Elagabal seinen Vetter in den Senat brachte, „wies er [seine Großmutter] Maesa und [seine Mutter] Soaemias an, sich links und rechts neben ihn zu stellen"[84] (mehr dazu auf S. 111). Ein ähnliches, wenn auch nicht ganz so schlimmes Sakrileg beging allerdings schon die jüngere Agrippina: Als einmal ein sie interessierendes Thema im Senat behandelt wurde, sorgte sie dafür, dass der Senat „in den Palast einberufen wurde, damit sie, nachdem man an der Rückseite eine Tür hatte einfügen lassen, dabei sein konnte, durch einen Vorhang getrennt, der den Blick auf sie verwehrte, ihr aber die Möglichkeit zuzuhören nicht nahm".[85]

Wie Dio berichtet auch Tacitus vom Bestreben des Tiberius, Ehrungen für seine Mutter zu unterbinden. Danach habe „dieser nachdrücklich betont, man müsse mit Ehrungen

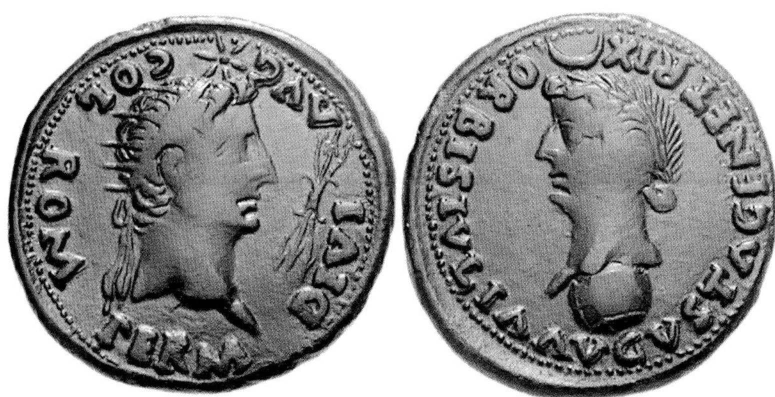

Abb. 8: Livia als Mutter des Erdkreises

für Frauen zurückhaltend sein, und er werde dieselbe Mäßigung auch bei den Ehren an den Tag legen, die ihm erwiesen werden sollten. Tatsächlich ließ er ihr, weil ihn die Eifersucht plagte und er die herausragende Stellung der Frau als Herabsetzung der eigenen Person empfand, nicht einmal einen Liktor zuweisen.“[86] Letzteres ist bemerkenswert, da Livia im Theater auf den Sitzen der Vestalinnen Platz nehmen durfte[87] und einer Vestalin in der Öffentlichkeit stets ein Liktor vorausging. Tiberius wollte offensichtlich jeden Anschein, dass seine Mutter ein öffentliches Amt ausübe, vermeiden. So konnte es ihm nicht gefallen, „dass sie bei einem Brand in unmittelbarer Nachbarschaft des Vestatempels sogar persönlich gekommen war und die Menge und die Soldaten ermahnte, mit etwas mehr Eifer anzupacken; denn so war sie es zu Lebzeiten ihres Gatten gewohnt gewesen und das tat sie nun weiterhin.“[88]

Völlig verhindern konnte Tiberius einen Liktor für Livia allerdings nicht. Die Senatoren „erklärten nämlich Augustus für unsterblich, erkannten ihm eigene Priester und Riten zu und bestellten Livia, die schon die Bezeichnung Iulia und *Augusta* trug, zu seiner Priesterin; auch wurde ihr gestattet, bei Ausübung ihres heiligen Amtes sich eines Liktors zu bedienen. Ihrerseits schenkte sie eine Million Sesterzen … einem ehemaligen Prätor, der unter Eid aussagte, er habe Augustus in den Himmel auffahren sehen, so wie man es sich auch von Proculus beim Tod des Romulus erzählte.“[89]

Auch in den Provinzen gingen die Ehrungen für Livia bisweilen weit über das vom Kaiser gewünschte Maß hinaus. Auf der in Abb. 8 gezeigten Münze der spanischen COL(onia) ROM(ula) (heute Sevilla) sehen wir auf der einen Seite Augustus als *Divus*, mit dessen Erlaubnis (PERM(issu)) die Stadt Münzen prägte; die andere zeigt über einer Erdkugel die Büste der IVLIA AVGVSTA als GENETRIX ORBIS, als die Erzeugerin oder Mutter des Erdkreises.

In Abb. 9 sieht man einen unter Tiberius entstandenen Porträtkopf der Livia, der das Alter der über Siebzigjährigen nicht verrät. Die Ähren und Mohnblüten in ihrem Kranz sind Attribute der Ceres, der Göttin des Ackerbaus und der Fruchtbarkeit, und spielen

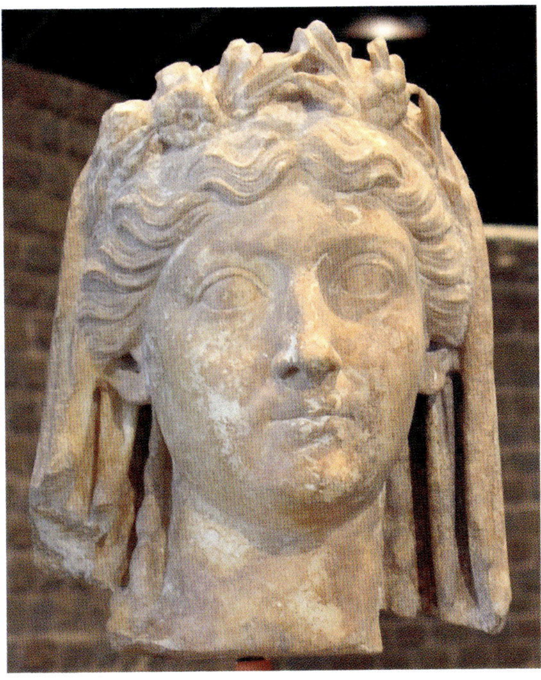

Abb. 9: Livia - Iulia Augusta

damit auf ihren Status als Kaisermutter an. Der über den Kopf geworfene Mantel weist auf ihr Amt als Priesterin des vergöttlichten Augustus hin.

Am 1. Januar 21 trat Tiberius sein viertes Konsulat an, zusammen mit seinem Sohn Drusus, für den es die zweite Amtszeit war. Doch schon bald „begab sich Tiberius angeblich zur Stärkung seiner Gesundheit nach Kampanien, fasste jedoch allmählich eine lange, ständige Abwesenheit ins Auge".[90] Im Jahr darauf „zwang eine schwere Erkrankung der Iulia Augusta den *princeps*, eilends in die Hauptstadt zurückzukehren, weil sich Mutter und Sohn immer noch gut verstanden oder weil man Hassgefühle nicht offen zeigte. Denn nicht lange vorher hatte Iulia bei der Weihung eines Standbilds für den vergöttlichten Augustus … den Namen des Tiberius hinter den ihren setzen lassen, und dies habe jener, so glaubte man, als Herabsetzung der Herrscherwürde empfunden und mit einer tiefen Verärgerung, die er sich nicht anmerken ließ, im Inneren vergraben. Aber danach wurden Bittgänge zu den Göttern und Große Spiele vom Senat beschlossen, die die *pontifices*, Auguren und Fünfzehnmänner zusammen mit den Siebenmännern und der Priesterschaft des Augustus veranstalten sollten."[91] Alle vier großen Priesterschaften beteten also für die Gesundung der *Augusta*. Auch die Ritterschaft gelobte ein Weihegeschenk für ihre Genesung.[92]

In Abb. 10 sehen wir links auf einem 22/23 geprägten Dupondius ein Porträt der Iulia Augusta. Ihr Haar ist im Stirnbereich aufgebauscht und dann in einem Scheitelzopf in den Nacken geführt, der dort mit zwei durch eine Brennschere in tiefe Wellen gelegte Seitensträhnen zu einem – von weiteren Zöpfen umwundenen – Knoten vereint wird. Die

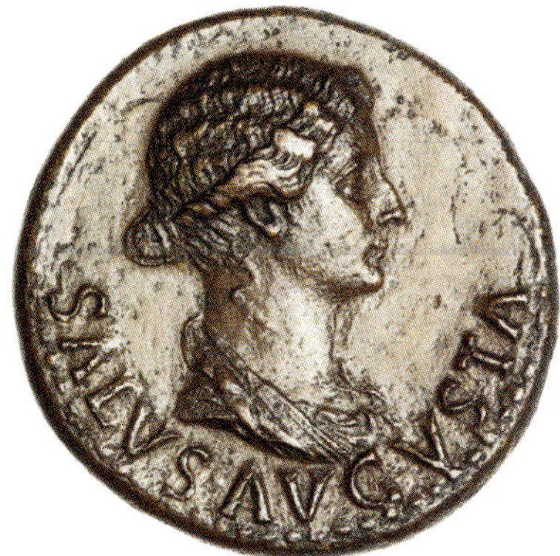

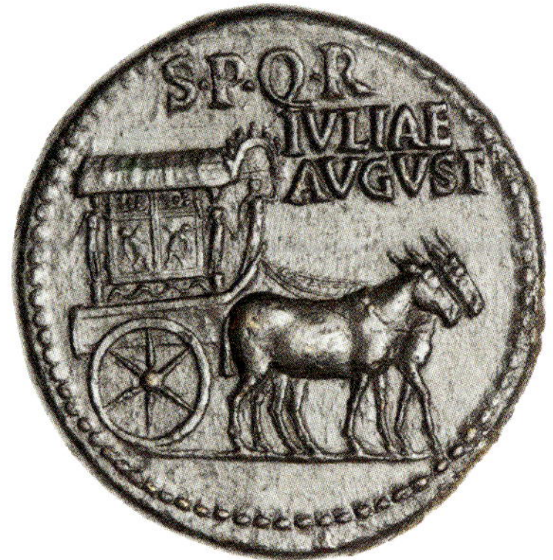

Abb. 10: Livia und carpentum

Umschrift lautet SALVS AVGVSTA. Zwar ist hier AVGVSTA als Adjektiv zu verstehen, die Umschrift also etwa als „ehrwürdige *Salus* (Heilsbringerin)" zu lesen, doch werden viele, die die Münze in Händen hielten, dies (auch) als Hoffnung auf oder als Dank für die Genesung der Iulia Augusta verstanden, darauf vielleicht sogar die – im Gegensatz zum wenig beliebten Kaiser – Heil bringende *Augusta* gesehen haben.

Im gleichen Zeitraum wurde der Sesterz geprägt, dessen Avers rechts davon zu sehen ist. Er zeigt ein reich verziertes *carpentum*, einen von zwei Maultieren gezogenen zweirädrigen Wagen. Darüber lesen wir S · P · Q · R IVLIAE AVGVST(ae). Auch wenn die Quellen dazu schweigen, lässt sich das eigentlich nur so verstehen, dass Senat und Volk von Rom der (von der Krankheit geschwächten?) fast 80-jährigen Livia das seltene Privileg verliehen haben, in Rom einen solchen Wagen benutzen zu dürfen.

Im Jahr 23 gestattete es Tiberius den Städten der Provinz *Asia*, einen „Tempel für Tiberius, seine Mutter und den Senat" zu errichten.[93] Wenn die korrekte Reihenfolge eingehalten wurde, schien er also sogar die göttliche Verehrung seiner Person zu erlauben. Doch dies war eine auf eine ähnliche Entscheidung seines Adoptivvaters zurückgehende Ausnahme.[94] Generell war ihm eine solche Verehrung zuwider: „Ich bin sterblich und nehme die Aufgaben von Menschen wahr."[95] Es gibt keinen Grund, ihm zu unterstellen, er hätte solche Ehrungen nur abgelehnt, um nicht zulassen zu müssen, dass auch seine Mutter entsprechend geehrt würde.

Doch die gegenseitige Abneigung nahm zu. Selbst Bagatellen führten zur Eskalation. „Als sie zu oft in ihn drang, jemanden, dem das römische Bürgerrecht verliehen worden war, in die Dekurien der Richter aufzunehmen, sagte er, er werde es nur unter der Bedingung tun, dass sie erlaube, in der Liste den Vermerk hinzuzusetzen, ihm sei diese Aufnahme von seiner Mutter abgerungen worden. Darüber war sie so aufgebracht, dass sie einige Briefe, die Augustus an sie geschrieben hatte und in denen er sich darüber ausließ, wie [Tiberius] einem Menschen alles verleide und wie unausstehlich er sei, aus ihrem Heiligtum hervorholte und verlas. Dass sie diese Briefe so lange aufbewahrt und ihm dann so feindselig vorgehalten hatte, verdross ihn sehr."[96] Viele hätten in diesem Streit einen, manche sogar den wichtigsten Grund dafür gesehen, dass sich Tiberius in der zweiten Hälfte des Jahres 26 nach Kampanien, im darauffolgenden Jahr schließlich nach Capri zurückzog. „Jedenfalls hat er seine Mutter in den drei Jahren, die sie während seiner Abwesenheit aus Rom noch lebte, nur einmal und da auch nur für sehr wenige Stunden an einem einzigen Tag gesehen."

Außerhalb des Kaiserhauses ist Livia vielen Menschen wohl eher als Wohltäterin in Erinnerung geblieben, wie die – sicher übertriebene Lobeshymne – des Velleius Paterculus zeigt. Für ihn war sie „eine einzigartige Frau, die in allem eher Göttern als Menschen glich; spürte man doch ihren Einfluss nur, wenn man von einer Gefahr bewahrt blieb oder eine Rangerhöhung erhielt."[97] Zu den von ihr Geförderten gehörten der spätere Kaiser Galba, dem Livias „Gunst noch zu ihren Lebzeiten weitreichenden Einfluss brachte",[98] der aus dem Ritterstand stammende Großvater des Kaisers Otho, der in ihrem Haus aufwuchs und durch sie in den Senat gelangte,[99] oder Neros *praefectus praetorio* Burrus Afranius, dessen Karriere in ihrem Haus begann.[100]

Dass Livia besänftigend auf ihren Sohn eingewirkt und danach getrachtet habe, ihn milder zu stimmen, weiß auch Tacitus.[101] Ob sie sich auch für ihre Stieftochter (und zeitweilige Schwiegertochter) Iulia eingesetzt hat, die Tiberius in ihrer Verbannung hatte verhungern lassen[102] (sie starb wenige Monate nach seinem Regierungsantritt), ist nicht überliefert. Jedenfalls wurde deren gleichnamige Tochter, die im Jahr 8 von ihrem Großvater auf die Insel Trimetum (nördlich der Gargano-Halbinsel) verbannt worden war und dort nach 20-jährigem Exil verstarb, in diesen schweren Jahren „von der *Augusta* unterstützt, die, nachdem sie ihre Stiefkinder in blühendem Alter insgeheim ins Unglück gestürzt hatte, vor den Leuten Mitleid mit den Vernichteten zur Schau trug".[103] Von Tacitus drei Bücher früher als bloße Möglichkeit ins Spiel gebracht (siehe S. 32), wird hier die Ermordung des Gaius und Lucius Caesar durch Livia zur unstrittigen Tatsache.

Livia starb im Jahr 29 im – für damalige Verhältnisse phänomenalen – Alter von 86 Jahren. „Ihr Leichenbegängnis war einfach, das Testament wurde lange nicht vollstreckt. Die Lobrede hielt von der Rednerbühne herab ihr Urenkel Gaius Caesar [Caligula], der später die Herrschaft übernahm."[104] Tiberius machte sich nicht die Mühe, deswegen nach Rom zu kommen – ein grober Verstoß gegen die *pietas*, die Achtung und Ehrerbietung, die Kinder ihren Eltern schuldeten. Nach Tacitus „behielt er sein angenehmes Leben bei und entschuldigte sein Fehlen bei den letzten Ehren für seine Mutter brieflich mit dem Ausmaß seiner Aufgaben".[105] Mit der Begründung, Livia selbst habe es so gewollt, verfügte er auch nur bescheidene Ehrungen für die Verstorbene.

Bei Dio lesen wir von einem solchen Wunsch Livias nichts: „Tiberius hatte sie weder in ihrer Krankheit besucht, noch ließ er selbst die Tote zur Schau aufbahren. In der Tat erwies er ihr überhaupt keine andere Ehrung außer einer öffentlichen Beisetzung und Bildern und sonstigen belanglosen Dingen. Ihre Versetzung unter die Götter verbot er ausdrücklich. Der Senat begnügte sich indessen nicht damit, alle die Maßnahmen zu beschließen, die Tiberius angeordnet hatte, sondern verfügte Livia zu Ehren ein ganzes Trauerjahr für die

Frauen, billigte jedoch insoweit die Einstellung des Tiberius, dass er selbst in diesem Zeitraum die Erledigung öffentlicher Angelegenheiten nicht unterbrach. Außerdem beschloss der Senat für sie die Errichtung eines Bogens, eine Auszeichnung, wie sie Frauen bisher nicht zuteil geworden war; hatte doch Livia nicht wenige aus dem Kreis der Senatoren gerettet, die Kinder von vielen aufgezogen und einer großen Zahl Beihilfe zur Aussteuer ihrer Töchter geleistet. Darum nannten sie manche auch Landesmutter. Sie fand ihre letzte Ruhestätte im Mausoleum des Augustus. … Der Bogen indessen, den man für sie beschlossen hatte, wurde nicht gebaut, weil Tiberius versprach, ihn aus eigenen Mitteln errichten zu wollen. Denn da er Bedenken hatte, den Beschluss mit einer langen Rede rückgängig zu machen, hob er ihn dadurch auf, dass er das Werk weder mit öffentlichen Geldern ausführen ließ, noch es selber tat."[106]

Um Livias Testament, das Tiberius für ungültig erklärt hatte,[107] kümmerte sich erst Caligula, „indem er sämtlichen darin enthaltenen Anordnungen nachkam".[108] Vergöttlicht und damit zur *Diva* wurde Livia schließlich unter Kaiser Claudius (siehe S. 55).

1.3 Täterin oder Opfer? – Die ältere Agrippina und Caligula

Agrippina, die Mutter des Kaisers Gaius, den man außerhalb der Fachwelt nur unter seinem Spitznamen Caligula kennt, wurde im Oktober 14 v. Chr. geboren. Sie war das zweitjüngste der fünf Kinder, die Agrippa und die Augustus-Tochter Iulia miteinander hatten. Das Schicksal der übrigen ist uns bereits bekannt: Gaius und Lucius Caesar wurden von Augustus in der Hoffnung, in ihnen die ersehnten Erben gefunden zu haben, früh adoptiert, verstarben jedoch schon mit 23 bzw. 18 Jahren (siehe S. 32). Der nachgeborene Agrippa Postumus wurde später ebenfalls adoptiert, aber von Augustus verstoßen und – auf wessen Befehl auch immer – ermordet (siehe S. 34). Auch das tragische Los der als zweites Kind geborenen Iulia wurde bereits angesprochen (siehe S. 39).

Agrippina, die wegen ihrer gleichnamigen Tochter auch die Ältere oder Agrippina mater genannt wird, verlor mit anderthalb Jahren ihren Vater. Ein Jahr später heiratete ihre Mutter Tiberius. Als Agrippina acht Jahre alt war, zog sich ihr Stiefvater nach Rhodos zurück. Traumatisch wurde für sie das Jahr 2 v. Chr., in dem die 12-Jährige die Verurteilung und Verbannung ihrer Mutter miterleben musste (siehe S. 31). Spätestens zu diesem Zeitpunkt kam sie mit ihren Geschwistern zu ihren Großeltern Augustus und Livia.

Augustus sorgte für eine gediegene Erziehung seiner Enkel (denen er die Mutter genommen hatte). „Der Freigelassene Marcus Verrius Flaccus war hochberühmt für seine Lehrmethoden. Damit sich die Fähigkeiten seiner Schüler entfalten konnten, ließ er Gleichaltrige gegeneinander antreten, wobei er nicht nur das Thema vorgab, über das sie schreiben sollten, sondern auch einen Preis – etwa ein schönes oder seltenes altes Buch – für den Sieger aussetzte. Deshalb wurde er von Augustus als Lehrer für seine Enkel ausgewählt und er zog mit seiner gesamten Schule in den Palast."[109] Man darf davon ausgehen, dass dies seine Enkelinnen einschloss. Dies legt auch ein von Sueton zitierter Brief des Augustus nahe:

„In einem Brief an seine Enkelin Agrippina, in dem er ihr Talent lobt, sagte er: ‚Du musst darauf achten, dich weder schriftlich noch mündlich gekünstelt auszudrücken.'"[110]

Im Jahr 5 n. Chr. verheiratete Augustus Agrippina mit Germanicus (siehe S. 32 und die Stammtafel auf S. 17). Das Paar bekam neun Kinder. „Zwei dieser Kinder starben bereits, als sie noch ganz klein waren, eines, als es gerade ins Knabenalter kam. … Die anderen Kinder haben den Vater überlebt: die drei Töchter Agrippina [die Jüngere], [Iulia] Drusilla und [Iulia] Livilla – sie waren alle drei innerhalb von drei Jahren zur Welt gekommen – und ebenso viele Söhne, nämlich Nero [im Jahr 6 geboren], Drusus [7 oder 8 geboren] und Gaius Caesar."[111]

Der als Caligula bekannte Gaius Caesar kam im Jahr 12, in dem sein Vater Konsul war, in Antium (siehe S. 16) zur Welt. Im nächsten Jahr ging Germanicus als Befehlshaber an den Rhein. Im Jahr 14 schickte Augustus den zweijährigen Caligula unter sicherem Geleit zu seinem Vater, wie einem Brief zu entnehmen ist, „den er wenige Monate vor seinem Tod an seine Enkelin Agrippina schrieb und in dem er Folgendes über Gaius [Caligula] … bemerkt: ‚Den jungen Gaius sollen Talarius und Asillius am 18. Mai, falls die Götter es wollen, mit sich nehmen, das habe ich gestern mit den beiden vereinbart. Außerdem sende ich mit ihm einen meiner Sklaven, einen Arzt, den Germanicus, so habe ich ihm geschrieben, behalten kann, wenn er will. Lebe wohl, meine liebe Agrippina, und sorge dafür, dass du gesund bei deinem Germanicus ankommst."[112] Agrippina reiste demnach wenig später ebenfalls nach Germanien. Der von Sueton zitierte Brief zeigt, dass dem betagten Augustus das Wohl seines Urenkels und seiner Enkelin am Herzen lag.

Die Machtübernahme des Tiberius im August 14 machte seinen Sohn Drusus und seinen Adoptivsohn Germanicus zu Konkurrenten um die Nachfolge. Daher kam es „wegen der gegen Agrippina gerichteten stiefmütterlichen Eifersüchteleien Livias zu Spannungen zwischen den Frauen. Zwar verlor auch Agrippina etwas zu schnell die Beherrschung, allerdings mit dem Unterschied, dass sie dank ihrer Sittsamkeit und Gattenliebe ihrem allzu leicht erregbaren Wesen eine Wendung zum Guten gab."[113] Die ältere Agrippina kommt hier (bei Tacitus) besser weg. Übergeht man die für Tacitus typischen Seitenhiebe auf Livia, bleibt die Vermutung, dass Agrippina eine größere Gelassenheit zeigte, da sie sich wegen ihrer Söhne in einer starken Stellung wusste.

Nach dem Tod des Augustus hofften viele Soldaten, in dieser Zeit des Umbruchs ihr Los verbessern zu können; die älteren forderten ihre überfällige Entlassung, die jüngeren höheren Sold. Solche Stimmen wurden auch bei den Legionen am Rhein laut, die Germanicus kommandierte. Zwar hatte bei den Soldaten Tiberius wegen seiner früheren militärischen Erfolge einen guten Ruf, doch glaubten sie eher bei Germanicus als bei ihm auf offene Ohren zu stoßen. „Denn der junge Mann zeigte ein umgängliches Wesen und eine außerordentliche Freundlichkeit, im Unterschied zur Ausdrucksweise und Miene des Tiberius, die hochmütig und undurchsichtig waren." Germanicus ließ sich jedoch von ihnen nicht zur Meuterei gegen Tiberius verleiten. Als deshalb die Lage immer bedrohlicher wurde, ging er daran, seine Familie in Sicherheit zu bringen. Nach Tacitus, der dieses Ereignis ausführlich schildert, brachte dies den Umschwung.

„Seine Gattin, die sich mit der Beteuerung, sie stamme vom vergöttlichten Augustus ab und werde sich dessen in Gefahren nicht unwürdig erweisen, dagegen sträubte, brachte er erst nach langem Zögern dazu abzureisen, nachdem er schließlich ihren Leib [sie war schwanger] und den gemeinsamen Sohn unter vielen Tränen umarmt hatte. Nun machte sich ein Mitleid erregender Zug von Frauen auf den Weg, die Gattin des Kommandeurs auf der Flucht, ihr Söhnchen auf dem Arm, umgeben von den jammernden Ehefrauen der Freunde, die mitziehen mussten, und wer zurückblieb, war nicht weniger traurig. Nicht wie bei einem Caesar im Vollbesitz seiner Macht und in seinem eigenen Lager, sondern wie in einer besiegten Stadt war das Bild, das sich bot, und die Seufzer und Klagen ließen auch die Soldaten hinhören und hinsehen. Sie traten vor ihre Unterkünfte: Was sei das für ein lautes Weinen, was für ein derart trauriger Zug? Vornehme Frauen seien es, kein Zenturio sei zu ihrem Schutz da, kein einfacher Soldat, nichts, was der Gemahlin eines Kommandeurs und ihrem Gefolge zustehe; sie seien nun auf dem Weg zu den Treverern und damit in die Obhut von Fremden. Da überkam sie Scham und Mitleid und die Erinnerung an den Vater Agrippa, den Großvater Augustus; ihr Schwiegervater sei Drusus, sie selbst ausgezeichnet durch Kinderreichtum, ein Muster an Sittsamkeit. Außerdem sei ihr kleiner Sohn im Feldlager zur Welt gekommen und in der Gesellschaft der Legionen aufgewachsen; mit einem Begriff des Soldatenjargons riefen sie ihn *Caligula* [Stiefelchen], weil man ihm sehr oft, um die Sympathien der Mannschaften zu gewinnen, dieses Schuhwerk anzog. Aber nichts trug in gleicher Weise zu dem Stimmungsumschwung bei wie der Neid auf die Treverer: Sie baten, ja bedrängten sie, umzukehren und dazubleiben. Ein Teil stellte sich Agrippina in den Weg, die Mehrzahl wandte sich Germanicus zu. Der begann unter dem frischen Eindruck von Schmerz und Erbitterung zu der Menge um ihn herum folgendermaßen zu sprechen: ‚Mir ist Gattin oder Sohn nicht teurer als Vater und Gemeinwesen, aber Letzterer wird wenigstens durch seine hohe Stellung, das Römische Reich durch die übrigen Heere geschützt. Meine Gemahlin und meine Kinder, die ich für euren Ruhm bereitwillig dem Tod ausliefern würde, lasse ich jetzt weg von euch tobender Meute bringen, damit das Verbrechen, das vielleicht noch bevorsteht, nur mit meinem Blut gesühnt wird und die Ermordung des Urenkels des Augustus und die Tötung der Schwiegertochter des Tiberius euch nicht zu noch größeren Schurken machen.‘“[114]

Agrippina bot hier ein großes Schauspiel: erst die heldenmütige Weigerung zu gehen, dann der tränenreiche Abschied, schließlich der jammervolle Abzug. Den nächsten großen Auftritt hatte sie im Jahr 15 bei Kämpfen gegen die Germanen, als es hieß, „eine feindliche Germanenschar ziehe in Richtung Gallien. Hätte da Agrippina nicht den Abriss der über den Rhein geschlagenen Brücke verhindert, hätte es Leute gegeben, die aus Angst diese Schandtat begangen hätten. Doch die energische Frau übernahm in diesen Tagen die Aufgaben eines Kommandeurs und verteilte an die Soldaten, je nachdem ob einer mittellos oder verwundet daherkam, Kleidungsstücke und Verbandszeug. Plinius, der Verfasser der [berühmten Naturgeschichte und der nicht erhaltenen] Germanenkriege, berichtet, sie sei vorne an der Brücke [also auf der rechten Rheinseite] gestanden und habe den Legionen bei ihrer Rückkehr Anerkennung und Dank ausgesprochen. Das traf Tiberius an einem wunden Punkt: Nicht harmlos seien nämlich diese Bemühungen und es handle sich auch nicht um Gegner von außen, gegen die man die Sympathien der Soldaten zu gewinnen versuche. Nichts mehr hätten die Befehlshaber zu tun, wenn eine Frau die Manipel visitiere, sich an militärische Einheiten wende, es mit Geldgeschenken versuche, als ob es nicht schon genug der Anbiederung sei, dass sie den Sohn des Kommandeurs in der Uniform eines einfachen Soldaten herumtrage und es gerne sehe, dass ein Caesar Caligula heiße. Mehr zu sagen habe Agrippina schon bei den Heeren als die Legaten, als die Kommandeure; von einer Frau sei eine Meuterei niedergeschlagen worden, der das Renommee des *princeps* nicht Einhalt gebieten konnte. Seianus fachte diese Bedenken weiter an und vermehrte sie, indem er in Kenntnis von Tiberius' Charakter Hassgefühle auf lange Sicht säte."[115]

Hier begegnet uns zum ersten Mal der *praefectus praetorio* Seianus. Das Amt des Prätorianerpräfekten hatte Augustus geschaffen und in der Regel mit zwei Angehörigen des Ritterstands besetzt, die gemeinsam das Kommando über die Prätorianer führten. Unter Tiberius war dagegen Seianus viele Jahre alleiniger Prätorianerpräfekt und besaß daher – bis zu seiner Hinrichtung im Jahr 31 – eine nahezu unangreifbare Machtposition, insbesondere, nachdem sich der Kaiser im Jahr 27 nach Capri zurückgezogen hatte. Zu der ursprünglich rein militärischen Aufgabe des *praefectus praetorio* kamen im Laufe der Zeit zunehmend zivile Befugnisse, weshalb wir noch berühmte Juristen auf diesem Posten sehen werden (siehe S. 99 und S. 116).

Im Herbst 17 schickte Tiberius Germanicus in den Osten. Agrippina und Caligula begleiteten ihn auch auf dieser Mission. Anfang 18 kam auf Lesbos Iulia Livilla, Agrippinas jüngstes Kind, zur Welt.[116] Im Jahr darauf erkrankte Germanicus und starb nach längerem Leiden. Sofort entstand der Verdacht, er sei vergiftet worden. „Und wirklich entdeckte man aus Boden und Wänden hervorgeholte Überreste von Leichen, Zaubersprüche und Verwünschungen sowie den in Bleiplättchen eingeritzten Namen des Germanicus, die Asche halb verbrannter Körperteile, die mit Jauche übergossen waren, und andere Zaubermittel, mit denen nach allgemeiner Überzeugung die Seelen den unterirdischen Gottheiten geweiht werden."[117] Wirklich belastbare Indizien findet der sonst Tiberius jede Untat zutrauende Tacitus allerdings nicht. „Ob sein Leichnam, der vor der Verbrennung entblößt auf dem Forum von Antiochia, dem für die Einäscherung vorgesehenen Ort, aufgebahrt wurde, Anzeichen eines Giftmords aufwies, ließ sich nicht sicher klären."[118]

Im Grunde genommen ist die Klärung der Frage, ob Germanicus ermordet wurde, zweitrangig. Entscheidend ist, dass Germanicus davon überzeugt war[119] und für Agrippina feststand, dass letztlich Tiberius dahintersteckte (siehe S. 46). Germanicus, der seine stolze und selbstbewusste Frau kannte, warnte sie vor unklugen Worten oder Taten. Kurz vor seinem Tod „wandte er sich an seine Gattin und bat sie inständig beim Andenken an seine Person und bei den gemeinsamen Kindern, ihr schroffes Wesen abzulegen, sich dem wütenden Schicksal zu beugen und nach der Rückkehr in die Hauptstadt nicht die Rivalität derjenigen herauszufordern, die stärker seien".[120]

Es sah nicht danach aus, dass sich Agrippina diesen Ratschlag zu Herzen nehmen würde. „Was Agrippina betrifft, so duldete sie, obwohl sie von der Trauer sehr mitgenommen und zudem krank war, dennoch nichts, was ihre Rache verzögern konnte. Sie schiffte sich mit der Asche des Germanicus und den Kindern ein“[121] und segelte über Korkyra (Korfu) nach Brindisi. „Als sie mit ihren zwei Kindern, die Aschenurne in der Hand, von Bord gegangen war und den Blick starr zu Boden richtete, war ein allgemeines Aufstöhnen zu hören und man hätte nicht zwischen Angehörigen und Fremden, zwischen dem Jammern von Männern oder Frauen unterscheiden können, abgesehen davon, dass sich vor dem von der langen Trauer erschöpften Gefolge der Agrippina die zu ihrem Empfang gekommene Bevölkerung in ihrem frischen Kummer hervortat.... Drusus zog bis Tarracina [siehe S. 16] entgegen in Begleitung des Bruders Claudius und der Kinder des Germanicus, die sich in der Hauptstadt aufgehalten hatten.... Tiberius und die *Augusta* zeigten sich nicht in der Öffentlichkeit, weil sie es für unvereinbar mit ihrer hohen Stellung hielten, öffentlich zu jammern; vielleicht wollten sie auch nur, wenn aller Augen sich prüfend auf ihre Mienen richteten, nicht als Heuchler erkannt werden.“[122] Geschickt versteht es Tacitus, Tiberius und seine Mutter der Heuchelei zu verdächtigen, ohne einen Beleg für seine Unterstellung liefern zu müssen.

Nach dem Tod des Adoptivsohns rückte Tiberius' leiblicher Sohn Drusus in den Fokus, zumal er und Livilla im Jahr 19 oder 20 männliche Zwillinge bekamen. Tiberius hatte an seinem Sohn allerdings nicht viel Freude. Er war ein „ausschweifender und grausamer Mensch“, der „die Nacht mit Gelagen verbrachte“.[123] Sogar öffentlich tadelte der Kaiser seine Lebensart. Als sein Sohn im September 23 starb, gab Tiberius spontan seinem Lebenswandel die Schuld. Acht Jahre später wurde „bewiesen“, dass Seianus den Drusus durch ein langsam wirkendes Gift umgebracht hatte.[124] Seine Gattin Livilla wurde beschuldigt, an diesem Komplott beteiligt gewesen zu sein, und wie Seianus im Jahr 31 hingerichtet. Leicht abweichend berichtet Dio: Als Tiberius den Bericht über Seianus gelesen hatte, „prüfte er die Angaben und ließ neben allen anderen Personen, die darin erwähnt waren, Livilla hinrichten. Ich habe indessen auch gehört, dass der Kaiser sie mit Rücksicht auf ihre Mutter Antonia schonte, Antonia aber von sich aus ihre Tochter verhungern ließ.“[125]

Tiberius reagierte nach dem Tod seines Sohns zunächst sehr besonnen: „Nachdem er sich über das hohe Alter der *Augusta*, die immer noch unerfahrene Jugend seiner Enkel und sein sich dem Ende zuneigendes Leben beklagt hatte, bat er darum, die [beiden älteren] Söhne des Germanicus hereinzuführen, den einzigen Trost in dem gegenwärtigen Unglück. Die Konsuln gingen hinaus, sprachen den Burschen Mut zu, führten sie dann hinein und ließen sie vor den Caesar hintreten. Er nahm sie bei der Hand und sagte: ‚Versammelte Väter, diese vaterlosen Waisen habe ich ihrem Onkel übergeben und darum gebeten, er möge sie, obwohl er selbst Nachkommen habe, nicht anders als sein eigenes Blut fördern, aufbauen und für sich und die Nachwelt starkmachen. Nach Drusus' Verlust richte ich nun meine Bitten an euch und beschwöre euch vor Göttern und Vaterland: Nehmt die Urenkel des Augustus, die von den vornehmsten Vorfahren abstammen, in eure Obhut, leitet sie an und erfüllt eure und meine Pflicht! Diese Männer hier, Nero [Caesar] und Drusus [Caesar], nehmen für euch die Stelle der Eltern ein. Ihr seid von so hoher Abkunft, dass sich euer Wohl und Wehe auf den Staat auswirkt.‘“[126]

Der 64-jährige Tiberius hatte es nun in seiner Umgebung mit vier Witwen zu tun: mit der 58-jährigen Antonia, der Witwe seines Bruders Drusus, mit der 35-jährigen Livilla, der Witwe seines Sohns, mit der etwa gleichaltrigen Agrippina, der Witwe des Germanicus, und mit der 80-jährigen Livia, der Witwe des Augustus, die als Iulia Augusta alle anderen überragte. Von den Differenzen zwischen Livia und Agrippina war schon die Rede (siehe S. 41). Verstärkt wurden diese Spannungen durch die eigenen – gegensätzlichen – Ziele der beiden jüngeren Frauen. Da Livillas einziger überlebender Sohn Tiberius Gemellus (der zweite Zwilling starb kurz nach seinem Vater[127]) noch ein Kind war, hatte Agrippina, die drei, noch dazu ältere Söhne vorweisen konnte, die deutlich besseren Karten. Zwar freuten sich „viele im Stillen darüber, dass das Haus des Germanicus wieder an Bedeutung gewinne. Aber dieser Beginn der Sympathie und die Mutter Agrippina, die ihre Hoffnung nur schlecht verhehlen konnte, beschleunigten seinen Untergang."[128] Über Antonia wissen die Quellen nichts zu berichten; sie scheint sich an diesen Machtspielchen nicht beteiligt zu haben.

In dem sich abzeichnenden Drama war nach Ansicht der meisten antiken Quellen der selbst nach der Macht strebende Seianus die treibende Kraft, was heutige Historiker bezweifeln. Glaubhaft ist, dass er zur Stärkung der eigenen Position das gegenseitige Misstrauen im Kaiserhaus schürte. „Gift konnte er gegen die drei [Söhne des Germanicus] nicht anwenden wegen der außerordentlichen Zuverlässigkeit ihrer Wachen und der unantastbaren Keuschheit der Agrippina. Deshalb zog er über deren Starrsinn und Trotz her und hetzte die *Augusta* mit ihrem alten Hass und Livilla mit ihrem frischen Schuldbewusstsein dazu auf, sie bei Tiberius zu beschuldigen, sie sei wegen ihres Kinderreichtums überheblich und giere, gestützt auf die Sympathien des Volks, nach der Macht. … Auch die unmittelbare Umgebung Agrippinas verleitete man dazu, mit üblem Gerede ihr aufgeblasenes Wesen weiter anzustacheln."

Der erste Warnschuss fiel schon im Jahr 24, als „die *pontifices* und nach ihrem Vorbild die übrigen Priester bei Gelübden für das Wohlergehen des *princeps* auch [Agrippinas im Unterschied zum hier nicht erwähnten Caligula volljährige Söhne] Nero [Caesar] und Drusus [Caesar] denselben Göttern empfahlen. … Tiberius war dem Haus des Germanicus nie wohlgesinnt, empfand es damals aber als unerträgliche Kränkung, dass man die jungen Männer mit ihm in seinem Alter auf eine Stufe stellte; er zitierte deshalb die *pontifices* zu sich und fragte sie, ob sie das den Bitten oder Drohungen Agrippinas zuliebe getan hätten. Obwohl sie die Frage verneinten, wurden sie nur leicht gemaßregelt; … im Senat warnte er jedoch in einer Rede für die Zukunft davor, charakterlich noch nicht gefestigte junge Männer mit verfrühten Ehren zum Hochmut zu verleiten."[129]

Dass Tiberius so dünnhäutig reagierte, ist verständlich. Denn den 18-jährigen Nero Caesar und den ein oder zwei Jahre jüngeren Drusus Caesar mit ihm kultisch auf eine Stufe zu stellen, hieß, sie der Herrschaft fähig und würdig zu erachten. Bedenkt man zusätzlich, dass im Hintergrund die in allen Quellen als ehrgeizig und forsch beschriebene Agrippina ihre Fäden zog, mussten bei ihm alle Alarmglocken läuten. Seianus bringt es auf den Punkt: „Die Bürgerschaft sei wie in einem Bürgerkrieg gespalten. Es gebe Leute, die sich als Agrippinas Parteigänger bezeichneten, und wenn man nicht einschreite, würden es immer mehr; kein anderes Mittel gegen die um sich greifende Uneinigkeit habe man, als den einen oder anderen besonders entschlossenen Anhänger zu beseitigen."

Im Jahr 26 wurde eine Cousine der älteren Agrippina vor Gericht gestellt. „Die stets grimmige Agrippina, jetzt auch noch durch die Gefahr, in der ihre Verwandte schwebte, aufgebracht, eilte zu Tiberius und traf ihn zufällig bei einem Opfer für seinen Vater an. Sie war empört: Derselbe Mann könne nicht für den vergöttlichten Augustus Opfertiere schlachten und seine Nachkommen verfolgen. … Nachdem er sich das angehört hatte, entlockte es ihm eine für seine verschlossene Brust seltene Äußerung; er nahm sie bei der Hand und gab ihr mit einem griechischen Vers zu bedenken, sie werde nicht schon deswegen gekränkt, weil sie nicht herrsche."[130]

Doch genau so empfand sie seit dem Tod ihres Gatten, zumal ihr Tiberius eine erneute Heirat verweigerte. Als sie tränenreich bat, ihr einen Ehemann zu geben, ließ sie der Kaiser „trotz ihres Drängens im vollen Bewusstsein der politischen Tragweite dieser Bitte und um dennoch nicht offen seine Verärgerung oder Furcht zu zeigen, ohne Antwort stehen. Diesen von den Verfassern von Annalen nicht überlieferten Vorfall habe ich in den Memoiren ihrer Tochter Agrippina gefunden, die als Mutter des *princeps* Nero ihr Leben und das Schicksal ihrer Angehörigen der Nachwelt überliefert hat."[131]

Nach Tacitus wurden durch die Ränke des Seianus die Gräben immer tiefer. Er stiftete Leute an, Agrippina „unter Vorspiegelung von Freundschaft zu warnen: Das Gift stehe für sie schon bereit, sie solle die Bankette ihres Schwiegervaters [Tiberius, dessen Adoptivsohn ihr verstorbener Gatte war] meiden. Und als sie, unfähig sich zu verstellen, dann neben ihm Platz genommen hatte, verzog sie keine Miene, beteiligte sich an keinem Gespräch und rührte keine Speisen an, bis dies Tiberius auffiel, aus Zufall oder weil er davon gehört hatte. Um diesem Verhalten genauer auf den Grund zu gehen, lobte er das Obst, das gerade aufgetragen worden war, und bot es seiner Schwiegertochter eigenhändig an. Das verstärkte Agrippinas Verdacht und ohne es an den Mund zu führen, gab sie es an die Sklaven weiter. Dennoch verlor Tiberius vor ihr kein Wort darüber, sondern wandte sich seiner Mutter zu und sagte, es wäre kein Wunder, wenn er sich ein strengeres Vorgehen gegen die Frau vorgenommen hätte, von der er der Giftmischerei bezichtigt werde."[132]

Agrippinas Söhne Nero Caesar und Drusus Caesar ließen sich in den Strudel hineinziehen. Nero „ließ bisweilen aufsässige und unüberlegte Worte fallen. Weil diese die ihm zugeteilten Aufpasser auffingen und übertrieben weitergaben, ohne dass Nero eine Gelegenheit zur Verteidigung erhielt, kam es darüber hinaus zu verschiedenen beunruhigenden Szenen. … [Seianus] zog auch Neros Bruder Drusus auf seine Seite, indem er ihm Aussicht auf den Platz des *princeps* machte, falls er den älteren, schon ins Straucheln geratenen Bruder aus dem Weg räume. Drusus' schreckliches Wesen wurde über die Machtgier und die unter Brüdern üblichen Anfeindungen hinaus durch Neid aufgehetzt, weil ihre Mutter Agrippina mehr zu Nero hielt."[133]

Glaubt man Tacitus, so wurden nach Livias Tod im Jahr 29 die Zustände noch schlimmer. „Von diesem Zeitpunkt an war die Despotie nur mehr schroff und bedrückend. Denn solange die *Augusta* lebte, gab es immer noch einen Zufluchtsort, weil Tiberius einen tief verwurzelten Respekt vor seiner Mutter zeigte und auch Seianus es nicht wagte, ihre elterliche Autorität zu überbieten. Nun aber stürzten die beiden wie von Zügeln befreit hervor und es ging [im Senat] ein gegen Agrippina und Nero [Caesar] gerichteter Brief ein, der nach Meinung des einfachen Volks schon früher verschickt, aber von der *Augusta* zurückgehalten worden war; er wurde nämlich nicht lange nach ihrem Tod verlesen. Er enthielt Ausführungen von ausgesuchter Deutlichkeit, aber er warf dem Enkel [Nero Caesar] keinen bewaffneten Aufruhr, keine umstürzlerischen Bestrebungen, sondern nur Affären mit jungen Männern und einen unmoralischen Lebenswandel vor. Seiner Schwiegertochter [Livilla] wagte er nicht einmal das anzudichten, beklagte sich aber über ihre hochmütige Ausdrucksweise und ihr aufsässiges Gebaren."[134]

Tacitus' Entrüstung über die belanglosen Vorwürfe ist gespielt. In Herrscherhäusern war es gängige Praxis, Rivalen wegen eines unmoralischen Lebenswandels aus dem Verkehr zu ziehen (wie wir später noch sehen werden). Eine Anklage wegen Rebellion hätte Säuberungen größeren Ausmaßes und damit die Gefahr eines Bürgerkriegs heraufbeschworen. Allerdings könnte allein die Gewissheit, dass seine Mutter von seinen Maßnahmen erfahren würde, Tiberius zu ihren Lebzeiten zu maßvollerem Handeln veranlasst haben – auch wenn die Agrippina nie wohlgesinnte Livia zu Lebzeiten kaum ihre schützende Hand über sie gehalten hat.

Dies würde auch erklären, warum Tiberius im Jahr 29 Agrippina zunächst in einer komfortablen Villa in Herculaneum unter Hausarrest stellte,[135] bevor er sie – mutmaßlich nach Livias Tod – auf die Insel Pandateria verbannen ließ, wohin schon Augustus seine Tochter Iulia hatte deportieren lassen. „Da sie sich entschlossen hatte, durch Nahrungsverweigerung aus dem Leben zu scheiden, ließ er ihr gewaltsam den Mund öffnen und Nahrung hineinstopfen."[136] Caligula zog „ins Haus seiner Urgroßmutter Livia Augusta. Als diese starb, hielt er, damals trug er noch die *toga praetexta* des Knaben, auf der Rednertribüne die Leichenrede auf sie. Dann zog er zu seiner Großmutter Antonia."[137]

Im selben Jahr wurde Nero Caesar vom Senat zum *hostis* (Staatsfeind) erklärt und ebenfalls in die Verbannung geschickt, nämlich auf die Insel Pontia (heute Ponza), der größten der Pontinischen Inseln, zu denen auch Pandateria gehört. Im Jahr 31 wurde er noch vor der Hinrichtung des Seianus umgebracht. Drusus Caesar blieb, solange Seianus lebte, ungeschoren. Doch nach seinem Tod wurde auch er zum *hostis* erklärt, verhaftet und auf dem Palatin eingekerkert, wo er im Jahr 33 starb.[138] Über das Ende der beiden Brüder kursierte in Rom das Gerücht, Tiberius „habe Nero in den Selbstmord getrieben, indem er ihm den Henker, wozu ihn der Senat ermächtigt habe, sandte, der ihm Strick und Haken zeigte; Drusus habe er so sehr die Essensrationen gekürzt, dass dieser sogar versucht habe, die Füllung der Polster zu essen. Die Überreste von beiden seien so verstreut worden, dass man sie kaum einsammeln konnte."[139]

Caligula erging es besser. Im Spätjahr 30, „als er auf die neunzehn Jahre zuging, rief ihn Tiberius zu sich nach Capri; noch am selben Tag legte er die Männertoga an."[140] Auf Capri „verbarg er seine monströse Wesensart [*immanem animum*] unter heuchlerischer Beschei-

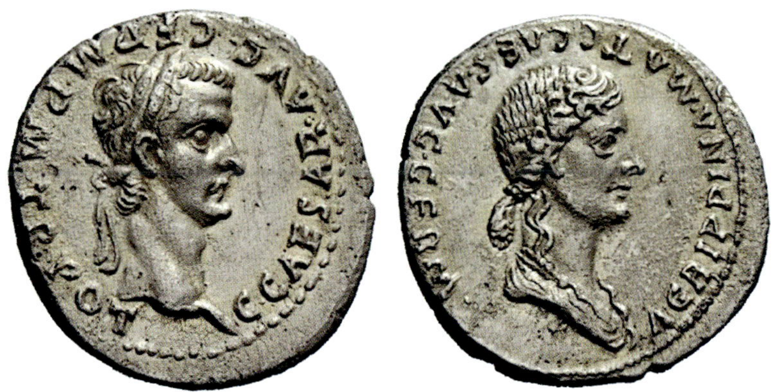

Abb. 11: Caligula und seine Mutter

denheit, ohne über die Verurteilung seiner Mutter oder das Ende seiner Brüder ein Wort zu verlieren".[141] Auch ohne ihm – wie hier Tacitus – einen abscheulichen Charakter zu unterstellen, ist sein Verhalten nachvollziehbar. Er konnte sich schließlich leicht ausrechnen, dass ein Eintreten für seine Mutter an ihrem Schicksal nichts ändern, aber seine Stellung erheblich schwächen würde. Letzteres hätte der ehrgeizigen Mutter, deren einzig verbliebene Hoffnung Caligula war, sicher nicht gefallen. Und Caligulas Verhältnis zu seinen deutlich älteren Brüdern war nie sehr eng. Solange diese das Vertrauen des Tiberius genossen, stand er als Jüngster immer am Rande des Geschehens. Da schon die beiden älteren einander ihre Erfolge neideten (siehe S. 46), galt das für ihn erst recht.

Nachdem Seianus am 18. Oktober 31 hingerichtet worden war, hatte Agrippina „neue Hoffnung geschöpft und sich deshalb zum Weiterleben entschlossen. Doch als der grausame Umgang mit ihr in keiner Weise nachließ, schied sie freiwillig aus dem Leben."[142] Angeblich starb sie auf den Tag genau zwei Jahre nach Seianus.[143] Die Hoffnung, dass ihr letzter noch lebender Sohn Caligula ihr einmal die Freiheit bringen könnte, hatte sie offensichtlich nicht.

Tiberius „war er bei der Frage, wem er den Staat übergeben könne, unschlüssig, zunächst zwischen seinen Enkeln. Von ihnen stand ihm [Tiberius Gemellus], der Sohn des Drusus, dem Blut und der Zuneigung nach näher, aber er war noch nicht erwachsen. Der Sohn des Germanicus dagegen glänzte durch seine jugendliche Stärke und genoss die Sympathien des einfachen Volks; das war auch beim Großvater der Grund für seinen Hass. Als er zudem Claudius in seine Überlegungen einbezog, weil dieser in gesetztem Alter war und sich leidenschaftlich mit wissenschaftlichen Dingen beschäftigte, stand dessen geistige Beschränktheit im Weg."[144]

Nach dem Tod des Tiberius am 16. März 37 wird der knapp 25-jährige Caligula Kaiser. Unmittelbar nach der Beerdigung distanziert er sich für alle sichtbar von seinem unbeliebten Vorgänger, indem er Mutter und Brüder rehabilitiert und seine Familie publikumswirksam ehrt. „Gleich nachdem er auf Tiberius unter reichlich Tränen vor dem versam-

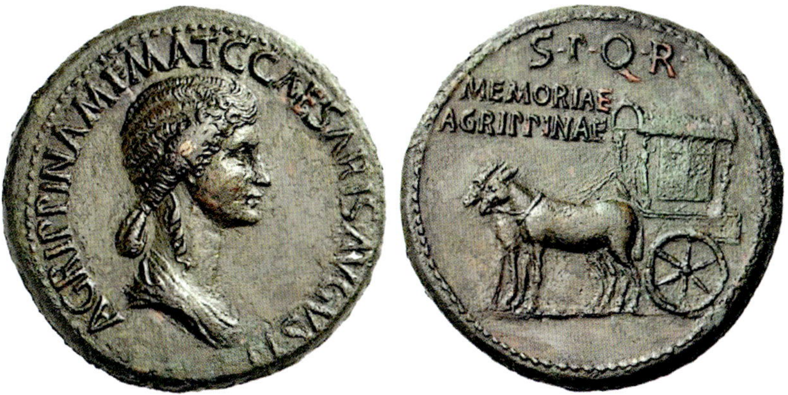

Abb. 12: Agrippina und Carpentum

melten Volk die Leichenrede gehalten und ihn in einer überaus prächtigen Feier beigesetzt hatte, eilte er nach Pandateria und Pontia, um die Asche seiner Mutter und seines Bruders [Nero Caesar] zu überführen; das ganze tat er trotz stürmischen Wetters, damit sich umso deutlicher seine Liebe zeige. Voller Ehrfurcht ging er zum Grab und bestattete persönlich die Asche in die Urnen. Was nun folgte, inszenierte er nicht weniger theatralisch: Auf einem Zweiruderer, an dessen Heck eine Standarte angebracht war, brachte er die Urnen nach Ostia und von dort tiberaufwärts nach Rom. Dann trugen die glänzendsten Vertreter des Ritterstands die Urnen gegen Mittag vor zahlreichem Publikum auf zwei Tragen ins Mausoleum. Er machte auch den Anfang mit den Totenfeiern, die künftig jährlich stattfinden sollten; ferner stiftete er zu Ehren seiner Mutter Zirkusspiele und einen Wagen [*carpentum*], auf dem ihr Bild bei einer feierlichen Prozession mit herumgeführt werden sollte. Und im Gedenken an seinen Vater benannte er den Monat September in Germanicus um. Dann ließ er in nur einem Senatsbeschluss seiner Großmutter Antonia alle Ehren übertragen, die Livia Augusta jemals besessen hatte. Seinen Onkel Claudius, der bis zu diesem Zeitpunkt nur römischer Ritter gewesen war, nahm er sich zum Kollegen im Konsulat. Seinen Vetter Tiberius [Gemellus] adoptierte er an dem Tag, an dem er die Männertoga anlegte, und ernannte ihn zum *princeps iuventutis*. Als Ehrung für seine Schwestern ließ er allen Eidesformeln folgende Worte hinzusetzen: ‚Ich werde weder mich noch meine Kinder lieber haben als Gaius und seine Schwestern'. Und auch den Berichten der Konsuln wurde hinzugefügt: ‚Zum Heil und zum Glück von Gaius und seinen Schwestern.'"[145]

Tiberius Gemellus halfen die Ehrungen nicht. Offenkundig sah Caligula in dem 7 oder 8 Jahre Jüngeren eine Gefahr für seine Herrschaft. Als der Kaiser im Herbst 37 schwerwiegend erkrankte, ließ er ihn umbringen. „Als Anschuldigung brachte er gegen den Knaben vor, dieser habe um seinen Tod gebetet und ihn erwartet, und noch viele andere ließ er aus dem gleichen Grund töten."[146]

Caligulas Herausstellung seiner Eltern spiegelt sich auch in der Münzprägung wider, die Gold-, Silber- und Bronzemünzen umfasst. Die Abbildungen 11 und 12 zeigen eindrucks-

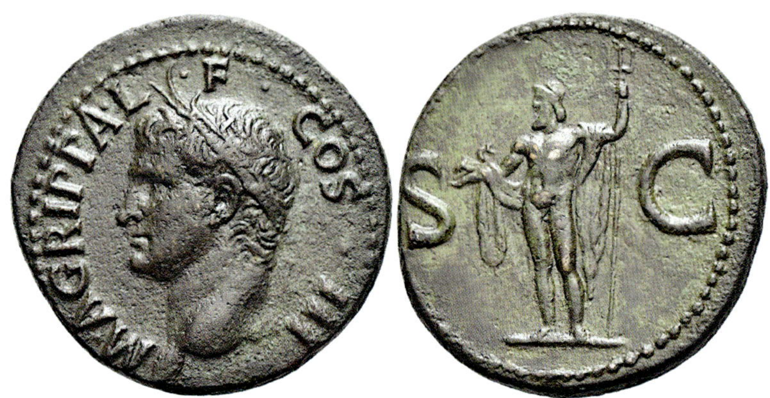

Abb. 13: Agrippas Seesiege

volle Porträts der älteren Agrippina mit Nackenzopf und seitlich herabfallender Locke. Der Denar, der in Abb. 11 zu sehen ist, gehört zu den relativ seltenen römischen Prägungen, die auf beiden Seiten ein Porträt zeigen. Wie unterschiedliche Titulaturen auf der Vorderseite belegen, wurde dieser Münztyp während der gesamten (kurzen) Regentschaft des Caligula geprägt. Natürlich liest man in der Umschrift, die Caligulas lorbeerumkränztes Haupt umgibt, nicht seinen Spitznamen, sondern seinen offiziellen Namen Gaius (hier wie stets mit C abgekürzt). Sie lautet C(aius) CAESAR AVG(ustus) GERM(anicus) P(ontifex) M(aximus) TR(ibunicia) POT(estate). Da er danach zum ersten Mal Inhaber der tribunizischen Gewalt ist und nicht als Konsul auftritt, wurde die Münze unmittelbar nach seinem Regierungsantritt geprägt. Auf der Rückseite wird Agrippina als Mutter des Kaisers vorgestellt: AGRIPPINA MAT(er) C(aii) CAESARIS AVGVSTI GERM(anici).

Das bei Sueton erwähnte *carpentum* sehen wir auf dem in Abb. 12 gezeigten, ausschließlich Agrippinas Gedenken gewidmeten Sesterz. Vermutlich wurde darin ihr Bildnis – das realistische, detailliert ausgearbeitete Porträt auf der Münzvorderseite dürfte danach geschnitten worden sein – zu den ihr zu Ehren veranstalteten Zirkusspielen gefahren. Die Umschrift lautet AGRIPPINA M(arci) F(ilia) MAT(er) C(aii) CAESARIS AVGVSTI. Dasselbe Rückseitenmotiv haben wir (spiegelverkehrt) auf einem 22/23 für Livia geprägten Sesterz gesehen (siehe Abb. 10 auf S. 38). Auch die Form der Beschriftung S · P · Q · R · MEMORIAE AGRIPPINAE (zum Gedenken an Agrippina) ist an dieses Vorbild angelehnt. Caligula hatte als 10-Jähriger miterlebt, wie die Bevölkerung Roms damals der in dem Wagen sitzenden Livia zujubelte. Er hoffte auf dieselbe Reaktion, wenn das Bildnis seiner Mutter durch die Straßen Roms gefahren wurde.

So sehr Caligula seine Mutter herausstellte, so wenig gefiel ihm ihre Abstammung väterlicherseits. In der Reversumschrift der in Abb. 11 gezeigten Münze fehlt jeder Hinweis darauf, auf dem Sesterz der Abb. 12 beschränkt er sich auf die beiden Buchstaben M F, die sie als Tochter eines Marcus ausweisen. Dass es sich dabei um den ein halbes Jahrhundert vorher verstorbenen Freund des Augustus und dreimaligen Konsul Marcus Agrippa

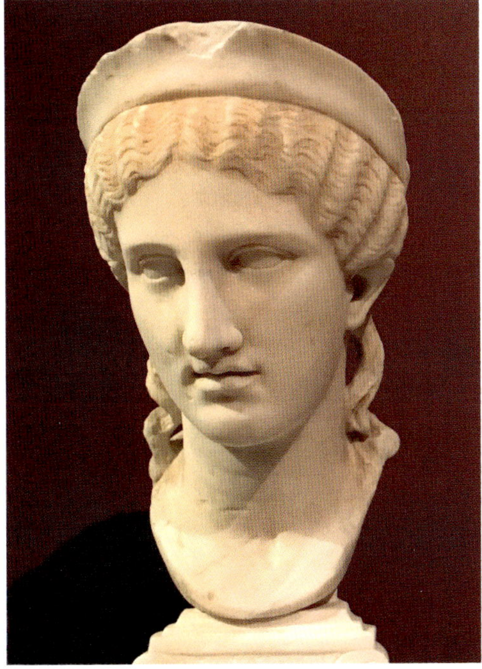

Abb. 14: Antonia minor

handelt, dürfte nicht vielen Betrachtern klar gewesen sein. Caligula „wollte partout nicht, dass man in ihm den Enkel des Agrippa sehe oder von ihm als solchem spreche, denn dieser stammte nicht aus einer vornehmen Familie; er wurde sogar zornig, wenn man diesen in einer Rede oder in einem Gedicht unter die Vorfahren der Kaiser einreihte. Doch ganz stolz behauptete er, seine Mutter sei aus einem Inzest des Augustus mit seiner Tochter Iulia hervorgegangen."[147] Ob dies Agrippina gerne gehört hätte?

Zumindest einen As ließ Caligula für seinen Großvater mütterlicherseits prägen (siehe Abb. 13). Die mit Schiffsschnäbeln verzierte Krone, die der dreifache Konsul auf dem Avers trägt, erinnert ebenso an seine – für Octavians Aufstieg wesentlichen – Seesiege wie Neptun mit seinem charakteristischen Dreizack in der Linken (und einem Delfin in der Rechten) auf dem Revers.

1.4 Peinlich berührt – Die jüngere Antonia und Claudius

Abb. 14 zeigt eine im 1. nachchristlichen Jahrhundert gefertigte Marmorbüste der „wegen ihrer Sittsamkeit und Schönheit berühmten"[148] Antonia minor. Die Wollbinde, die teilweise ihre mit einem Brenneisen geformte Frisur verdeckt, die beidseitig eingedreht in Lockenspiralen auf ihre Schultern fällt, kennzeichnet sie wohl als Priesterin des vergöttlichten Augustus.

Antonia die Jüngere, die uns bisher nur am Rande begegnet ist, wurde am 31. Januar 36 v. Chr. in Rom als letztes Kind von Mark Anton und Octavians Schwester Octavia geboren (siehe zum Folgenden die Stammtafel auf S. 17). Wohl 16 v. Chr. heiratete sie Drusus den Älteren, den Bruder des Tiberius. Mit ihm hatte sie mehrere Kinder, von denen nur drei den Vater überlebten: Germanicus (geboren 15 v. Chr.), Livilla (geboren um 13 v. Chr.) und Claudius (geboren 10 v. Chr.).[149] Nach dem Tod ihres Gatten im Jahr 9 v. Chr. heiratete die 27-Jährige nicht mehr, obwohl sie von Augustus dazu gedrängt wurde.[150] Noch zu ihren Lebzeiten starben ihr ältester Sohn Germanicus (19 n. Chr.; siehe S. 43) und ihre Tochter Livilla (31 n. Chr.; siehe S. 44). Ihr Sohn Claudius sollte sie um 17 Jahre überleben und eine von ihr nie für möglich gehaltene, geschweige denn erhoffte Karriere machen. Seine Mutter Antonia und seine Großmutter Livia, bei denen er viele Jahre seines Lebens verbrachte,[151] hielten nämlich nichts von ihm.

„Seine Mutter Antonia nannte ihn fortwährend eine Missgeburt eines Menschen, die die Natur nicht vollendet, sondern erst begonnen habe. Und wenn sie jemandem Beschränktheit vorwarf, sagte sie, er sei noch dümmer als ihr Sohn Claudius. Seine Großmutter Livia sah auf ihn mit der größten Geringschätzung herab und pflegte ihn nur äußerst selten anzusprechen; Kritik übte sie an ihm nur schriftlich mit bitterbösen und wenigen Worten oder durch Dritte. Als seine Schwester Livilla gehört hatte, er werde einmal Kaiser werden, verwahrte sie sich öffentlich und laut vernehmlich gegen ein dermaßen unangemessenes und unwürdiges Schicksal des römischen Volks."[152] Der von Mutter und Großmutter für Claudius bestellte Erzieher dürfte nicht zur Besserung seiner Probleme beigetragen haben: „Er war ein Barbar und ein ehemaliger Aufseher über die Lasttierknechte."[153]

Wie Augustus über seinen Großneffen dachte, zeigen von Sueton auszugsweise zitierte Briefe aus seiner Privatkorrespondenz. Darin lesen wir: „Ich habe mit Tiberius besprochen, wie du es mir aufgetragen hast, meine teure Livia, was dein Enkel Tiberius [Claudius] an den Spielen zu Ehren des Mars tun soll. Wir stimmen darin überein, dass ein für alle Mal von uns entschieden werden muss, von welchen Grundsätzen wir uns ihm gegenüber leiten lassen wollen. Denn wenn er gesund und, um es so auszudrücken, in jeder Beziehung gesund ist, warum haben wir dann noch Bedenken, ihn dieselben Stufen der Karriereleiter durchlaufen zu lassen, auf die sein Bruder bereits befördert worden ist? Wenn wir aber der Meinung sind, ihm fehle etwas und er sei körperlich und außerdem auch noch geistig nicht vollkommen gesund, dann dürfen wir den Menschen, die gewohnt sind, über dergleichen ihre Späße zu machen und zu kichern, gar nicht erst einen Anlass geben, ihn und auch uns zu verlachen. … Dass er den Zirkusspielen vom kaiserlichen Polster aus zuschaut, gefällt uns nicht; denn in die erste Reihe der Zuschauer gesetzt, dürfte er die Blicke der Leute auf sich ziehen. … Und wenn du willst, kannst du auch unsere liebe Antonia diese Passage des Briefs lesen lassen."[154]

Die von Augustus vorgenommen Adoptionen verraten, welche Meinung er sich gebildet hatte, und zwar ausschließlich wegen körperlicher – allerdings das Zentrum römischen Selbstwertgefühls betreffender – Gebrechen des Claudius, wie einem weiteren von Sueton überlieferten Brief des Augustus zu entnehmen ist: „Dein Enkel hat mich beeindruckt, als ich ihn eine Übungsrede halten hörte; mit mir soll es vorbei sein, meine teure Livia, wenn ich ihm nicht meine Bewunderung zollte. Denn mir leuchtet nicht ein, wie einer, der so undeutlich spricht, so deutlich ausdrücken kann, was zu sagen ist, wenn er eine Rede hält."

Zwischen dem Tod ihres Gatten Drusus im Jahr 9 v. Chr. und dem ihres Sohns Germanicus im Jahr 19 schweigen die Quellen über Antonia. Zur Bestattung des Germanicus (siehe S. 44) lesen wir bei Tacitus über sie: „Über die Mutter Antonia finde ich weder bei den Geschichtsschreibern noch im täglichen Amtsanzeiger einen Hinweis, dass sie irgendeinen besonderen Liebesdienst übernommen hätte, … sei es, dass sie durch Krankheit verhindert war, oder dass sie, überwältigt von der Trauer, die Kraft nicht hatte, die ganze Größe des Unglücks, wenn sie es vor Augen habe, zu ertragen. Lieber möchte ich glauben, sie sei von Tiberius und der *Augusta*, die das Haus nicht verlassen wollten, zurückgehalten worden, damit es so aussehe, als ob die Trauer bei allen gleich groß sei und nach dem Beispiel der Mutter auch Großmutter und Onkel zu Hause festgehalten würden."[155]

Da die jüngere Antonia sonst bei Tacitus keine Rolle spielt (und sogar zweimal mit ihrer älteren Schwester verwechselt wird), verwundert diese ausführliche Passage. Sie steht zudem in einem gewissen Widerspruch zu der 1981 in Andalusien gefundenen, nach dem Fundort benannten *tabula siarensis*, die den Beschluss des Senats enthält, der die Ehrungen für Germanicus regelt. Tiberius sollte demnach aus den vom Senat vorgeschlagenen Ehrungen jene auswählen, „[von denen er selber und Iulia] Augusta, seine Mutter, und Drusus [der Sohn des Tiberius] und die Mutter des Germanicus … glaubten, dass sie hinreichend passend verwirklicht werden könnten".[156] Tacitus zitiert offenkundig anstelle dieses Senatsbeschlusses lieber Dokumente, in denen er nichts über die jüngere Antonia gefunden hat.

Nach Livias Tod im Jahr 29 war Antonia die erste Dame im Reich. Doch auch danach erfahren wir wenig über sie und ihr Verhältnis zu ihrem Schwager Tiberius. Lediglich über ein Ereignis unterrichten uns – im Kern übereinstimmend – zwei Quellen.

Bei Dio lesen wir: Während Vespasians Regentschaft „starb seine Konkubine Caenis. Ich erwähne sie, weil sie außerordentlich zuverlässig war und über ein glänzendes Gedächtnis verfügte. Dafür ein Beispiel: Ihre Herrin Antonia, die Mutter des Claudius, hatte einmal durch sie einen Geheimbrief, der Seianus betraf und an Tiberius gerichtet war, niederschreiben lassen, ihr aber dann befohlen, das Niedergeschriebene sofort zu löschen, damit keine Spur davon bleibe. Darauf antwortete Caenis: ‚Deine Weisung, Herrin, ist vergeblich; ich trage nämlich nicht allein dies, sondern auch all das andere, was du mir diktiert hast, stets in meinem Sinn und es kann niemals getilgt werden.'"[157]

Der im jüdischen Krieg von den Römern gefangen genommene jüdische Schriftsteller Joseph ben Matthias, der nach seiner Freilassung durch Vespasian den Gentilnamen Flavius des neuen Kaisers annahm und zu Flavius Josephus wurde, verfasste nach dem *Jüdischen Krieg* sein Werk *Jüdische Altertümer*, das in 20 Büchern die Geschichte des jüdischen Volks von der Schöpfung bis zum Ausbruch des Aufstands im Jahr 66 erzählt. Darin schreibt er: „Antonia stand bei Tiberius in hohem Ansehen, zum einen, weil er mit ihr verwandt war (sie war die Gattin seines verstorbenen Bruders), zum anderen wegen ihrer Keuschheit, da sie ungeachtet ihres blühenden Alters Witwe blieb, trotz der Bemühungen des Augustus das Eingehen einer zweiten Ehe verweigert hatte und ihren Lebenswandel von jedem Vorwurf rein bewahrte. Dazu kam, dass ihr Tiberius wegen einer besonderen Gefälligkeit zu größtem Dank verpflichtet war. Seianus, ein Freund ihres verstorbenen Gatten und als Befehlshaber der Prätorianer der einflussreichste Mann jener Zeit, hatte nämlich eine Verschwörung angezettelt, an der sich viele Senatoren mit ihren Freigelassenen beteiligten und für die auch das Heer gewonnen war. Die Verschwörung hatte also schon weite Kreise ergriffen und Seianus wäre wohl der Anschlag gelungen, wenn ihn nicht Antonia entschlossen und mit kluger Überlegung vereitelt hätte. Sobald sie nämlich von den Nachstellungen gegen Tiberius erfuhr, schrieb sie diesem alles ausführlich, übergab den Brief Pallas, ihrem ergebensten Sklaven, und schickte ihn damit zu Tiberius nach Capri. Daraufhin ließ der Caesar den Seianus und alle seine Mitverschworenen hinrichten, schätzte von nun an die Antonia um so höher und schenkte ihr sein volles Vertrauen."[158]

Auch wenn nicht klar ist, wieviel Wahrheit in den Gerüchten steckte, die Antonias Brief enthielt – Josephus übertreibt die für Tiberius bestehende Gefahr wohl beträchtlich, um die Tat der Antonia, die mit Berenike, einer Nichte von Herodes dem Großen, befreundet war,[159] in bestes Licht zu setzen –, besteht wenig Grund, daran zu zweifeln, dass Antonia ihren Schwager gewarnt hat. Zum einen hatte sie zwei Enkel (Tiberius Gemellus und Caligula; siehe die Stammtafel auf S. 17), denen ein Umsturz wohl die Chance genommen hätte, Tiberius nachzufolgen (an ihren Sohn Claudius dachte sie dabei wohl weniger). Zum anderen konnte sie als politischer Umtriebe in keiner Weise verdächtige, nahe Verwandte jederzeit über einen vertrauen Sklaven oder ihre „Privatsekretärin" (*a manu*) Caenis Kontakt mit Tiberius aufnehmen, zumal dieser zu ihr ein wesentlich besseres Verhältnis als zu seiner Mutter hatte. Es ist naheliegend, dass der misstrauische Tiberius diese Hinweise sehr ernst nahm und umgehend handelte, also die Absetzung und Verurteilung des Seianus in die Wege leitete.

Nach der Machtübernahme ihres Enkels Caligula folgte in kurzer Zeit Antonias hoher Aufstieg und tiefer Fall. Caligula verlieh seiner Großmutter „sogleich den Titel *Augusta* und ernannte sie zur Priesterin des Augustus, dazu räumte er ihr sämtliche Vorrechte der Vestalinnen ein".[160] Doch noch im gleichen Jahr zwang er Antonia zum Selbstmord, „da sie ihm irgendeinen Vorwurf gemacht hatte".[161] Sie starb am 1. Mai 37 knapp sechs Wochen nach Caligulas Machtübernahme im Alter von 72 Jahren.[162]

Am 24. Januar 41 wurde Caligula nach knapp 4-jähriger Regentschaft ermordet. Danach „entsandten die Konsuln in alle Stadtteile Wachen und riefen den Senat zu einer Sitzung auf dem Kapitol zusammen. Dort wurden viele einander widersprechende Ansichten laut. Die einen waren für Demokratie, die anderen für Monarchie, und sie wollten teils diesen, teils jenen Mann wählen. Dadurch ließen sie den Rest des Tages und die ganze Nacht verstreichen, ohne zu einem Beschluss zu kommen. Unterdessen drangen einige Soldaten in den Kaiserpalast ein, um zu plündern, und fanden dort Claudius in einer dunklen Ecke versteckt. Er hatte nämlich Caligula begleitet … und sich aus Angst vor dem Aufruhr verkrochen. In der Meinung, er sei sonst irgendjemand oder besitze etwas Wertvolles, zogen

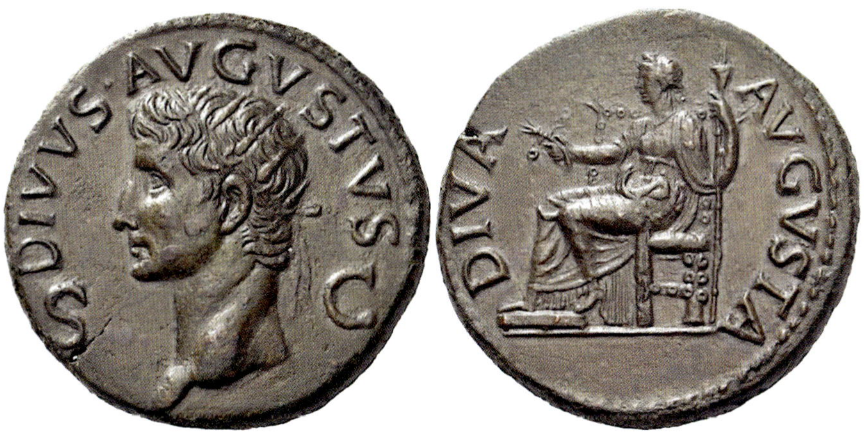

Abb. 15: Divus und Diva

ihn die Soldaten aus seinem Schlupfwinkel hervor, erkannten dann Claudius, begrüßten ihn als Kaiser und geleiteten ihn zur [Prätorianer-]Kaserne. Hierauf übergaben sie ihm, da er zur kaiserlichen Familie gehörte und als geeignet erschien, zusammen mit ihren Kameraden die oberste Gewalt."[163]

„Die von Caligula und von anderen auf seine Veranlassung hin getroffenen Unrechtsmaßnahmen hob Claudius auf. Seinem Vater Drusus und seiner Mutter Antonia zu Ehren ließ er an ihren Geburtstagen Zirkusspiele aufführen und verlegte die zeitgleich gefeierten Feste auf andere Tage, damit sie nicht mit jenen zusammenfielen. Seine Großmutter Livia ehrte er nicht nur mit Pferderennen, sondern ließ sie auch unter die Götter versetzen; er errichtete von ihr auch eine Statue im Tempel des Augustus, wobei er die Vestalinnen mit dem Opferdienst betraute, und ordnete schließlich an, dass die Frauen bei Eidesleistungen ihren Namen verwenden sollten."[164] Sueton erwähnt außerdem, dass Claudius seiner „Mutter ein *carpentum* zuerkannte, auf dem ihr Bildnis durch den Zirkus geführt wurde".[165] Letzteres hatte ebenso Caligula für seine Mutter Agrippina verfügt (siehe S. 49). Claudius wollte aber wohl eher an Livias Privileg, ein *carpentum* benutzen zu dürfen (siehe S. 38), anknüpfen.

Die Fülle der Ehrungen bedeutet nicht notwendig, dass der neue Kaiser seiner Mutter und seiner Großmutter die Demütigungen, die er von ihnen zu ertragen gehabt hatte, nicht nachtrug. Um seine Herrschaft zu legitimieren und die obskuren Umstände seiner Machtübernahme vergessen zu lassen, blieb ihm jedenfalls kaum etwas anderes übrig, als sie publikumswirksam zu feiern.

Lediglich auf einer Bronzemünze ließ Claudius die Vergöttlichung seiner Großmutter verbreiten (siehe Abb. 15). Auf dem Avers dieses Dupondius sieht man den vergöttlichten Augustus, auf dem Revers die im Tempel aufgestellte Statue der vergöttlichten Livia. Bemerkenswert ist die Gleichrangigkeit der Umschriften: DIVVS AVGVSTVS – DIVA AVGVSTA.

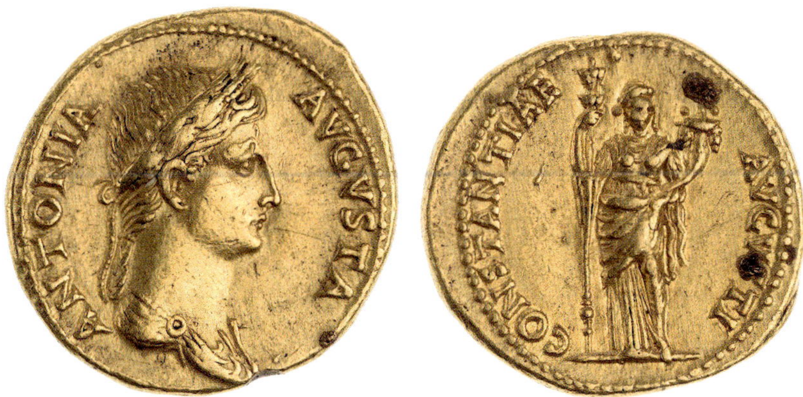

Abb. 16: Antonia

Dagegen ließ Claudius zu Beginn seiner Regentschaft für seine Mutter Münzen in Gold, Silber und Bronze prägen. Der in Abb. 16 gezeigte Aureus gehört zu den ersten Edelmetallprägungen, die vollständig einer Frau gewidmet waren. Auf dem Avers sehen wir ein würdevolles Porträt der ANTONIA AVGVSTA. Sie trägt einen Ährenkranz, das zurückgekämmte Haar ist im Nacken zu einem Zopf geflochten. Auf der Rückseite umrahmt die Umschrift CONSTANTIAE AVGVSTI die Personifikation der *Constantia* (Standhaftigkeit, Beharrlichkeit). Personifikationen finden sich auf vielen römischen Prägungen, die *Constantia* verwendet allerdings nur Claudius – wohl seinem krankheitsbedingt nicht leichten Leben geschuldet. Die *Constantia* trägt eine Stabfackel in der Rechten und ein Füllhorn in der Linken. Eigentlich sind dies ebenso wie der Kornährenkranz, den Antonia auf dem Avers trägt, Attribute der Fruchtbarkeitsgöttin Ceres. Wer die Münze in Händen hielt, sah also auf beiden Münzseiten die Kaisermutter Antonia als Göttin Ceres.

Bild und Umschrift kann man also auch verstehen als Versprechen des Kaisers, sich mit Nachdruck um die hungernde römische Bevölkerung zu kümmern. Nach Seneca war die Versorgungslage Roms bei Caligulas Tod nämlich prekär: „Vor ganz kurzer Zeit, in jenen paar Tagen, als Caligula umkam … war noch für höchstens sieben oder acht Tage Getreide vorhanden. Während er Schiffsbrücken baute und die Staatsfinanzen verjubelte, war das eingetreten, was selbst für Belagerte das ärgste Unheil ist: Nahrungsmangel! Fast mit dem Hungertod der Bevölkerung und mit dem einer Hungersnot folgenden allgemeinen Zusammenbruch endete Caligulas Versuch, den wahnsinnigen, barbarischen, zu seinem Unglück überheblichen König Xerxes nachzuahmen.“[166]

Parallel dazu wurden auch für seinen Vater, den Claudius bereits als Einjähriger verloren hatte, Münzen in allen Metallen geprägt. In Abb. 17 sehen wir einen Sesterz, der auf dem Avers ein würdevolles Haupt des älteren Drusus zeigt. Auf dem Revers sitzt Claudius in der Toga auf einer *sella curulis*, dem höheren Magistraten vorbehaltenen, mit Gold und Elfenbein verzierten Amtsschemel. In seiner Rechten hält er einen Lorbeerzweig, in der Linken eine Buchrolle. Zu seinen Füßen sehen wir eine Rüstung, Helme, Schilde und

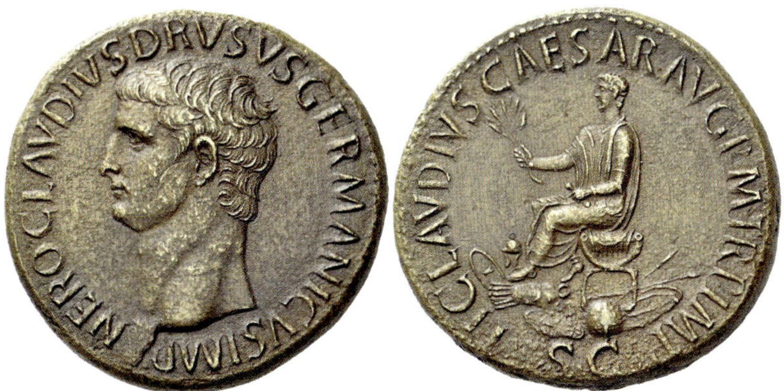

Abb. 17: Drusus der Ältere

Speere. Die Botschaft ist klar: Die Zeiten des Kriegs sind vorbei, die Feinde sind geschlagen; nun herrschen Friede und Gerechtigkeit.

Sesterze prägte Claudius im Jahr 42 auch für seinen Bruder Germanicus und dessen Gattin Agrippina mater – also für die Eltern der Agrippina filia, deren atemberaubender Aufstieg bald darauf einsetzte.

1.5 Unerbittlich – Die jüngere Agrippina und Nero

Die Töchter von Agrippina der Älteren und Germanicus (siehe die Stammtafel auf S. 17) spielten bisher keine Rolle. Ihre Geburtsdaten sind umstritten. Gesichert ist, dass Iulia Livilla die Jüngste ist (siehe S. 43), sowie Agrippina filia am 6. November und Iulia Drusilla im Juni geboren sind.[167] Da die ältere Agrippina erst im Mai oder Juni 14 nach Germanien zu ihrem Gatten aufbrach (siehe S. 41) und sie während der oben beschriebenen Unruhen schwanger war, kann sie nicht mit der jüngeren Agrippina schwanger gewesen sein, wohl aber mit der in einem Juni geborenen Drusilla. Somit müsste Drusilla die älteste Tochter sein und die jüngere Agrippina im November 16 zur Welt gekommen sein. Dies lässt auch der Revers des von Caligula geprägten Sesterzes vermuten, der in Abb. 19 zu sehen ist.[168]

Im Laufe der gut 40 Jahre, die sie lebte, hatte es die jüngere Agrippina mit vier Kaisern zu tun. Mit allen war sie verwandt: Sie war die Adoptivenkelin des Tiberius, Caligulas Schwester, Nichte (und Gattin) des Claudius sowie Neros Mutter.

Der auf Capri residierende Tiberius ordnete im Jahr 28 an, „seine Enkelin Agrippina, die Tochter des Germanicus, solle, nachdem er sie persönlich Gnaeus Domitius [Ahenobarbus] zur Frau gegeben hatte, in der Hauptstadt die Hochzeit feiern. In Domitius hatte er außer seinem alten Geschlecht die Blutsverwandtschaft mit den Caesaren ausgewählt. Denn er konnte [mit der älteren Antonia als Mutter,] mit Octavia als Großmutter und über sie mit Augustus als Großonkel aufwarten."[169] Es ist kaum möglich, aus den Quellen einen Eindruck dieses Mannes zu erhalten. Während er für Sueton „in jeder Hinsicht verab-

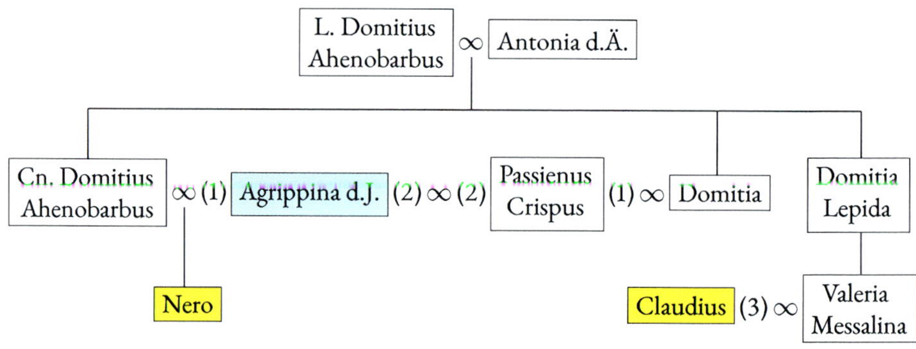

Abb. 18: Ahenobarbi

scheuenswert" war, beschreibt ihn der ältere Seneca als „edelsten Menschen".[170] Die beiden Schwestern Domitia und Domitia Lepida des Ahenobarbus (also Agrippinas Schwägerinnen; siehe Abb. 18) werden noch eine Rolle spielen.

Wie in Abschnitt 1.3 gesehen, bekam die jüngere Agrippina früh und schmerzlich zu spüren, dass Tiberius kein Freund ihrer Familie war. Im Jahr nach ihrer Hochzeit musste die 13-Jährige, die zehn Jahre vorher bereits ihren Vater verloren hatte, die Verbannung ihrer Mutter und ihres ältesten Bruders Nero Caesar verkraften. Das Jahr 31 brachte seine Ermordung und die Verhaftung ihres Bruders Drusus Caesar. Zwei Jahre später kam auch dieser Bruder um und ihre Mutter nahm sich das Leben. Diese und später noch folgende Schicksalsschläge – von den sechs Kindern des Germanicus und der älteren Agrippina, die nicht als Kleinkind starben, wird nur eine Tochter eines natürlichen Todes sterben – können helfen, das spätere Handeln der jüngeren Agrippina zu verstehen.

Zumindest hatte sie selbst von Tiberius nichts zu befürchten, da ihr Gatte dessen Gunst genoss: Der Kaiser machte ihn 32 zum Konsul und ließ ihn das gesamte Jahr über im Amt – zu dieser Zeit völlig ungewöhnlich. Agrippinas Lage änderte sich jedoch unter der Regentschaft ihres Bruders Caligula, der Tiberius nachfolgte – sie wurde (zeitweilig) trostlos.

Im Jahr 37 brachte Agrippina ihren einzigen Sohn Lucius Domitius Ahenobarbus zur Welt, den späteren Kaiser Nero. Er wurde „am 15. Dezember in Antium [dem heutigen Anzio; siehe Abb. 2 auf S. 16] geboren, im neunten Monat, nachdem Tiberius gestorben war. … Am Tag der Reinigung gab es einen augenscheinlichen Hinweis darauf, dass er nur Unheil bringen werde. Als nämlich Gaius Caesar [Caligula] von seiner Schwester gebeten wurde, dem Kind nach seinem Belieben einen Namen zu geben, da sah dieser seinen Onkel Claudius an, der später als Kaiser den Nero adoptierte. Dann sagte er, er gebe ihm dessen Namen. Aber das hatte er nicht ernst gemeint, sondern nur im Scherz dahingesagt; auch Agrippina wollte davon nichts wissen, weil zu dieser Zeit Claudius zum Gespött am Hof geworden war."[171]

Plinius[172] berichtet unter Berufung auf Agrippinas Memoiren, dass Nero mit den Füßen zuerst geboren wurde. Leider ist diese eher belanglose Information neben einer von Tacitus zitierten Stelle (siehe S. 46) das Einzige, was aus diesem – mutmaßlich sehr auf-

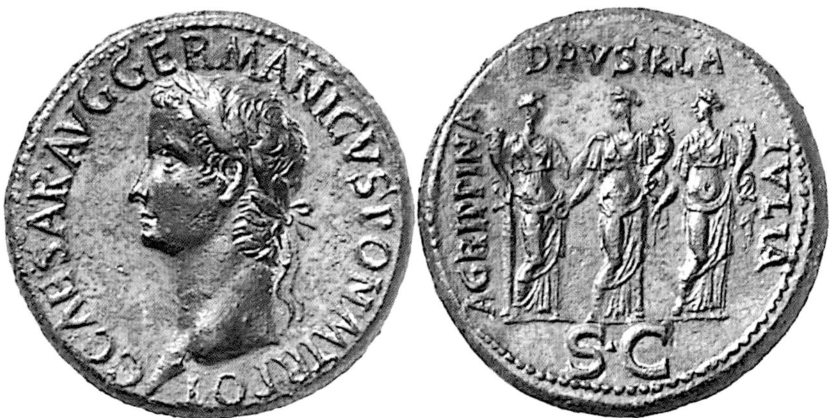

Abb. 19: Caligula und seine Schwestern

schlussreichen – Werk überlebt hat. Zumindest bestätigt allein schon die Existenz – und offensichtliche Veröffentlichung – dieser Memoiren das von den Quellen gezeichnete Bild Agrippinas als einer selbstbewussten und stolzen Aristokratin.

Zu diesem Zeitpunkt standen seine Schwestern bei Caligula noch in hohen Ehren, wie der in Abb. 19 gezeigte Sesterz aus den Jahren 37/38 belegt. Auf ihm sind alle damals noch lebenden Kinder der älteren Agrippina und des Germanicus versammelt. Auf der Vorderseite sehen wir das lorbeerbekränzte Haupt des 25-jährigen Kaisers, auf der Rückseite seine drei Schwestern. Jede von ihnen trägt ein Füllhorn als Zeichen des Wohlstands, den der neue Kaiser bringen wird. Die weiteren Attribute führen dies näher aus: Agrippina stützt sich als *Securitas* (Sicherheit) entspannt auf eine kleine Säule; durch die Opferschale in ihrer Rechten wird Drusilla zur Personifikation der *Concordia* (Eintracht); das Steuerruder, das in der rechten Hand der Iulia Livilla angedeutet ist, macht sie zur *Fortuna* (Spenderin eines glücklichen Schicksals).

Nach Sueton ging Caligulas Beziehung zu seinen Schwestern über ein geschwisterliches Verhältnis hinaus. „Mit allen seinen Schwestern trieb er Unzucht und ließ sie bei einer Tischgesellschaft, wenn viele Gäste anwesend waren, abwechselnd alle einmal an seiner Seite Platz nehmen, während seine Gattin an seiner anderen Seite lag. Man glaubt, dass er von den Schwestern Drusilla die Jungfernschaft geraubt hat, als er noch im Knabenalter war, und auch von seiner Großmutter Antonia dabei ertappt wurde, wie er bei ihr lag; sie wurden beide von Antonia erzogen.“[173]

Wie nahe Caligula seiner Schwester Drusilla stand, zeigt seine Reaktion auf ihren plötzlichen Tod am 10. Juni 38.[174] „Als sie starb, ordnete er den Stillstand der Gerichte an und erklärte Lachen, Baden und das gemeinsame Speisen mit den Eltern, der Frau oder den Kindern zu Kapitalverbrechen. Der Schmerz über den Verlust war ihm unerträglich; so verließ er plötzlich bei Nacht Hals über Kopf die Stadt und eilte nach Kampanien, dann nach Syrakus, dann machte er wieder kehrt und kam schnell nach Hause; er hatte sich den Bart stehen und das Haar wachsen lassen.“

„Sämtliche der Livia erwiesenen Ehrungen wurden auch ihr gewährt und darüber hinaus beschloss man, dass sie unter die Götter versetzt, ein goldenes Bild von ihr in der Kurie aufgestellt, ihr im Venustempel auf dem Forum ein Standbild, ebenso groß wie das der Göttin, geweiht und dieses mit den nämlichen Riten verehrt werden solle."[175] Sie wurde also als erstes weibliches Mitglied des Kaiserhauses als *Diva* unter die Staatsgötter aufgenommen (Livias Vergöttlichung erfolgte ja erst unter Kaiser Claudius). Vorher waren nur Gaius Iulius Caesar und Augustus so geehrt worden.

Drusillas Gatten Marcus Aemilius Lepidus ließ Caligula wegen Ehebruch verurteilen und hinrichten. „Des Weiteren verbannte er seine Schwestern – nachdem er sie in einem Schreiben an den Senat vieler ruchloser und unsittlicher Taten bezichtigt hatte – wegen ihrer Beziehungen zu Lepidus auf die Pontinischen Inseln. Agrippina aber erhielt die Gebeine des Lepidus in einer Urne und dazu den Befehl, diese nach Rom zurückzubringen und die ganze Reise über an ihrem Busen zu tragen."[176] Die so verhöhnte Agrippina wird sich schmerzlich daran erinnert haben, wie sie in Tarracina auf ihre Mutter mit der Urne ihres Vaters traf (siehe S. 44). In die Verbannung schickte Caligula seinen Schwestern noch die Drohung hinterher, dass „ihm nicht nur Inseln, sondern auch Schwerter zur Verfügung stünden".[177] „Den Schmuck, den Hausrat, die Sklaven, ja sogar die Freigelassenen der Verurteilten ließ er zu Wucherpreisen versteigern."[178]

Kurz vor ihrer Verbannung war Agrippina Witwe geworden. „Nero war drei Jahre alt, als er seinen Vater verlor. Der hatte ihm ein Drittel seines Vermögens vererbt; doch nicht einmal das bekam er ohne Abstriche, da sich sein Miterbe Gaius [Caligula] das gesamte Vermögen angeeignet hatte. Als bald darauf auch noch seine Mutter in die Verbannung geschickt wurde, hätte er fast mittellos und als ganz armer Teufel dagestanden, wenn ihn nicht seine Tante [Domitia] Lepida bei sich aufgenommen und unter der Aufsicht von zwei Erziehern, einem Tänzer und einem Friseur, aufgezogen hätte."[179]

Agrippinas Schicksal wendete sich, als Claudius im Januar 41 an die Macht kam und „die von seinem Vorgänger ungerechterweise verbannten Personen zurückrief, darunter dessen Schwestern Agrippina und Iulia [Livilla], und ihnen ihren Besitz zurückgab".[180] Um in der Gesellschaft wieder Fuß zu fassen, benötigte die verwitwete Agrippina jetzt noch einen angesehenen Gatten.

Mit sicherem Blick für dessen Karriereaussichten fasste sie zunächst den Konsular Galba ins Auge, da wohl der Tod seiner Frau absehbar war – auch wenn sie nicht ahnen konnte, dass Galba einmal Kaiser werden würde. Doch Galba „heiratete nach dem Verlust seiner Gattin Aemilia Lepida und der beiden Söhne, die er mit ihr hatte, nicht mehr. Durch keine Aussicht auf eine gute Partie konnte er davon abgebracht werden, nicht einmal von Agrippina, die durch den Tod des Domitius [Ahenobarbus] Witwe geworden war. Sie versuchte so sehr auf jede nur erdenkliche Weise den verheirateten und noch nicht verwitweten Galba zu verführen, dass sie bei einem Frauenkonvent von der Mutter der Lepida zur Rede gestellt und sogar geschlagen wurde."[181]

Dieser Fehlschlag hielt die ehrgeizige Agrippina nicht lange auf. Wohl noch im gleichen Jahr heiratete sie den schwerreichen Konsular Passienus Crispus. Für beide war es die zweite Ehe. Ob Passienus Crispus schon länger von seiner ersten Frau, Agrippinas Schwägerin Domitia (siehe Abb. 18), geschieden war oder sich von ihr scheiden ließ, um Agrippina zu heiraten, ist unklar. Die im Jahr darauf in Rom zirkulierenden Sesterze mit den Porträts ihrer Eltern (siehe S. 57) gaben der auf ihre edle Herkunft stolzen Agrippina weiteren gesellschaftlichen Auftrieb.

Weniger Glück hatte Agrippinas jüngere Schwester. Ihr wurde zum Verhängnis, dass sie von der Kaisergattin Valeria Messalina – Claudius hatte die gut 30 Jahre jüngere Tochter der Domitia Lepida während Caligulas Regentschaft geheiratet – als potentielle Konkurrentin gesehen wurde. „Sie war auf ihre Nichte Iulia [Livilla] wütend, da sie ihr weder die gebührende Ehre erwies noch ihr schmeichelte. Zugleich fühlte sie Eifersucht; denn das Mädchen war bildschön und traf sich wiederholt allein mit [ihrem Onkel] Claudius. Messalina veranlasste daher ihre Verbannung, indem sie ihr unter anderem Ehebruch vorwarf, weshalb auch Annaeus Seneca ins Exil gehen musste. Nicht viel später raubte sie ihr sogar das Leben.“[182] Wahrscheinlich ließ man sie verhungern.[183] Von den Kindern des Germanicus und der älteren Agrippina war jetzt nur noch die jüngere Agrippina am Leben.

Claudius und Messalina hatten zwei Kinder, die 39/40 geborene Tochter Octavia und den im Februar 41, wenige Wochen nach dem Herrschaftsantritt geborenen Sohn, der im Jahr 43 – nach dem Triumph des Claudius über Britannien – den Namen Britannicus erhielt. Dass er gut drei Jahre jünger als Nero war, sollte ihm zum Verhängnis werden – ebenso wie das Ansehen, das sein Onkel Germanicus immer noch genoss.

„Als Claudius bei den Zirkusspielen saß und junge Adlige zu Pferd das Troja-Spiel begannen, darunter Britannicus, der leibliche Sohn des Kaisers, und Lucius Domitius, der durch Adoption später die Herrschaft und den Beinamen Nero erhielt, sah man es als Vorzeichen an, dass die Sympathien des Volks stärker Domitius galten. … Tatsächlich beruhte die Zuneigung des Volks noch auf einem Rest des Andenkens an Germanicus, dessen einzig übriggebliebener männlicher Nachkomme er war. Auch für seine Mutter Agrippina nahm das Mitleid zu wegen der Grausamkeit Messalinas, die, immer feindselig gesinnt und damals besonders aufgebracht, nur durch eine neue und an Raserei grenzende Verliebtheit davon abgehalten wurde, Beschuldigungen zu erfinden und Ankläger aufzubieten. Denn sie war für Gaius Silius, den schönsten jungen Mann in Rom, derart entbrannt, dass sie Iunia Silana, eine vornehme Dame, aus der Ehe mit ihm verdrängte und sich des nun frei gewordenen Liebhabers bemächtigte.“[184] Doch Silius war auch aus anderen Gründen ein attraktiver Mann: Er war Sohn eines Konsulars und designierter Konsul,[185] also ein Mann mit Ambitionen. Mit anderen Worten: Er konnte Claudius gefährlich werden. Als die beiden im Herbst 48 eine Abwesenheit des Claudius nutzten, um mit großem Pomp ihre Hochzeit zu feiern,[186] waren die Folgen daher unausweichlich: Messalina und Silius wurden umgebracht.

Damit war der Weg frei für die Ambitionen der jüngeren Agrippina. Sie war nämlich zu diesem Zeitpunkt wieder Witwe. Glaubt man Sueton, so fiel Passienus Crispus „einem Verbrechen der Agrippina, die er als Erbin eingesetzt hatte, zum Opfer und wurde mit einem Staatsbegräbnis geehrt“.[187] Kein weiterer Historiker berichtet über dieses (vermeintliche)

Verbrechen der jüngeren Agrippina. Beim Tod ihres nächsten Gatten wird dies völlig anders aussehen.

„Durch die Ermordung Messalinas wurde das Haus des *princeps* aufs Schwerste erschüttert. Denn unter den Freigelassenen [des Hofes] kam es zu einer Auseinandersetzung darüber, wer eine Ehefrau für Claudius aussuchen dürfe, weil er ein eheloses Leben nicht aushalte und von den Befehlen seiner Gemahlinnen abhängig sei. Aber die Frauen brannten nicht weniger vor Ehrgeiz: Jede stellte ihre vornehme Abkunft, ihre Schönheit und ihren Besitz heraus und machte deutlich, dass sie einer solch hohen Ehe würdig sei.“[188] Für Agrippina setzte sich der Freigelassene Pallas – ein ehemaliger Sklave der Kaisermutter Antonia (siehe S. 54) – ein. Für sie spreche, „dass sie einen Enkel des Germanicus mitbringe; durch und durch der Stellung eines Oberbefehlshabers würdig sei der adlige Sprössling und vereine in seiner Person die Nachkommen der julischen und claudischen Familie. Auch dürfe die Frau, deren Fruchtbarkeit erwiesen sei, bei ihrer noch uneingeschränkten Jugend die erlauchte Abkunft der Cäsaren nicht in ein anderes Haus tragen. Diese Argumente gewannen die Oberhand, weil sie durch die Verführungskünste der Agrippina unterstützt wurden. Unter dem Vorwand der Verwandtschaft ging sie nämlich ständig ein und aus und umgarnte ihren Onkel, sodass sie allen anderen vorgezogen wurde und, obwohl sie noch nicht seine Ehefrau war, schon die Macht einer Ehefrau ausübte. Denn sobald sie sich ihrer eigenen Ehe sicher war, legte sie den Grund für Höheres und leitete die Verehelichung des Domitius [Nero], den sie Gnaeus Ahenobarbus geboren hatte, mit Octavia, der Tochter des Kaisers, in die Wege.“[189]

Dazu musste zunächst Octavias Verlobter Lucius Iunius Silanus, ein Ururenkel des Augustus,[190] in Verruf gebracht werden. Dies gelang, da Claudius „für die Verdächtigungen gegen den Schwiegersohn aus Liebe zu seiner Tochter allzu empfänglich war“.[191] Die entscheidende Rolle bei dieser Intrige spielte der dreifache Konsul Lucius Vitellius, der Vater des späteren Kaisers Aulus Vitellius, der im Jahr 48 sein Amt als Zensor ausnutzte, um Silanus, „der von den Machenschaften nichts ahnte und zufällig in diesem Jahr Prätor war“, mit fadenscheinigen Argumenten und unter Missachtung geltender Regeln aus dem Senat zu werfen. Gleichzeitig wurde Octavias Verlobung mit ihm gelöst. Im folgenden Jahr wurde die etwa 10-Jährige mit dem 12-jährigen Nero verlobt.

Im Jahr 49 wurde auch die Hochzeit zwischen dem 58-jährigen Claudius und der 33-jährigen Agrippina gefeiert. Dass am selben Tag der verfemte Lucius Iunius Silanus Selbstmord beging,[192] dürfte das Paar wenig gestört haben.

Vor der Trauung war noch ein Hindernis aus dem Weg geräumt worden: Ehen zwischen Onkel und Nichte waren bis dahin verboten. Da auch Claudius deswegen Bedenken hatte, führten die Befürworter dieser Ehe eine Posse auf, bei der wieder Lucius Vitellius entscheidend mitwirkte. Er fragte den Kaiser, „ob er sich den Befehlen des Volks, der Autorität des Senats fügen wolle, und als der antwortete, er sei nur einer von den Bürgern und könne einer einheitlichen Auffassung nichts entgegensetzen, befahl er ihm, im Palast zu warten.“[193] Tacitus schildert die folgenden Aktionen im willfährigen Senat in größter Ausführlichkeit. Wir begnügen uns mit der Kurzfassung aus Dios Epitome: „Als dies geschehen war, hielt

Vitellius eine Rede im Senat und vertrat die Auffassung, das Wohl des Staates erfordere es, dass Claudius sich vermähle. Er erklärte Agrippina als die hierfür geeignete Frau und riet den Senatoren, den Kaiser zu dieser Ehe zu bestimmen. Auf diesen Anstoß hin begaben sie sich zu Claudius und taten so, als wollten sie ihn zur Heirat nötigen. Und sie fassten auch einen Beschluss, dass Römer – was vorher verboten war – ihre Nichten als Ehefrauen heimführen dürfen."[194]

„Sobald sich Agrippina im Kaiserpalast niedergelassen hatte, brachte sie Claudius ganz unter ihren Einfluss. Sie verstand sich vortrefflich darauf, günstige Gelegenheiten zu nutzen und alle Personen, die dem Kaiser irgendwie in Freundschaft verbunden waren, teils durch Furcht, teils durch Gnadenerweise auf ihre Seite zu ziehen."[195] Noch im Jahr 49 wurden zwei Frauen, die in ihren Augen ihre Stellung am Hof hätten gefährden können – eine vormalige Konkurrentin bei der Suche nach einer Gattin für Claudius und eine vornehme Dame, deren Schönheit Claudius beiläufig gelobt hatte[196] –, aus seinem Umfeld entfernt.

„Um nicht nur durch schlechte Taten aufzufallen, setzte Agrippina für Annaeus Seneca die Aufhebung der Verbannung und zugleich die Prätur durch in der Überzeugung, dass sich darüber die Öffentlichkeit wegen der Berühmtheit seiner literarischen Werke freue; auch sollte der junge Domitius [Nero] unter einem solchen Lehrer aufwachsen. Schließlich könnten die Ratschläge dieses Mannes für die erhoffte Machtübernahme nützlich sein, da Seneca wahrscheinlich der Agrippina in Erinnerung an ihr Entgegenkommen treu ergeben und Claudius aus Erbitterung über die ungerechte Behandlung feindlich gesinnt sein werde."[197] Letzteres überdauerte sogar den Tod des Claudius, wie Senecas bösartige Satire Apocolocyntosis (Verkürbissung) über den Verstorbenen beweist. Ob er aber jemals „Agrippina in Erinnerung an ihr Entgegenkommen treu ergeben" war, darf man bezweifeln. War er doch der Meinung, dass zwar „beide Geschlechter zum Leben in der Gemeinschaft gleich viel beisteuern, aber die eine Hälfte zum Gehorsam, die andere zum Herrschen geboren ist", und jede Frau ein Wesen (*animal*) sei, das „unvernünftig ist und, wenn ihm nicht Wissen und eine gründliche Ausbildung zuteil wird, wild und unfähig, seine Triebe zu beherrschen".[198]

Abseits der Machenschaften am Kaiserhof erfahren wir wenig von Agrippina. Eine bemerkenswerte Facette verdanken wir dem Zeitgenossen Plinius: „Sie hatte einen Krammetsvogel, der zu der Zeit, als ich dies schrieb, die menschliche Stimme nachahmte – was vorher noch nie geschehen war. Auch hatten die jungen Cäsaren [Britannicus und Nero] einen Star und Nachtigallen, welche griechische und lateinische Worte lernten; sie übten sich täglich, lernten stets etwas Neues und sogar zusammenhängende Sätze."[199]

Das Jahr 50 brachte Agrippina und ihren Sohn auf dem Weg zur Macht zwei wichtige Schritte voran: Claudius adoptierte Domitius, der dadurch den Namen Nero erhielt, und Agrippina wurde *Augusta*. „Domitius' Adoption wurde auf Betreiben des Pallas vorangetrieben, der mit Agrippina als Heiratsvermittler eng verbunden und bald darauf in ein unerlaubtes sexuelles Verhältnis mit ihr verwickelt war. Er trieb deshalb Claudius dazu an, für den Staat zu sorgen und dem Knaben Britannicus eine kraftvolle Persönlichkeit zur

Seite zu stellen. Auf diese Weise hätten beim vergöttlichten Augustus, obwohl er sich auf Enkel stützen konnte, Stiefsöhne eine wichtigere Rolle gespielt. Von Tiberius sei zusätzlich zu seinem eigenen Sprössling Germanicus herangezogen worden. Auch er solle sich mit einem jungen Mann wappnen, der in der Lage sei, ihm einen Teil seiner Sorgen abzunehmen. Davon ließ er sich überzeugen und zog den drei Jahre älteren Domitius seinem Sohn vor. Er hielt dazu eine Rede vor dem Senat, die in dieselbe Richtung ging. … Man sagte dem *princeps* Dank, verbunden mit einer ganz außerordentlichen Liebedienerei Domitius gegenüber, und beantragte ein Gesetz, dem zufolge er in die claudische Familie mit dem Namen Nero übergehen sollte. In ihrem Rang erhöht wurde auch Agrippina durch den Beinamen *Augusta*."[200]

Auch wenn Agrippinas großer und geschickt genutzter Einfluss auf den Kaiser nicht zu bezweifeln ist, überzeugen die Ausführungen des Tacitus nicht. Da wohl schwerlich Beweise für eine sexuelle Beziehung zwischen Pallas und Agrippina vorlagen, kann es sich dabei allenfalls um ein (von interessierten Kreisen verbreitetes) Gerücht handeln. Außerdem hätte der ausgewiesene Historiker Claudius[201] eine solche Geschichtsklitterung des Pallas durchschaut (Tiberius spielte für Augustus schließlich erst nach dem Tod seiner Adoptivsöhne dynastisch eine Rolle und die Adoption des Germanicus war von Augustus verfügt worden).

„Um ihre Macht auch verbündeten Völkern zu zeigen, setzte es Agrippina durch, dass in Oppidum Ubiorum, ihrem Geburtsort, eine Veteranenkolonie [*colonia*] angelegt wurde, die nach ihr benannt wurde."[202] So wurde aus dieser Stadt die Colonia Claudia Ara Agrippinensium oder kurz Colonia Agrippinensis,[203] woraus der heutige Name Köln entstand. Agrippinas Geburtsort stand damit auf einer Stufe mit der *colonia* Lugdunum (dem heutigen Lyon), wo Claudius geboren wurde. Besonders bemerkenswert: Agrippina war die erste – und blieb die einzige – römische Frau, deren Name mit einer römischen *colonia* verbunden wurde.

Ein Beispiel, wie verbündete Völker Agrippinas Einfluss für ihre Interessen zu nutzen wussten, überliefert Josephus.[204] Als sich Claudius bei einem Streit zwischen Juden und Samaritern auf die Seite der Samariter zu schlagen drohte, schaffte es die von den Juden um ihre Hilfe gebetene Agrippina, ihn von der Schuld der Samariter zu überzeugen.

Dass auch den Feinden Roms Agrippinas maßgebliche Stellung am Hof bekannt war, zeigt das Verhalten des britischen Stammesfürsten Caratacus, als er im Jahr 51 nach seiner Niederlage gegen den römischen Statthalter mit seiner Familie bei der Siegesfeier in Rom zur Schau gestellt wurde. „Anschließend begnadigte der Kaiser ihn selbst, seine Frau und seine Brüder. Und als ihnen die Fesseln abgenommen worden waren, huldigten sie mit den gleichen Lobsprüchen und Dankesworten wie dem *princeps* auch Agrippina, die nicht weit entfernt auf einem anderen Podium die Blicke auf sich zog. Das war in der Tat neu und gegenüber den Sitten der Alten ungewöhnlich, dass eine Frau das Kommando über römische Standarten führte. Aber sie selbst sah sich als Partnerin in der von ihren Vorfahren erworbenen Herrschaft."[205] Im Unterschied zu Tacitus scheint dies Claudius nicht gestört zu haben.

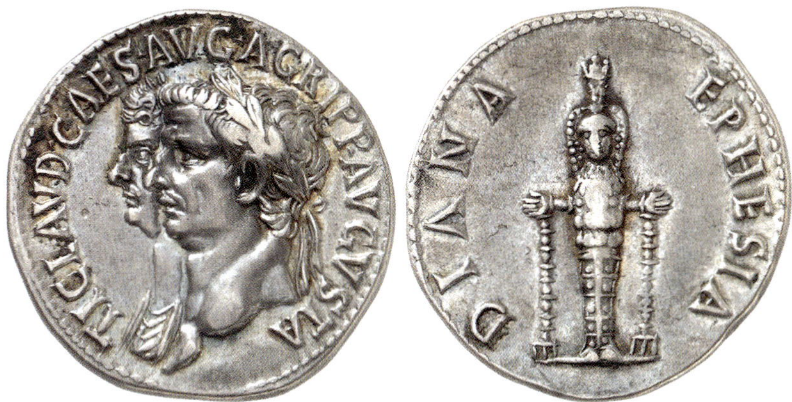

Abb. 20: Claudius und Agrippina

In Abb. 20 sehen wir AGRIPP(ina) AVGVSTA zusammen mit TI(berius) CLAVD(ius) CAES(ar) AVG(ustus) auf einem im selben Jahr in Ephesus geprägten Cistophor, dessen Rückseite die Kultstatue der DIANA EPHESIA zeigt. Auf der Vorderseite meint man ein Herrscherpaar zu sehen, einen Rangunterschied erkennt der Betrachter lediglich in der Anordnung der Büsten: Agrippina steht im Hintergrund. Doch sie versteht es, sich in Szene zu setzen, wie der ältere Plinius aus eigener Anschauung weiß: „Ich habe, als Claudius das Schauspiel einer Seeschlacht gab, dessen Gemahlin Agrippina in einem aus reinem Gold gewebten Oberkleid bei ihm sitzen sehen. In attalische Stoffe wird es schon seit Langem eingewebt, was eine Erfindung asiatischer Könige ist."[206]

Ebenfalls im Jahr 51 erhielt Nero die Männertoga – und zog damit an Britannicus vorbei. „Nero wurde vorzeitig die *toga virilis* verliehen, damit er zur Übernahme politischer Ämter fähig erschien. Zudem entsprach der Kaiser den liebedienerischen Anträgen des Senats gerne, dass Nero im zwanzigsten Lebensjahr das Konsulat antreten, in der Zwischenzeit als designierter Konsul außerhalb der Hauptstadt die Amtsgewalt eines Prokonsuls besitzen und den Titel *princeps iuventutis* erhalten solle. Zusätzlich bekamen das Heer in seinem Namen ein Geldgeschenk und das Volk eine Zuwendung in Naturalien. Ferner fuhr bei dem Zirkusspiel, das veranstaltet wurde, um ihm die Sympathien des einfachen Volks zu gewinnen, Britannicus in der *toga praetexta*, Nero im Gewand des Triumphators vorüber. Das Volk sollte den einen in der glänzenden Aufmachung eines militärischen Befehlshabers, den anderen im Gewand eines Knaben sehen und dementsprechend das Schicksal beider in Gedanken vorwegnehmen. Zugleich entfernte man die Zenturionen und Tribune, die über das Los des Britannicus klagten, mit vorgeschobenen Gründen, andere unter einem ehrenvollen Vorwand aus seiner Umgebung. Auch von den Freigelassenen wurde, falls ihm einer unverbrüchlich die Treue hielt, dieser bei einer Gelegenheit wie der folgenden vertrieben: Bei einem Zusammentreffen begrüßte Nero den Britannicus mit seinem Namen, dieser den anderen mit ‚Domitius'. Davon berichtete Agrippina, als habe er damit Streit beginnen wollen, unter vielen Klagen ihrem Mann: Die Adoption werde näm-

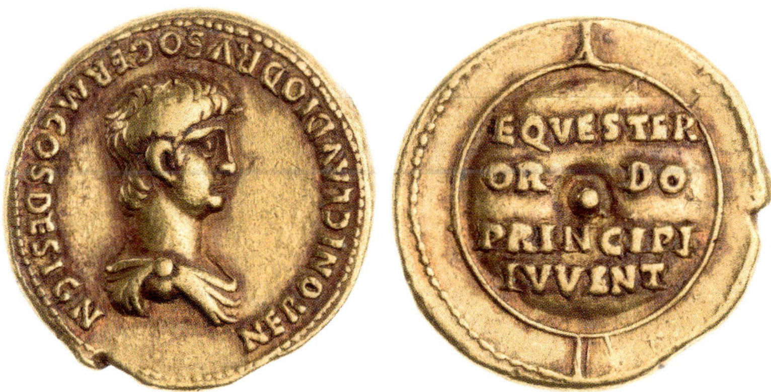

Abb. 21: Nero als designierter Konsul

lich missachtet und was die Väter beschlossen, das Volk befohlen habe, werde innerhalb des eigenen Hauses außer Kraft gesetzt; falls man der Schlechtigkeit der Personen, die ihm ein solch gehässiges Verhalten beibrächten, nicht Einhalt gebiete, werde sie zum Verderben des Staates ausschlagen. Über diese Vorwürfe entrüstete sich Claudius so, als handle es sich um Verbrechen, bestrafte gerade die besten Erzieher seines Sohns mit Exil oder Tod und setzte zu seiner Überwachung Leute ein, die von der Stiefmutter ausgesucht worden waren.“[207]

Es sei dahingestellt, ob all diese von Tacitus berichteten Intrigen gegen Britannicus wirklich gesponnen wurden. Münzen jedenfalls spiegeln die Bevorzugung Neros deutlich wider. Während man innerhalb der Reichsprägung des Claudius höchstens einen seltenen Sesterztyp mit dem Porträt des Britannicus kennt,[208] gibt es von Nero Münzen aller Nominale. Ein beeindruckendes Beispiel dafür ist der Aureus in Abb. 21. Auf dem Avers sehen wir den 14-Jährigen als CO(n)S(ul) DESIGN(atus). Auf dem Schild, das die Rückseite einnimmt, feiert ihn die Ritterschaft als *princeps iuventutis*, als Führer der ritterlichen Jugend.

Auch eine wichtige Personalie dieses Jahres geht nach Tacitus auf Agrippina zurück. „Noch wagte Agrippina nicht, aufs Ganze zu gehen, sofern nicht Lusius Geta und Rufrius Crispinus von der Zuständigkeit für die Prätorianerkohorten entbunden würden, die ihrer Meinung nach Messalina nachtrauerten und sich ihren Kindern verpflichtet fühlten. Als deshalb die Ehefrau [=Agrippina] beteuerte, dass durch die Rivalität der beiden die Kohorten gespalten würden und die militärische Zucht straffer würde, falls diese von einem einzigen Mann kommandiert würden, wurde die Führung der Kohorten Burrus Afranius übertragen, der einen hervorragenden militärischen Ruf genoss, aber dennoch wusste, auf wessen Veranlassung hin man ihm diese leitende Position übertrug. Daneben baute Agrippina ihre eigene herausragende Stellung weiter aus: Mit einem *carpentum* fuhr sie auf das Kapitol, eine Ehre, die seit Urzeiten nur Priestern mit ihren heiligen Geräten zugestanden wurde und deshalb die Ehrfurcht vor der Frau steigerte, die bis zum heutigen Tag das einzige Beispiel dafür ist, dass die Tochter eines Feldherrn Schwester, Ehefrau und Mutter des mächtigsten Mannes war.“[209]

Im Jahr 53 „erhielt der 16-jährige Nero … Octavia zur Frau. Um durch ehrenwerte geistige Beschäftigung und den Ruhm der Beredsamkeit zu glänzen, übernahm er die Vertretung der Einwohner von Ilion, legte redegewandt dar, dass die Römer aus Troja stammten und Aeneas der Ahnherr des julischen Geschlechts sei, zusammen mit anderen alten Geschichten, die sich nicht sehr von Märchen unterschieden, und erreichte damit, dass den Einwohnern von Ilion alle öffentlichen Abgaben erlassen wurden.“[210] Es scheint sich ausgezahlt zu haben, dass Agrippina für ihren Sohn Seneca als Lehrer bestellt hatte.

Ende 53 hatte Agrippina für ihren Sohn eine kaum mehr zu überbietende Position am Kaiserhof erreicht: Nero war Adoptivsohn und Schwiegersohn des Claudius, designierter Konsul, *princeps iuventutis* und er verstand es, sich wortgewandt in der Öffentlichkeit zu präsentieren. Es verwundert daher nicht, dass im Jahr 54 die Nervosität am Kaiserhof zunahm.

Erstes Opfer wurde Domitia Lepida, die Nero während Agrippinas Verbannung bei sich aufgenommen hatte (siehe S. 60). Nach Tacitus dankte Agrippina ihr dies nicht, sondern räumte sie „aus weiblichen Beweggründen“ – sprich: Eifersucht – aus dem Weg (um danach problemloser Claudius beseitigen zu können): „In besonderer Angst schwebte Agrippina. Sie fürchtete sich vor einem Wort des Claudius, das er im Rausch hatte fallen lassen, es sei sein Schicksal, die Schandtaten seiner Frauen ertragen und dann bestrafen zu müssen, und beschloss deshalb, schnell zu handeln, nachdem zuvor noch Domitia Lepida aus weiblichen Beweggründen vernichtet worden war. Denn Lepida war die Tochter der [älteren] Antonia, hatte Augustus als Großonkel, war Agrippinas Tante näheren Grades und Schwester von deren Mann Gnaeus [Ahenobarbus] und glaubte deshalb, gleich vornehm zu sein. Aber auch bei Aussehen, Alter und Reichtum gab es keine großen Unterschiede; zudem waren beide schamlos, verrufen und gewalttätig und wetteiferten miteinander nicht weniger in ihrem moralischen Fehlverhalten als mit etwaigen Glücksgaben, die sie vom Schicksal erhalten hatten. Jedenfalls entbrannte der heftigste Streit darum, ob eher die Tante oder die Mutter bei Nero mehr zu sagen habe. Denn Lepida versuchte den jungen Mann mit Schmeicheleien und Geschenken an sich zu binden. … Aber es wurde ihr auch vorgeworfen, sie sei gegen die Gemahlin des *princeps* mit Zaubersprüchen vorgegangen, habe ihre Sklavenscharen in Kalabrien zu wenig in Zaum gehalten und störe damit den Frieden in Italien. Deshalb wurde die Todesstrafe ausgesprochen.“[211] Erst nachdem Tacitus die beiden einflussreichen und wohlhabenden Frauen – ihm stets ein Dorn im Auge – moralisch diskreditiert hat, erwähnt er den wohl zentralen, auf Roms Angst vor einem unkontrollierbaren Sklavenheer (der Aufstand des Spartacus blieb ein Trauma) basierenden Anklagepunkt.

Nero hatte wohl den Aufenthalt bei seiner Tante in keiner guten Erinnerung. „Als seine Tante Lepida angeklagt wurde, trat er als Zeuge auf und stürzte sie durch seine Aussage ins Verderben, nur um seiner Mutter einen Gefallen zu tun, die versuchte, der Angeklagten hart zuzusetzen.“[212]

Was Tacitus nur kryptisch dem betrunkenen Claudius in den Mund legt, bestätigt Dio: Claudius begann, sich wieder mehr seinem leiblichen Sohn zuzuwenden, den er bisher vernachlässigt hatte.[213] Dies musste bei Agrippina alle Alarmglocken schrillen lassen, zumal die Gefahr bestand, dass Claudius im Laufe des Jahres Britannicus für volljährig erklären würde. Es spricht also vieles dafür, dass Claudius im Jahr 54 nicht eines natürlichen Todes starb, sondern einem Mordanschlag zum Opfer fiel. Für den älteren Plinius steht fest, dass Claudius von Agrippina durch ein Pilzgericht vergiftet wurde: „Zu jenen Gewächsen, die leichtsinnig gegessen werden, kann ich mit Recht auch die *boleti* genannten Pilze rechnen, denn sie sind zwar eine köstliche Speise, haben aber bei einem beispiellosen Verbrechen eine Rolle gespielt. Sie boten Agrippina die Gelegenheit, ihren Ehegatten, den Kaiser Tiberius Claudius, zu vergiften, und so der Welt und sich selbst ein noch größeres Gift zu bereiten, ihren Sohn Nero."[214]

Tacitus gibt vor, jede Einzelheit des Komplotts zu kennen. Als sich Claudius nach einer Erkrankung im Seebad Sinuessa erholte, „machte sich Agrippina, die schon lange zum Verbrechen entschlossen war, die gebotene Gelegenheit daher schnell nutzen wollte und auch an Helfern keinen Mangel hatte, Gedanken über die Art des Gifts: Durch ein plötzlich und schlagartig wirkendes dürfe die Tat nicht verraten werden; falls sie aber ein langsames und schleichendes wähle, dürfe Claudius, wenn er sich seinem Ende nähere und die Hinterlist durchschaue, nicht zur Liebe zu seinem Sohn zurückfinden. Für ein ganz ausgefallenes Mittel entschied sie sich, das seinen Verstand verwirren und den Tod verzögern sollte. Man wählte eine Expertin auf diesem Gebiet namens Locusta, die erst kurz zuvor wegen Giftmischerei verurteilt worden war und schon lange als eines der Werkzeuge der Herrschaft angesehen wurde. Mit dem Einfallsreichtum dieser Frau bereitete man ein Gift, das der Eunuch Halotus verabreichen sollte, der gewöhnlich die Speisen auftrug und als Vorkoster prüfte. Alle diese Schritte wurden später so genau bekannt, dass Geschichtsschreiber jener Zeit berichten konnten, in ein schmackhaftes Pilzgericht sei das Gift geträufelt worden, aber eine Wirkung des Mittels habe man nicht sofort bemerkt, weil Claudius dafür unempfindlich oder betrunken war; zudem schien ihm ein Durchfall geholfen zu haben. Deshalb geriet Agrippina in Panik und zog aus Furcht vor dem Äußersten ohne Rücksicht auf die Verdächtigung, die das sofortige Handeln hervorrufen musste, den vorsorglich eingeweihten Arzt Xenophon hinzu. Der soll so getan haben, als wolle er ihm die Mühe beim Erbrechen erleichtern, und ihm eine mit einem augenblicklich wirkenden Gift bestrichene Feder in den Schlund gesteckt haben, wohl wissend, dass man die größten Verbrechen mit Gefahr beginnt, aber mit Gewinn vollendet."[215]

Nach dem Tod des Kaisers beschäftigte Agrippinas Gefolge den Senat mit Gebeten und Gelübden für den angeblich noch lebenden Kaiser. Sie selbst nahm, „wie von Schmerz überwältigt und Trost suchend, Britannicus in ihre Arme, nannte ihn das wahre Ebenbild seines Vaters und hielt ihn mit allerlei Schlichen auf, damit er sein Zimmer nicht verlassen konnte."[216] Am Mittag des 13. Oktober 54 wurden dann „plötzlich die Tore des Palastes geöffnet und in Burrus' Begleitung trat Nero vor die Kohorte, die nach militärischem Brauch Wachdienst hatte. Dort wurde er nach Aufforderung durch den Kommandanten mit Glückwünschen empfangen und in eine Sänfte gesetzt. Ein paar Soldaten hätten gezögert, wird berichtet, und sich umgeschaut und wiederholt gefragt, wo denn Britanni-

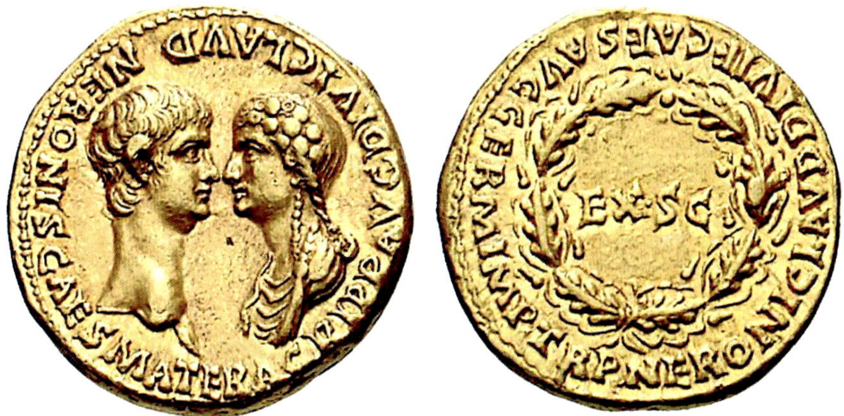

Abb. 22: Agrippina und Nero

cus sei; als dann aber niemand eine abweichende Auffassung vertrat, folgten sie dem, was ihnen angeboten wurde. Nero wurde in die [Prätorianer-]Kaserne getragen, sagte vorab einige dem Anlass angemessene Worte, versprach ein Geldgeschenk nach dem Vorbild der väterlichen Freigebigkeit und wurde daraufhin als *Imperator* begrüßt. Dem Votum der Soldaten schlossen sich die Beschlüsse des Senats an und auch in den Provinzen gab es keine Bedenken."[217]

Natürlich flossen viele Krokodilstränen. „Himmlische Ehren wurden Claudius zuerkannt und die Leichenfeier wurde genauso wie beim vergöttlichten Augustus abgehalten, wobei Agrippina mit der Großzügigkeit ihrer Urgroßmutter Livia wetteiferte. Das Testament verlas man dennoch nicht, damit die ungerechte Bevorzugung des Stiefsohns vor dem Sohn nicht zu Tumulten im Volk führe." Zwischen den Zeilen kann man lesen, dass sich für Tacitus die beiden Frauen auch in ihrer Verschlagenheit in nichts nachstanden.

Tacitus beginnt seinen Bericht über Neros Regentschaft mit zwei Verbrechen der Agrippina: „Als erster Tod unter dem neuen Prinzipat wurde der des [Marcus] Iunius Silanus, des Prokonsuls der Provinz *Asia*, ohne Wissen Neros durch Agrippinas Heimtücke herbeigeführt. Nicht etwa weil er durch unbeherrschtes Auftreten seinen Sturz heraufbeschworen hätte, … vielmehr fürchtete Agrippina, die hinter der Ermordung seines Bruders Lucius Silanus gesteckt hatte [siehe S. 62], einen Rächer. Im Volk wurde nämlich häufig davon gesprochen, dass dem kaum dem Knabenalter entwachsenen und zur Herrschaft nur durch ein Verbrechen gekommenen Nero ein Mann gesetzten Alters vorzuziehen sei, der unbescholten, von vornehmer Abkunft sei und – worauf man damals noch achtete – zur Nachkommenschaft der Cäsaren gehöre; auch Silanus war ja ein Ururenkel des Augustus. Dies war der Grund für seine Ermordung. … Dem Prokonsul wurde Gift unter das Essen gegeben und zwar zu offen, als dass es hätte unbemerkt bleiben können. Nicht weniger eilig wurde Claudius' Freigelassener Narcissus [der sich gegen Agrippinas Ehe mit Claudius ausgesprochen hatte] … durch harte Haft und äußerste Not in den Selbstmord getrieben,

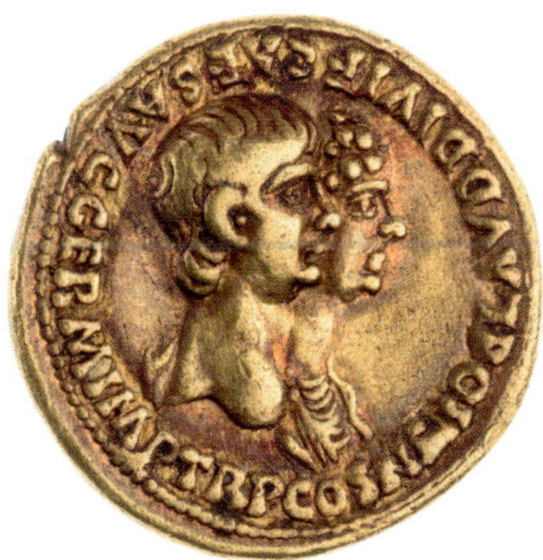

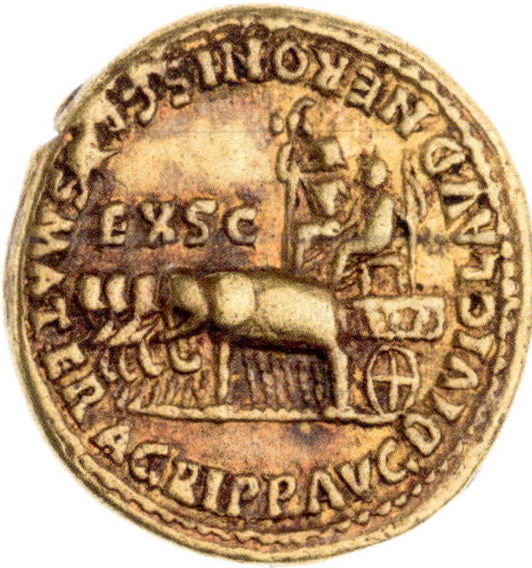

Abb. 23: Agrippina hinter Nero

freilich gegen den Willen des *princeps*, zu dessen noch verborgenen Lastern er mit seiner Habgier und Verschwendungssucht wunderbar passte.“[218]

Wie Agrippina ihre Rolle sah, zeigt eine äußerst bemerkenswerte Münze, die bald nach Neros Machtübernahme geprägt wurde. Wer den in Abb. 22 gezeigten Aureus in die Hand nahm, kam ins Grübeln. Er musste sich fragen, wer von den beiden, die sich auf dem Avers so intensiv in die Augen blicken, nun regierte: Nero oder seine Mutter Agrippina. Schließlich liest man auf der Vorderseite AGRIPP(ina) AVG(usta) DIVI CLAVD(ii) NERONIS CAES(aris) MATER. Dort ist also nur von Agrippina als der *Augusta* des vergöttlichten Claudius und der Mutter des Nero Caesar die Rede. Erst die Rückseite handelt von Nero, der dort mit vollem Namen und allen Bestandteilen der Kaisertitulatur genannt wird. Die Reversumschrift unterscheidet sich aber in einem zentralen Punkt von der Aversumschrift: Sie beginnt unten mit NERONI, ist also im Dativ formuliert. Mit anderen Worten: Agrippina widmet diese Münze ihrem Sohn – eigentlich müsste es umgekehrt sein. Unter den römischen Münzen findet man keine vergleichbare Prägung.

Wie in Abb. 23 zu sehen, wurde Agrippina auf den Münzen bald in den Hintergrund gedrängt (und wenig später von ihnen verbannt). Auf dem Revers dieses im Jahr 55 geprägten Aureus sitzen zwei Figuren der vergöttlichten Kaiser Augustus und Claudius auf einer Elefantenquadriga. Diese Münze feiert also die Divinisierung des Claudius. Entsprechend firmiert Nero auf der Vorderseite als CLAVD(ii) DIVI F(ilius), als Sohn des vergöttlichten Claudius. Passend dazu lesen wir auf der Rückseite AGRIPP(ina) AVG(usta) DIVI CLAVD(ii) – Agrippina Augusta des vergöttlichten Claudius.

Die Provinzen übernahmen die von dem in Abb. 22 gezeigten Aureus vermittelte Botschaft, gingen sogar noch einen Schritt weiter, als in Rom bereits wieder zurückgerudert wurde. Ein eindrucksvolles Beispiel dafür ist das in Abb. 24 gezeigte, fein ausgearbeitete Relief aus dem kleinasiatischen Aphrodisias. Auf ihm krönt eine stolze Agrippina ihren Sohn mit einem Lorbeerkranz, macht ihn also zum Kaiser. Ein mächtiges, von einem Granatapfel bekröntes Füllhorn in ihrer Linken verspricht Wohlstand. Nero tritt uns in

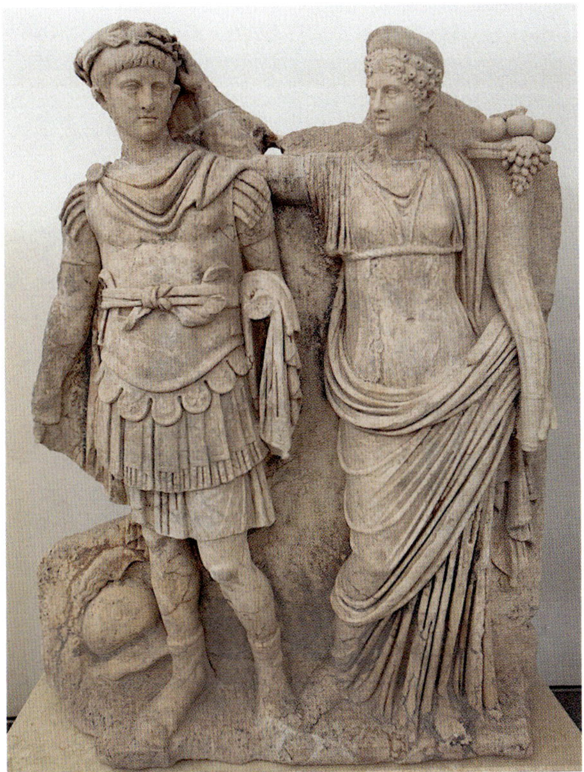

Abb. 24: Agrippina krönt Nero

der Rüstung eines römischen Feldherrn entgegen. Den dazu gehörenden Helm, den er für die Krönung abgelegt hat, sehen wir am linken unteren Rand. In der Linken trug Nero wahrscheinlich eine Weltkugel als Symbol seiner weltumspannenden Herrschaft.

Die Münzen spiegeln die Machtverhältnisse gut wider: „Siebzehn Jahre zählte Nero, als er die Regierung antrat.… Zunächst erledigte Agrippina alle Staatsgeschäfte in seinem Namen und sie und ihr Sohn erschienen gemeinsam in der Öffentlichkeit, wobei sie oft auch in der nämlichen Sänfte ruhten. Häufiger freilich ließ sie sich tragen, während er neben ihr ging. Agrippina pflegte außerdem die verschiedenen Gesandtschaften zu empfangen und Schreiben an die Völker, Statthalter und Könige zu richten. Als dies längere Zeit so ging, erregte es das Missfallen von Seneca und Burrus, welche zugleich die klügsten und einflussreichsten Männer an Neros Hof waren – letzterer als Befehlshaber der Leibgarde, ersterer als sein Lehrer –, und sie benutzten folgenden Anlass, um dem Missstand abzuhelfen. Einmal war eine Gesandtschaft aus Armenien eingetroffen und Agrippina wollte eben die Tribüne, von der aus Nero mit den Leuten verhandelte, besteigen. Als nun die beiden sie herankommen sahen, veranlassten sie den jungen Mann, rasch herunterzusteigen und seiner Mutter wie zu einer besonderen Begrüßung entgegenzugehen, ehe sie noch die Tribüne betreten konnte. Nachdem dies geschehen war, bestiegen sie damals nicht wieder die Tribüne, sondern erfanden eine Ausrede, damit nicht auch noch den Barbaren das Gebrechen des Reichs offenkundig werde."[219]

In der Auseinandersetzung mit Burrus und Seneca hatte Agrippina „Pallas auf ihrer Seite, auf dessen Betreiben hin sich Claudius mit der blutschänderischen Heirat und verderblichen Adoption selbst ins Unglück gestürzt hatte. Aber Nero war einerseits nicht der Mann, der sich Sklaven unterordnete, andererseits hatte Pallas mit seiner widerlichen Arroganz die einem Freigelassenen gesetzten Grenzen überschritten und dadurch die Abneigung gegen seine Person heraufbeschworen. Nach außen hin wurde Agrippina dennoch mit allen Ehren überhäuft; als etwa ein Tribun wie beim Militär üblich nach der Parole fragte, gab er [=Nero] zur Antwort ‚Die beste Mutter'. Beschlossen wurden auch vom Senat zwei Liktoren und das Priesteramt für [den vergöttlichten] Claudius."[220]

„Im Übrigen wurde der bestimmende Einfluss der Mutter immer mehr gebrochen, weil sich Nero in eine Freigelassene namens Acte verliebt hatte. … Ohne Wissen der Mutter, später ungeachtet ihres Widerstands, hatte er sich durch verschwenderische Prachtentfaltung und zweideutige Heimlichkeiten tief bei ihr eingeschlichen; dabei hatten nicht einmal die älteren Freunde des *princeps* etwas dagegen, weil das liederliche Weib, ohne jemandem Unrecht zu tun, die Begierden des *princeps* befriedigte. Denn er hatte eine starke Abneigung gegen seine Frau Octavia, trotz ihrer hohen Geburt und anerkannten Rechtschaffenheit, weil dies vom Schicksal so bestimmt war oder Verbotenes mehr reizte. Auch fürchtete man, er könne sich, wenn man ihm diese Lust verwehre, zu Angriffen auf die Ehre vornehmer Frauen hinreißen lassen."[221]

Nach Tacitus versuchte Agrippina mit wirklich allen Mitteln, wieder mehr Einfluss bei ihrem Sohn zu erlangen: „Agrippina tobte in typisch weiblicher Art, eine Freigelassene sei ihre Rivalin, ihre Schwiegertochter eine Magd und dergleichen mehr. Sie wartete auch nicht ab, dass sich ihr Sohn anders besann oder genug hatte, und je hässlichere Vorhaltungen sie machte, desto stärker entfachte sie sein Verlangen. … Daraufhin stellte Agrippina ihre Taktik um, machte sich mit Zärtlichkeiten an den jungen Mann heran und bot ihm ihr Schlafzimmer und ihren Schoß zur heimlichen Ausübung dessen an, was sein jugendliches Alter und seine hohe Stellung haben wollten. Ja, sie gab sogar ihre unangemessene Strenge zu und übertrug ihm einen erheblichen Teil ihres Privatvermögens, das nicht wesentlich geringer als das des Kaisers war. Wie sie soeben noch ihren Sohn übertrieben bevormundet hatte, so maßlos unterwürfig war sie nun wieder. Diese Veränderung entging auch Nero nicht; seine engsten Freunde fürchteten um ihn und baten ihn, sich vor der Hinterlist des Weibes in Acht zu nehmen, das immer fürchterlich gewesen sei, jetzt aber außerdem noch heimtückisch. Zufällig musterte der Kaiser in diesen Tagen den Schmuck, in dem die Gemahlinnen und Mütter der *principes* geglänzt hatten, wählte ein Kleid und Edelsteine aus und schickte sie als Geschenk seiner Mutter, ohne einen Gedanken an Sparsamkeit, weil er ihr mit der Überreichung besonders erlesener Stücke, die sich andere Frauen gewünscht hätten, zuvorkommen wollte. Aber Agrippina rief laut, damit werde nicht ihre Garderobe bereichert, sondern sie vom Rest ferngehalten, und der Sohn teile mit ihr nur all das, was er von ihr habe. Da fehlte es dann auch nicht an Leuten, die diesen Vorfall in ihren Berichten verschlimmerten. Und weil Nero über die Personen, auf die sich ihr weiblicher Hochmut stützte, aufgebracht war, entband er Pallas von der Betreuung des Sachgebiets, das ihm von Claudius übertragen worden war und das er führte, als habe er die Entscheidungsbefugnis eines Regenten.... Hals über Kopf verstieg sich danach Agrippina zu schrecklichen Drohungen und verschonte auch die Ohren des *princeps* nicht mit der Feststellung, Britannicus sei nun schon erwachsen und der wahre und würdige Nachkomme zur Übernahme der Herrschaft seines Vaters, die ein lediglich aufgepfropfter Adoptivsohn dank der widerrechtlichen Handlungsweise seiner Mutter ausübe. Sie habe nichts dagegen, wenn alles Unheil des unglücklichen Hauses ans Licht käme, insbesondere ihre eigene Hochzeit, ihre Giftmischerei.... Zugleich drohte sie mit den Fäusten, stieß Beschimpfungen aus, rief den zur Gottheit erhobenen Claudius und die Schatten der beiden Silani [siehe S. 62 und S. 69] in der Unterwelt an und beschwor ihre zahlreichen vergeblich verübten Untaten."[222]

„Obwohl sich die Geschichtsschreiber verschieden dazu äußerten"[223] und Dio offen zugibt, dass er nicht wisse, ob der Inzest „wirklich geschah oder ihrem Charakter entsprechend nur erdichtet wurde",[224] überliefert Tacitus Agrippinas Vergehen als Tatsachen. Da der Vorwurf des Inzests zum Standardrepertoire der Geschichtsschreiber gehört, um missliebige Personen zu kompromittieren,[225] und naturgemäß keine Zeugen existieren, können wir ihn ebenso übergehen wie die weiteren Tiraden, die Tacitus Agrippina in den Mund legt.

Kehren wir zu den Fakten zurück. Natürlich musste Nero Britannicus fürchten, der im Februar 55 seinen 14. Geburtstag feiern und dann wohl die *toga virilis* eines erwachsenen Römers anlegen würde. Es brauchte also nicht die – angesichts ihrer von Tacitus breit geschilderten Maßnahmen, Nero auf den Thron zu bringen, nicht sehr wahrscheinlichen – Drohungen seiner Mutter, um ihn handeln zu lassen.

Tacitus schildert die Etappen des kurz vor diesem Geburtstag verübten Mordes wieder in allen – ihm erstaunlicherweise bekannten – Einzelheiten. Wir beschränken uns auf die letztendlich erfolgreiche List.

„Ein noch unschädliches und sehr heißes Getränk, an dem der Vorkoster genippt hatte, reichte man Britannicus; als dieser es wegen der hohen Temperatur zurückwies, goss man in kaltem Wasser das Gift hinzu, das all seine Glieder derart durchdrang, dass ihm gleichzeitig Stimme und Atem wegblieben. Entsetzen packte die neben ihm Sitzenden, auseinander stoben die Ahnungslosen; doch wer die Situation durchschaute, verharrte wie festgenagelt auf seinem Platz und starrte auf Nero. Der behielt seine bequeme Lage bei, gab sich unwissend und sagte, dies sei ein ganz gewöhnlicher Vorfall wegen der Epilepsie, von der Britannicus seit frühester Kindheit heimgesucht werde, und allmählich würden Sehvermögen und Bewusstsein wiederkommen. Doch Agrippina war, obwohl sie ihre Gesichtszüge zu beherrschen versuchte, ein derartiges Grauen, eine derartige Bestürzung anzusehen, dass ihre Ahnungslosigkeit ebenso feststand wie die der Octavia, der Schwester des Britannicus. Denn sie musste erkennen, dass ihr die letzte Stütze entrissen und der Präzedenzfall für den Verwandtenmord geschaffen war. Auch Octavia, obgleich noch jung an Jahren, hatte gelernt, Kummer, Liebe, ja alle Gefühle zu verbergen. Deshalb setzte man nach kurzem

Schweigen das fröhliche Gelage fort."[226] Noch in der gleichen Nacht wurde der Leichnam verbrannt und in einer schlichten Feier auf dem Marsfeld beigesetzt.

Die Ermordung des Britannicus brachten den endgültigen Bruch zwischen Mutter und Sohn. „Die Empörung seiner Mutter ließ sich durch keine Großzügigkeit besänftigen, sondern sie umgarnte Octavia, hatte häufig geheime Besprechungen mit Freunden, raffte über die ihr angeborene Habsucht hinaus von überall her Geld sozusagen als Reserve zusammen, gewährte Tribunen und Zenturionen freundlich Audienz, hielt die Namen und Verdienste der Aristokratie, die es auch damals noch gab, in Ehren, so als suche sie einen Parteiführer und eine Partei. Davon erfuhr Nero und ließ daraufhin die Leibgarde, die ihr einst als Gattin des Kaisers, nun als dessen Mutter zur Verfügung stand, und die erst kurz zuvor gleichfalls als Ehrenwache zugeteilten Germanen abziehen. Und damit sie nicht ständig Scharen von Besuchern empfing, trennte er ihren Haushalt ab und ließ sie in das Haus umziehen, das Antonia gehört hatte. Wenn er selbst dort vorbeikam, war er von einer Gruppe von Zenturionen umgeben und verabschiedete sich nach einem flüchtigen Kuss wieder."[227]

Agrippina war schlagartig isoliert: „Als das Volk Agrippina zum ersten Mal ohne ihre Leibwache sah, hüteten sich die meisten, auch nur zufällig mit ihr zusammenzutreffen, und wenn ihr einer dennoch unbeabsichtigt begegnete, machte er sich hastig und ohne ein Wort zu wechseln aus dem Staub."[228]

Tacitus bringt es auf den Punkt: „Nichts im Leben der Sterblichen ist so unbeständig und unsicher wie das Ansehen einer Macht, die nicht auf eigener Stärke beruht. Sofort war Agrippinas Türschwelle verlassen: Niemand tröstete sie, niemand besuchte sie mehr außer ein paar Damen, von denen man nicht wusste, ob sie aus Zuneigung oder Hass kamen. Zu ihnen gehörte Iunia Silana, die, wie oben berichtet, von Messalina aus der Ehe mit Gaius Silius verdrängt werden war, eine durch Abstammung, Schönheit und liederlichen Lebenswandel auffallende Person, die lange Zeit eine der besten Freundinnen Agrippinas war. Dann aber kam es zu versteckten gegenseitigen Anfeindungen, weil Agrippina den jungen Adligen Sextius Africanus von der Heirat mit Silana dadurch hatte zurückschrecken lassen, dass sie von ihr als einem schamlosen, in die Jahre gekommenen Weib sprach."[229]

Iunia Silana witterte die Chance, sich an Agrippina zu rächen. Eine Verbündete war schnell gefunden: Domitia, die Schwester der Domitia Lepida, die Agrippina im Vorjahr hatte ermorden lassen (siehe S. 67). Über Mittelsmänner ließen sie mitten in der Nacht dem betrunkenen Nero mitteilen, Agrippina plane einen Staatsstreich. Nero geriet in Panik, konnte aber von Burrus davon abgebracht werden, seine Mutter sofort umbringen zu lassen. Bei Tagesanbruch begaben sich Burrus und Seneca mit einigen Freigelassenen als Zeugen zu Agrippina, um sie zu verhören. Von ihrer Verteidigungsrede „waren die Anwesenden beeindruckt und versuchten ihrerseits, sie in ihrer Erregung zu beruhigen". Iunia Silana und ihre Handlanger wurden verbannt. Domitia blieb (vorerst) ungeschoren.

Die im Abseits gelandete Agrippina blieb in einem Punkt stets am Hof präsent: im Stammbaum des Kaisers. Nero zählte stolz die Kaiser Claudius, Tiberius und Augustus zu seinen Ahnen (also alle bis auf den verfemten Caligula). Dass es sich dabei um eine Mogelpackung handelte, zeigt etwa ein Blick auf eine in das Jahr 58 datierbare Inschrift[230] (siehe dazu die Stammtafel auf S. 17). Er firmiert dort als

divi Claudi f(ilius)	Sohn des Claudius [Adoptivvater]
Germanici Caesaris nep(os)	Enkel des Germanicus [Großvater mütterlicherseits]
Ti Caesaris Aug pronep(os)	Urenkel des Tiberius [Adoptivurgroßvater mütterl.]
divi Aug(usti) abnepos	Ururenkel des Augustus [Ururgroßvater mütterl.].

Er beginnt also seine Ahnenreihe wie zu erwarten mit seinem Adoptivvater, setzt sie dann aber konsequent auf der Seite der (verhassten) Mutter fort, was selbst bei einem guten Verhältnis zwischen Sohn und Mutter erstaunen müsste, da im römischen Recht nur die agnatische (männliche) Ahnenreihe – die Adoptionen einschließen konnte – zählte. Nero war der erste Kaiser, der auf diese Weise seinen Stammbaum aufpolierte – und damit unbeabsichtigt, aber unvermeidlich die Bedeutung seiner Mutter herausstellte.

Dass im Jahr 58 die Spannungen zwischen Sohn und Mutter Sorgen bei Volk und Senat hervorriefen, zeigen eindrucksvoll die Akten der Arvalbrüder, eines angesehenen, seit Augustus für den Kaiserkult zuständigen Priesterkollegiums. In diesem Jahr ist darin an Agrippinas Geburtstag (6. November) ebenso wie an Neros Geburtstag (15. Dezember) zunächst routinemäßig vermerkt, dass für Jupiter ein Stier sowie für Minerva, Iuno und das öffentliche Wohl (die *Salus publica*) je eine Kuh, an Neros Geburtstag ferner ein Stier für den Genius des Kaisers geopfert wurde. Doch völlig unüblich wird an beiden Tagen eine weitere Kuh für die *Concordia* (Eintracht, gutes Einvernehmen, Harmonie) geopfert, am 6. November für Agrippinas eigene (*Concordia ipsius*), am 15. Dezember zu Agrippinas Ehren (*Concordia honoris Agrippinae*). Das lässt sich wohl nur so verstehen, dass die Arvalbrüder für die Eintracht im Regierungsamt beteten, obwohl Agrippina längst kaltgestellt war. Die Gebete wurden nicht erhört. Bereits im März des folgenden Jahres ließ Nero seine Mutter ermorden. Folgen wir auszugsweise Dios Schilderung der Tat.

„Sie schreckten davor zurück, das Verbrechen in aller Öffentlichkeit zu vollbringen, waren andererseits aber auch nicht imstande, Agrippina durch Gift heimlich aus dem Weg zu räumen – denn sie traf alle Vorkehrungen dagegen. Nun sahen ihre Gegner eines Tages im Theater ein Schiff, das sich von selbst öffnete, einige wilde Tiere entließ und sich dann wieder so fest schloss, dass es erneut völlig seetüchtig war. Rasch ließen sie daraufhin ein zweites Fahrzeug dieser Art bauen. Als es fertiggestellt war, hatte Nero durch seine Aufmerksamkeiten Agrippina bereits völlig für sich gewonnen; er tat ihr in jeder Weise schön, um ihr Misstrauen zu zerstreuen und sie unbeschützt zu treffen. Indessen scheute der Kaiser vor einem Anschlag in Rom zurück, aus Furcht, das Verbrechen könnte allgemein bekannt werden. Er reiste daher weit weg, bis nach Kampanien, nahm seine Mutter mit und unternahm mit ihr auf ebenjenem Schiff eine Seefahrt. Dasselbe war aufs Prächtigste ausgestattet und man konnte erwarten, dass Agrippina der Wunsch überkommen werde, das Fahrzeug dauernd zu nutzen. Nach der Ankunft in Bauli gab Nero über viele Tage hin pompöse Gastmähler und bewirtete dabei seine Mutter auf das Liebenswürdigste. War sie abwesend, heuchelte er lebhafte Sehnsucht, und war sie zugegen, überbot er sich in Liebesbeweisen, forderte sie auf, sich alles zu wünschen, was sie nur wolle, und machte ihr, ohne dass sie darum bat, zahlreiche Geschenke. Als es nun so weit war, umarmte er sie am Ende des Gastmahls um Mitternacht, presste sie an seine Brust und sprach, nachdem er ihre Augen und Hände geküsst hatte: ‚Lebe wohl, Mutter, und bleibe gesund!' Hierauf übergab er sie zur Betreuung dem Anicetus, einem Freigelassenen, um sie auf dem vorbereiteten Schiff nach Hause zu bringen. Doch das Meer wollte die Tragödie, die sich auf ihm abspielen sollte, nicht ertragen und sich der falschen Anklage schuldig machen, als habe es die fluchwürdige Tat begangen; denn das Fahrzeug löste sich zwar auf und Agrippina stürzte ins Wasser, sie fand aber nicht den Tod. Obwohl es dunkle Nacht und sie betrunken war, ... vermochte sie sich zu retten. Nach ihrer Heimkehr tat sie so, als habe sie von dem Anschlag nichts gemerkt, und ließ nichts weiter verlauten, schickte vielmehr eilends eine Botschaft an ihren Sohn, erklärte ihr Missgeschick als einen Zufall und ließ ihm die gute Kunde, wie sie meinte, von ihrem Wohlergehen zukommen. Nero verlor auf diese Nachricht hin jegliche Selbstbeherrschung, er behauptete, der Bote sei gekommen, um ihn zu ermorden, und bestrafte ihn entsprechend, dann aber entsandte er Anicetus mit seinen Seeleuten geradewegs zu seiner Mutter; er wollte nämlich ihre Ermordung nicht den Prätorianern überlassen. Als Agrippina die Männer sah, erkannte sie den Zweck ihres Kommens, sprang von ihrem Lager auf, riss ihr Gewand herunter und schrie, indem sie ihren Unterleib entblößte: ‚Hierher stoße, Anicetus, hierher; denn dieser Leib hat Nero geboren!'"[231]

Nero „wurde erst nach dem Abschluss des Verbrechens dessen Schwere bewusst. Den Rest der Nacht war er bald in Schweigen erstarrt, öfter fuhr er voller Angst in die Höhe und war zu keinem vernünftigen Gedanken fähig."[232] Nach Tacitus richteten nicht zuletzt Burrus und Seneca den Kaiser wieder auf. Burrus veranlasste die Prätorianer, Nero dazu zu gratulieren, dass er einem Anschlag seiner Mutter entgangen sei. Seneca, den Agrippina zehn Jahre zuvor aus seiner Verbannung erlöst hatte, legte dem Kaiser die passenden Worte in den Mund. Man versuchte, den Tod der Agrippina einem ihrer Freigelassenen anzulasten oder als Selbstmord hinzustellen, nachdem ihre Umsturzpläne aufgedeckt worden waren.[233]

Jedenfalls sei Agrippinas Tod ein Segen für den Staat: „Sie habe die Mitregentschaft angestrebt, habe gehofft, dass die Prätorianerkohorten den Treueid auf eine Frau leisteten, und die gleiche Schande dem Senat und dem Volk zugedacht. Nachdem sie sich hierin getäuscht sah, habe sie voller Empörung über Soldaten, Väter und Volk von einer Geldspende und Kornverteilung abgeraten und angesehenen Männern Prozesse angehängt. Wie viel Mühe habe es ihn persönlich gekostet durchzusetzen, dass sie nicht in die Kurie eindrang, dass sie ausländischen Völkern keine Bescheide erteilte! Auch für die Zeit des Claudius schob er in zweideutigen Anspielungen alle Schandtaten unter dessen Gewaltherrschaft auf seine Mutter und behauptete, es sei ein Glück für den Staat, dass sie ums Leben gebracht worden sei."[234]

Dementsprechend wurden Danksagungen beschlossen und als Nero nach dem Mord „an seiner Mutter Rom betrat, huldigte ihm das Volk in der Öffentlichkeit, im vertrauten Kreis jedoch, solange man wenigstens seine Gedanken ohne Gefahr aussprechen konnte, schmähten ihn die Leute voll Erbitterung. So hängten sie einmal nachts einen Ledersack an eines seiner Standbilder, um damit anzudeuten, dass er [als Muttermörder] hineingesteckt zu werden verdiene. Dann wieder setzten sie auf dem Forum ein Kleinkind aus, an dem ein Täfelchen mit der Aufschrift befestigt war: ‚Ich will dich nicht großziehen, damit du deine Mutter nicht umbringst.' [Vor Neros Einzug] stürzten sie die Standbilder Agrippinas um. Doch da gab es eines, das sie nicht rasch genug beseitigen konnten; so warfen sie ihm ein Kleidungsstück über, das den Eindruck erweckte, als verhülle es sich. Und alsbald verfasste jemand folgende Inschrift und heftete sie an das Standbild: ‚Ich fühle mich beschämt und du schämst dich nicht.'"[235]

Die Arvalbrüder opferten im Jahr 59 am 5. April der *Providentia*, der göttlichen Vorsehung, die Nero vor den Nachstellungen seiner Mutter gerettet hatte, eine Kuh und ebenso an seinem Geburtstag der *Felicitas*, dem Glück, das dem Kaiser im zu Ende gehenden Jahr zuteil geworden war.

Agrippinas Ermordung war nicht Neros letztes Verbrechen an seinen Angehörigen. „Dem Mord an seiner Mutter ließ er die Ermordung seiner Tante [Domitia] unmittelbar folgen. Als er die Tante, die auf Grund einer Verstopfung krank im Bett lag, besuchte, … gab er den Ärzten die Anweisung, der Kranken etwas mehr von den Abführmitteln zu verabreichen. Sie war noch nicht tot, da setzte er sich schon in den Besitz ihres Vermögens; ihr Testament unterschlug er, damit ihm nichts entgehe."[236]

Im Jahr 62 ließ er sich von seiner Gattin Octavia scheiden. „Er verbannte sie auch, schließlich ließ er sie unter dem Vorwurf, sie habe ihn mehrfach betrogen, ermorden. Dieser Vorwurf war schamlos und außerdem falsch."[237]

Zwölf Tage nach seiner Scheidung heiratete er seine langjährige Geliebte Poppaea, in der manche die treibende Kraft hinter Agrippinas Ermordung sehen. Nach der Geburt einer Tochter im Januar 63 erhielt sie den Titel *Augusta*. Zwei Jahre später „fand Poppaea den Tod bei einem zufälligen Wutanfall ihres Ehemanns, von dem die Schwangere mit einem Fußtritt schwer getroffen wurde".[238]

Im Jahr 68 eskalierte die Unzufriedenheit mit Neros Herrschaft. In verschiedenen Provinzen brachen Unruhen aus, Legionen fielen von ihm ab. Im Juni brachte eine gewaltige Bestechungssumme die Prätorianer dazu, Galba, den über 70-jährigen Statthalter der Provinz *Hispania citerior*, zum Kaiser auszurufen. Von seiner Leibwache im Stich gelassen, musste Nero mitten in der Nacht aus Rom fliehen. In einem Verschlag bei einer Villa vor den Toren Roms, in dem er sich verkrochen hatte, erfuhr er, dass ihn der Senat zum *hostis* erklärt hatte. Als ihm seine (wenigen) Begleiter sein Los im Falle einer Verhaftung in den dunkelsten Farben ausmalten, stieß sich Nero den Dolch in die Kehle.[239]

„Mit Nero starb das Geschlecht der Kaiser aus, die sich auf Caesar zurückführten."[240] Nach Sueton konnte dies niemanden überraschen, der die Zeichen zu lesen verstand und die Villa *Ad Gallinas* (siehe S. 26) kannte: „Es hatte sich eingebürgert, dass die Triumphatoren dort gleich wieder neue Lorbeersträucher pflanzten. Und man hat beobachtet, dass um die Zeit, wenn einer von ihnen sterben sollte, der von ihm gepflanzte Baum alle Kraft verlor. So auch im letzten Lebensjahr des Nero; ja sogar der ganze Wald vertrocknete dort bis auf die letzte Wurzel und alle Hühner gingen ein."

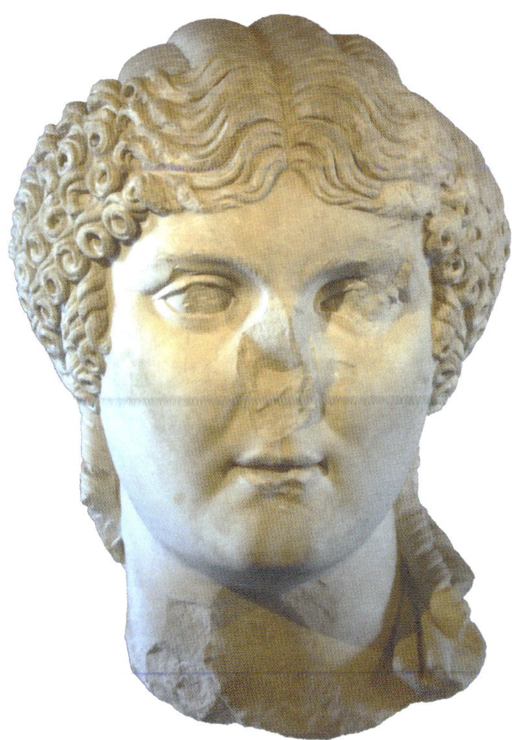

Abb. 25: Die jüngere Agrippina

Agrippinas Image hatte sich gut eine Generation später wohl gewandelt. Die in Abb. 25 gezeigte überlebensgroße Porträtbüste Agrippinas (sie misst vom Scheitel bis zum Kinn 57 cm) gehört zu den zahlreichen Porträts berühmter Verstorbener, die Kaiser Trajan auf seinem Forum vor imposanten Schilden anbringen ließ.[241] Vermutlich wollte Trajan durch die Ehrung Agrippinas den Römern deutlich machen, wie sehr sich sein wohlgeordnetes Familienleben von dem Neros abhob, der durch seine Morde in größtmöglicher Weise gegen die familiäre *pietas* verstoßen hatte.

2 Flavier und Adoptivkaiser

Auf Nero folgten die Kurzzeit-Herrscher Galba (Juni 68 bis Januar 69), Otho (Januar bis April 69) und Vitellius (Januar bis Dezember 69).

Von Galbas Mutter Mummia Achaica berichtet uns Sueton,[1] dass sie eine Enkelin des Konsulars Catulus war, der 63 v. Chr. bei der Wahl zum *pontifex maximus* dem 20 Jahre jüngeren Gaius Iulius Caesar unterlegen war (siehe S. 12), und eine Urenkelin des Lucius Mummius, der in die Annalen einging, weil er im Jahr 146 v. Chr. den Senatsbeschluss, Korinth zu zerstören, sehr gründlich erledigte. Galbas „Vater ist Konsul gewesen; obwohl er körperlich klein geraten war, einen Buckel hatte und auch nur über eine mäßige Fähigkeit verfügte, sich auszudrücken, führte er eifrig Prozesse." Nach Mummia heiratete Galbas Vater „die steinreiche und schöne" Livia Ocellina, die Galba adoptierte.

Von Othos Mutter Albia Terentia teilt uns Sueton lediglich mit, dass sie aus einer angesehenen Familie stammte.[2]

Etwas mehr erfahren wir von Sextilia, der Mutter des Vitellius, die Tacitus eine Dame vom alten Schlag nennt.[3] Als ihr Sohn sich in seinem ersten Brief, den er ihr als Kaiser schickte, mit seinem neuen Beinamen Germanicus vorstellte, „habe sie sogar gesagt, so erzählte man sich, nicht ein Germanicus, sondern ein Vitellius sei von ihr geboren worden. Sie ließ sich auch später durch keine Verlockungen des Glücks oder Huldigungen der Bevölkerung zu Äußerungen von Freude bewegen und bekam so nur das Unglück ihres Hauses zu spüren." Augenscheinlich half es auch nicht, dass ihr der Sohn noch am Tag seines Einzugs in Rom den Titel *Augusta* verlieh. Sextilia starb wenige Tage vor ihrem kaiserlichen Sohn, musste also wenigstens nicht miterleben, wie er durch Rom getrieben und zuletzt „bei den Gemonien durch lauter kleine Stiche zu Tode gefoltert und seine Leiche mit einem Haken in den Tiber geschleift wurde".[4]

Bei den Flaviern, die danach für 27 Jahre regierten, ist der Befund durchwachsen. Während wir von Vespasia Polla, der Mutter des Kaisers Vespasian (69–79), einiges erfahren (mehr dazu im nächsten Abschnitt), wissen wir von seiner früh verstorbenen Gattin Flavia Domitilla, also der Mutter der Kaiser Titus (79–81) und Domitian (81–96), lediglich, dass sie nur das latinische Bürgerrecht besaß, aber später zur frei geborenen römischen Bürgerin erklärt wurde. „Mit ihr hatte Vespasian drei Kinder: Titus, Domitian und Domitilla. Er überlebte Gattin und Tochter; beide verlor er, als er noch Privatmann war."[5] Titus, der ältere Sohn, kam Ende 39 „in einem armseligen Haus, in einem wirklich sehr kleinen und dunklen Zimmer"[6] zur Welt. Als gut 10 Jahre später Domitian geboren wurde, hatte Vespasian Karriere gemacht und stand kurz vor seinem ersten Konsulat.[7] Die Abb. 26 zeigt einen Aureus, den Domitian in den Anfangsjahren seiner Herrschaft prägen ließ, um die obskuren Anfänge der *gens Flavia*[8] durch vergöttlichte Eltern überstrahlen zu lassen.[9]

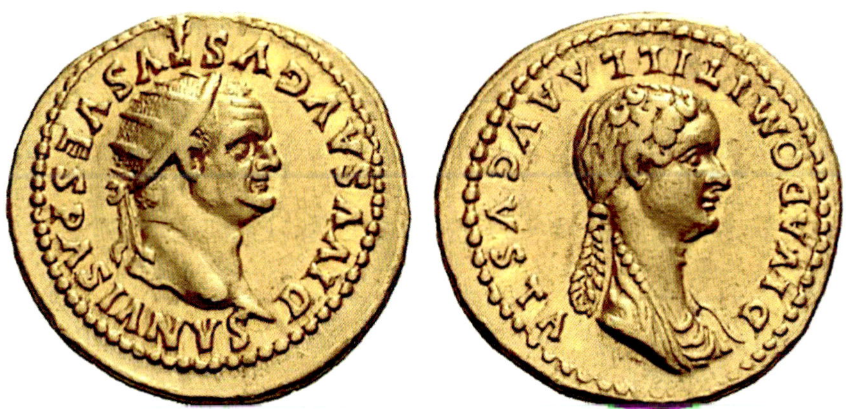

Abb. 26: Divus Augustus Vespasianus und Diva Domitilla Augusta

Seine Mutter trägt auf der Münze sogar den Titel *Augusta*, den sie – wegen ihres frühen Todes – zu Lebzeiten nie führte.

Von Sergia Plautilla, der Mutter des Kaisers Nerva (96–98), kennen wir lediglich den Namen.[10] Bei der Mutter des ersten Adoptivkaisers Trajan (98–117) ist nicht einmal der gesichert. Da Trajan eine Schwester namens Ulpia Marciana hatte, vermutet man, dass sie Marcia hieß. Von Domitia Paulina, der Mutter seines Nachfolgers Hadrian (117–138), wird lediglich ihre Herkunft aus Gades, dem heutigen Cádiz, erwähnt.[11]

Auch was man über Arria Fadilla, die Mutter des Antoninus Pius (138–161), weiß, ist schnell erzählt. Sie stammte aus bestem Hause (ihr Vater war zweifacher Konsul) und war sehr wohlhabend. Wie zahlreiche Ziegelinschriften belegen, besaß sie eine große, gut gehende Ziegelbrennerei.[12]

Bei der Mutter des Lucius Verus (161–169), den Mark Aurel (161–180) am Tag seines Regierungsantritts zum *Augustus* und Mitherrscher machte, ist man über die Vermutung, sie könne Avidia Plautia geheißen haben, nicht hinausgekommen.[13] Mit den Müttern des Philosophenkaisers Mark Aurel und seines völlig andere Interessen zeigenden Sohns Commodus (180–192) werden wir uns im Folgenden näher befassen.

Zwischen einem Adoptivsohn und der Gattin seines Adoptivvaters bestand nach römischem Recht keine verwandtschaftliche Beziehung. Daher ist der in Abb. 27 gezeigte Aureus, den Hadrian am Beginn seiner Regentschaft prägen ließ, bemerkenswert. Mit ihm ehrt er seine „Adoptivmutter“, Trajans Gattin Plotina, und seine Schwiegermutter, Trajans Schwester Matidia. Die Prägung erklärt sich aus der wohl entscheidenden Rolle, die Plotina bei der (umstrittenen) Adoption Hadrians durch Trajan spielte.[14] Nach ihrem Tod ließ Hadrian die beiden *Augustae* divinisieren.

Die Quellenlage verschlechtert sich in diesem Kapitel erheblich. Die im Jahr 69 einsetzenden *Historien* des Tacitus sind großenteils verloren und brechen schon im Jahr 70 ab; Suetons Werk *De vita Caesarum* endet mit dem Jahr 96. Daher werden wir verstärkt auf Cassius Dio zurückgreifen.

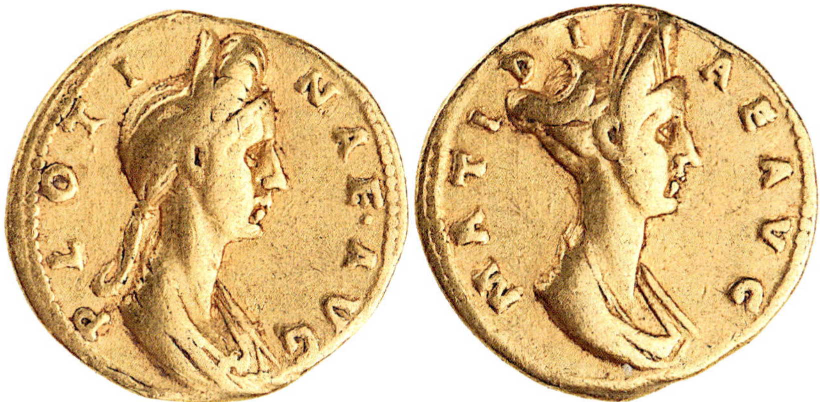

Abb. 27: Hadrians „Adoptivmutter" und Schwiegermutter

Auch die mit Kaiser Hadrian beginnende und mit der Machtübernahme Diocletians endende *Historia Augusta* (*Kaisergeschichte*, künftig durchgehend mit HA abgekürzt) wird zunehmend eine wichtige Rolle spielen. Entstehungszeit und Autorschaft der HA werden durch die Nennung verschiedener Autoren und die fiktive Anrede angeblich zeitgenössischer Kaiser verschleiert. Die überwiegende Mehrheit der Historiker geht heute davon aus, dass das Werk irgendwann zwischen 360 und 525 von einem einzelnen nichtchristlichen Autor verfasst wurde. Ihr historischer Gehalt ist umstritten, die Literatur dazu schier unüberschaubar. Als relativ glaubwürdig gelten die (uns vor allem interessierenden) frühen Viten bis Severus Alexander (wenn man von den Biografien des Macrinus, der Nebenkaiser – wie Geta – und der Usurpatoren absieht).

Einige ergänzende Informationen liefert der vermutlich um 320 in Nordafrika geborene nichtchristliche Autor Aurelius Victor. Sein *Liber de Caesaribus* enthält eine kurzgefasste Geschichte der römischen Kaiser von Augustus bis Constantius II. Trotz mancher Fehler und willkürlich erscheinender Stoffauswahl steuert das Werk interessante Details bei.

2.1 Ehrgeizig – Vespasia Polla und Vespasian

Über Vespasians Mutter Vespasia Polla lesen wir bei Sueton: „Polla stammte aus einer vornehmen Familie in Nursia [dem heutigen Norcia]. Zum Vater hatte sie den dreimaligen Militärtribunen und Lagerpräfekten Vespasius Pollio, zum Bruder einen Senator im Rang eines ehemaligen Prätors. Kommt man von Nursia nach Spoletium [heute Spoleto], so liegt beim sechsten Meilenstein auf dem Gipfel eines Bergs auch ein Ort, der Vespasiae heißt; dort stehen noch einige Denkmäler der Vespasier, ein wichtiger Hinweis auf Ansehen und Alter der Familie."[15] Ihr Vater gehörte also dem Ritterstand an und machte in der Armee Karriere. In drei Legionen war er als Militärtribun Stabsoffizier und stieg danach zum *praefectus castrorum* auf, dem dritthöchsten Offizier und ranghöchsten Ritter einer Legion. Ihr Bruder hatte es als *homo novus* (Neuling), als Mann ohne senatorische

Vorfahren, in den Senat geschafft und die Prätur erreicht. Damit war Polla für den Ritter Flavius Sabinus, der als erster seiner Familie den Ritterstatus erlangt hatte, eine gute Partie. „In der Provinz *Asia* trieb er als Steuereinnehmer den Vierzigsten ein. Davon zeugen heute noch Statuen, die ihm Bürgerschaften aufgestellt haben, mit folgender Basisaufschrift: ‚Dem rechtschaffenen Zöllner'. Später betrieb er bei den Helvetiern ein Bankgeschäft; dort ist er auch gestorben."

Das Paar hatte drei Kinder, über die der folgende Mythos erzählt wurde: „Auf dem Landgut der Flavier nahe bei Rom brachte eine alte Eiche, die dem Mars geweiht war, bei jeder der drei Geburten der Vespasia am Stammende plötzlich einen Zweig hervor, zweifellos als Zeichen für das Schicksal eines jeden Kindes: Zuerst war es ein schwacher und schnell verdorrender Zweig und so überlebte das Mädchen, das sie gebar, das erste Jahr nicht; der zweite Zweig war überaus stark und weit verästelt, er sollte großes Glück voraussagen; der dritte Zweig aber war so groß wie ein Baum. Deshalb soll sein Vater Sabinus, in seiner Meinung noch durch einen Opferschauer bestärkt, seiner Mutter gemeldet haben, ihr sei ein Enkel geboren, der einst Kaiser würde. Sie aber habe nur schallend gelacht und sich gewundert, dass ihr Sohn bereits verblöde, während sie noch aller Sinne mächtig sei."[16]

Was seine Gattin Vespasia Polla über diese Prophezeiung dachte, wissen wir nicht. Vielleicht stachelte sie ihren Ehrgeiz an. Denn nachdem ihr Bruder die Aufnahme in den Senat geschafft hatte, strebte sie für die eigene Familie ebenfalls nach senatorischem Rang. Diesen brachte ihr Erstgeborener, der um das Jahr 8 geborene Flavius Sabinus, der wohl noch unter Kaiser Tiberius den Sprung in den Senat schaffte und im Jahr 47 unter Kaiser Claudius sogar das Konsulat erreichte.

Mit ihrem am 17. November 9 geborenen zweiten Sohn Flavius Vespasianus war Polla weniger zufrieden. Es sah nicht danach aus, dass er „so stark wie ein Baum würde". Denn „nachdem er die *toga virilis* angelegt hatte, verschmähte er noch lange den breiten Purpurstreifen [eines Senators], obwohl sein Bruder ihn bereits erlangt hatte. Nur durch seine Mutter ließ er sich dazu bewegen, dem Bruder darin nicht länger nachzustehen. Dabei hat sie ihn zuletzt mehr durch Schelten als durch Bitten oder ihre mütterliche Autorität angetrieben, indem sie ihn wiederholt als Lakaien [*anteambulo*; wörtlich: der seinem Patron auf der Straße vorangehende und ihm Platz verschaffende Diener oder Klient] seines Bruders beschimpfte."[17]

Auch als er 35/36 nach seiner Tätigkeit als Quästor in der Provinz *Creta et Cyrenae* in den Senat eingezogen war, betrieb er die weitere Karriere ohne große Ambitionen. Bei der Bewerbung um das Amt des Ädilen fiel er im ersten Anlauf durch, bei der zweiten reichte es gerade zum sechsten und damit letzten Platz. Die mit diesem Amt verbundenen Aufgaben erfüllte er mehr schlecht als recht. Sogar Kaiser Caligula war darüber aufgebracht, „dass Vespasian sich als Ädil nicht um die Säuberung der Straßen kümmerte. Er ließ Soldaten den Dreck zusammentragen und damit den Bausch seiner Amtstoga füllen."[18]

Trotzdem wurde Vespasian noch unter Kaiser Caligula im Jahr 40 Prätor. Vespasians Dank dafür nahm nach Caligulas „Erfolgen" in Germanien (die darin gipfelten, als Sieg über den Ozean am Strand Muscheln zu sammeln[19]) teilweise peinliche Ausmaße an: „Um

Caligula, dem der Senat verhasst war, für sich zu gewinnen – ganz gleich auf welche Weise –, forderte er als Prätor für dessen Sieg in Germanien außerordentliche Spiele. Ferner beantragte er, die Strafe von Verschwörern dadurch zu verschärfen, dass man sie unbeerdigt liegen lasse. Dem Caligula sprach er zudem vor dem Senat seinen Dank dafür aus, dass er ihn für würdig befunden habe, mit ihm zu speisen."[20] Auch Vespasians Mutter trug ihren Teil dazu bei, Caligula zu schmeicheln. Sie stellte im Atrium ihres Hauses in Spoleto eine Statue oder Büste des Kaisers auf.[21]

Entscheidend voran brachte Vespasians Karriere aber Kaiser Claudius, bei dessen Feldzug in Britannien er seine militärischen Fähigkeiten unter Beweis stellen konnte. Er erhielt dafür im Jahr 44 die *ornamenta triumphalia*, die Triumphalabzeichen, und damit die höchste Auszeichnung, die ein Kaiser zu dieser Zeit verleihen konnte. Im Jahr 51 wurde er schließlich Konsul. Für einen Aufsteiger aus dem Ritterstand war dies der frühestmögliche Zeitpunkt.

Unter Nero geriet Vespasians Laufbahn ins Stocken. Vor allem Agrippina hatte wohl Vorbehalte gegen ihn. Zum einen war er von Narcissus gefördert worden,[22] der versucht hatte, ihre Heirat mit Claudius zu verhindern; zum anderen dürfte die von Caligula verbannte Agrippina Vespasian sein devotes Verhalten gegenüber diesem Kaiser nicht verziehen haben.

Wie weit Vespasians Mutter seinen Werdegang mitverfolgen konnte, wissen wir nicht. Seinen Griff nach dem Kaiserthron erlebte sie jedenfalls nicht mehr. Auch von Ehrungen des Kaisers für seine Mutter berichten die Quellen nichts. Näher stand ihm wohl Tertulla, seine Großmutter väterlicherseits, bei der er aufwuchs. „Er pflegte die Erinnerung an seine Großmutter so sehr, dass er an Feier- und Festtagen darauf beharrte, auch aus ihrem silbernen Becher zu trinken."[23]

2.2 Vorbildlich – Domitia Lucilla und Mark Aurel

Mark Aurels Mutter Domitia Lucilla wurde Ende August circa 103 geboren (siehe zum Folgenden die Stammtafel auf S. 84). Sie hatte von ihrer gleichnamigen Mutter ein beträchtliches Vermögen geerbt. Die Umstände, unter denen die ältere Domitia Lucilla an ihr üppiges Erbe gekommen war, machten in Rom die Runde, wie ein langer Brief des jüngeren Plinius[24] zeigt. Zahlreich gefundene Ziegelstempel[25] belegen, dass die Fabrikation der im expandierenden Rom dringend benötigten Ziegel wesentlich zu diesem Vermögen beitrug und die jüngere Lucilla eine zentrale Rolle in diesem Geschäft spielte: „Die wichtigste Einzelperson im sozialen Netzwerk der Ziegelindustrie, die Person, die genau in der Mitte saß, war Domitia Lucilla, Mutter von Marcus Aurelius."[26]

Lucillas Vater Publius Calvisius war zweimaliger Konsul.[27] In seinem Haus verkehrte der in Athen aufgewachsene berühmte Redner Herodes Atticus,[28] was Lucillas Liebe zur griechischen Sprache und Kultur geweckt haben dürfte (siehe unten).

Um 120 heiratete die jüngere Lucilla Annius Verus, dessen gleichnamiger Vater als dreimaliger Konsul und langjähriger *praefectus urbi* ein enger Vertrauter Hadrians war. Das

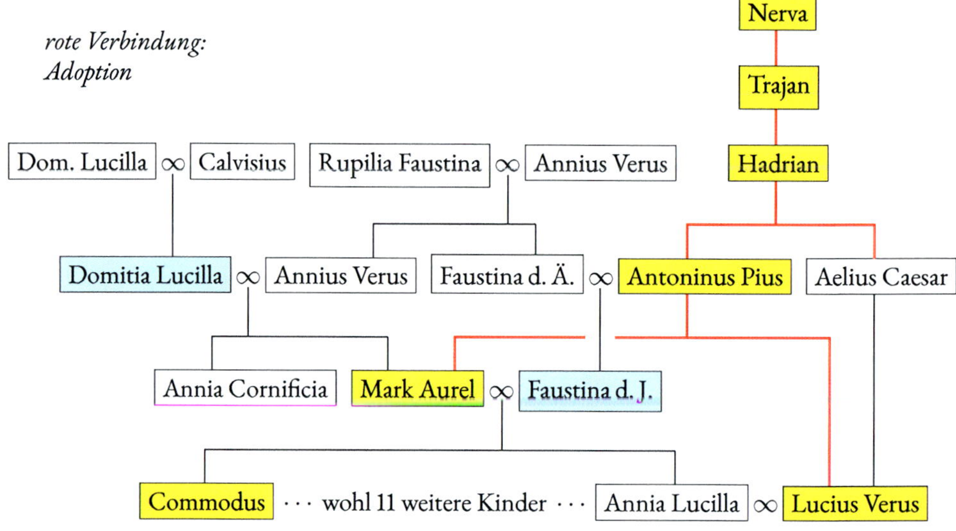

Abb. 28: Adoptivkaiser

Paar hatte zwei Kinder. Den am 26. April 121 geborenen Sohn kennt man unter dem Namen Marcus Aelius Aurelius Verus oder kurz Mark Aurel, den er als 16-Jähriger nach seiner Adoption durch Antoninus Pius erhielt. Um Verwirrungen zu vermeiden, werden wir ihn durchgängig so nennen. 122/123 kam seine Schwester Annia Cornificia auf die Welt. Der Vater der beiden Kinder starb sehr früh während seiner Prätur, die er wohl 124 bekleidete.[29] Mark Aurel kannte ihn also kaum. Lucilla heiratete nach dem Tod ihres Gatten nicht mehr. Die Kinder wuchsen nun bei ihrer Mutter und dem oben kurz vorgestellten Großvater väterlicherseits auf.

In Mark Aurels Selbstbetrachtungen lesen wir: „Ich schreite vorwärts in meinem naturgemäßen Lauf, bis ich hinsinke und ausruhe und meinen Geist in dasselbe Element aushauche, aus dem ich ihn täglich einatme, und zur Erde zurückkehre, von der mein Vater ein bisschen Sperma, meine Mutter ein bisschen Blut und meine Amme ein bisschen Milch erhielt, von der ich täglich so viele Jahre hindurch Speise und Trank empfange, die mich trägt, während ich sie mit Füßen trete und so vielfach missbrauche."[30] Diesem Satz ist zu entnehmen, dass Mark Aurel (mit Aristoteles) den Beitrag der Mutter bei seiner Zeugung gering schätzte, dass er von einer Amme gestillt worden war und dass er die (Um-)Welt achtete.

Im Jahr 136 erhielt Mark Aurel die *toga virilis*. „Nicht viel später war er für die Dauer der *Feriae Latinae praefectus urbi*. In diesem Amt glänzte er bei der Vertretung der Magistrate wie bei den Gastmählern des Kaisers Hadrian. Als ihn später seine Mutter [wohl anlässlich der Hochzeit ihrer Tochter] bat, seiner Schwester einen Teil seines väterlichen Erbes abzutreten, überließ er es ihr insgesamt. Er sagte, er begnüge sich mit dem Vermögen seines Großvaters, und fügte noch hinzu, dass auch die Mutter – sofern sie es wolle – seinen Erbteil auf die Schwester übertragen könne, damit sie nicht ärmer sei als ihr Gatte."[31]

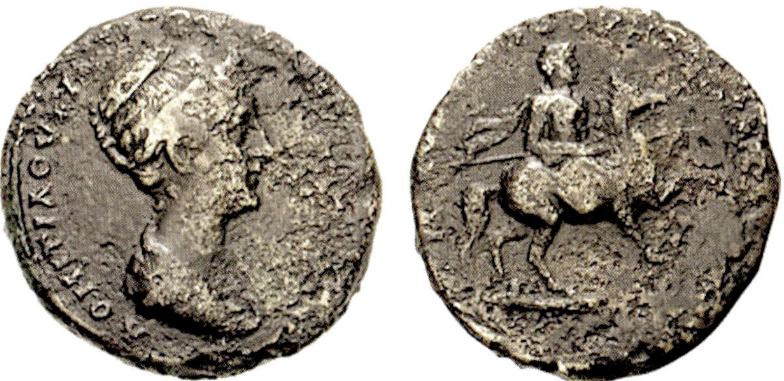

Abb. 29: Domitia Lucilla

Die beiden Geschwister scheinen sich also gut verstanden zu haben, wozu wohl auch deren Mutter beigetragen hat.

Den *Namen* Caesar hatte der erste Kaiser von seinem Adoptivvater geerbt und seinerseits an seine (adoptierten) Nachkommen weitergegeben. Später wurde er Teil der offiziellen Kaisertitulatur, Hadrian machte ihn schließlich zum *Titel* des designierten Nachfolgers. Da der von Hadrian ursprünglich dafür vorgesehene Aelius Caesar vor seinem Adoptivvater starb, adoptierte Hadrian im Februar 138 – wenige Monate vor seinem Tod – Antoninus und designierte ihn als Caesar Antoninus zu seinem Nachfolger. Antoninus musste seinerseits den knapp 17-jährigen Mark Aurel und den Sohn Lucius Verus des (ursprünglich als Nachfolger gewünschten) Aelius Caesar adoptieren. Es spricht vieles dafür, dass Hadrian in dem 51-jährigen Antoninus lediglich eine Übergangslösung sah. Dass er als Antoninus Pius fast 23 Jahre regieren würde, Mark Aurel also schon fast 40 Jahre alt sein würde, als er die Herrschaft übernahm, war nicht abzusehen.

Antoninus Pius war mit Faustina – zur Unterscheidung von ihrer gleichnamigen Tochter die Ältere oder Faustina mater genannt – verheiratet, einer Schwester von Mark Aurels Vater. Mark Aurels „Adoptivmutter" war also gleichzeitig seine Tante. Trotz der neuen Verwandtschaft blieb Mark Aurels Verhältnis zu seiner (leiblichen) Mutter eng, was wohl auch daran lag, dass Faustina die Ältere bereits im Oktober 140 und sein Großvater Annius Verus schon im Jahr seiner Adoption starb.

Mark Aurel charakterisiert in seinen Selbstbetrachtungen seine Mutter so: „Meine Mutter war mir durch ihre Frömmigkeit und Wohltätigkeit ein Vorbild; ich bemühte mich, ihr gleichzukommen und das Böse weder zu tun noch auch nur zu denken und wie sie einfach und mäßig zu leben, weit entfernt von dem gewöhnlichen Luxus der Großen."[32] Lucillas Verhalten scheint sich also von großen Teilen der Oberschicht unterschieden zu haben, was angesichts ihres großen Vermögens bemerkenswert ist.

Wir sehen Domitia Lucilla in Abb. 29 auf dem Avers einer extrem seltenen, im bithynischen Nicaea geprägten Münze. Ihr geflochtenes Haar wird vom Hinterkopf ausgehend auf dem Scheitel in einem Nest gesammelt. Auf dem Revers galoppiert ihr Sohn Mark Aurel als *Caesar* (griechisch KAICAP, auf der vorliegenden Münze nicht zu erkennen) mit angelegter Lanze nach rechts.

Etwas näher bringen uns Domitia Lucilla die zahlreichen Briefe, die Marcus Cornelius Fronto, der vertrauteste Lehrer und Erzieher Mark Aurels, hinterlassen hat. Obwohl Fronto fast jeden Brief an seinen Schüler mit der Bitte schließt, Lucilla von ihm Grüße zu bestellen und umgekehrt in Briefen Mark Aurels an seinen Lehrer „meine Mutter grüßt dich“[33] zu lesen ist, bleibt allerdings vieles formelhaft.

Zumindest zeigen die beiden umfangreichen Briefe in griechischer Sprache, die Fronto an die etwa 10 Jahre jüngere Lucilla richtete, dass sie eine gebildete, vielseitig interessierte Frau mit einem ausgeprägten Hang zur griechischen Kultur und Literatur war. Den ersten Brief legte er einem Schreiben an Mark Aurel bei, in dem er seinen Schüler bat, etwaige Fehler zu korrigieren, bevor er den Brief seiner Mutter übergebe, damit er sich nicht durch grobe Schnitzer blamiere und als ungebildet dastehe.[34] Natürlich schrieb Fronto diesen Satz auch, um seinem Schüler zu schmeicheln. Schließlich kümmerten sich drei Lehrer – darunter Herodes Atticus – um die Griechischkenntnisse des Thronfolgers (Fronto selbst war für das Lateinische zuständig).[35] Doch ginge diese Bitte ins Leere, wenn Lucilla nicht durch ihr gepflegtes Griechisch aufgefallen wäre. Fronto schloss seinen Brief an Mark Aurel mit den Worten: „Gib deiner Mutter einen Kuss, wenn du ihr meinen Brief gibst, damit sie ihn mit noch größerem Vergnügen liest.“

Wie herzlich das Verhältnis zwischen Lucilla und Fronto war, zeigt am besten der zweite griechische Brief, den Fronto Ende August 142 als Konsul an Mark Aurels Mutter schrieb, die in Neapel ihren Geburtstag feierte:[36] „Für mich ist dieses Amt ein Klotz am Bein. Es bleiben nämlich nur noch wenige Tage in diesem Amt und die sind mehr denn je mit Pflichten angefüllt. Wenn ich es los bin, werde ich weit entschlossener zu dir laufen als die Läufer auf der Rennbahn. Denn diese werden nach einem kurzen Verweilen am Start ins Rennen geschickt, während ich schon seit diesen zwei Monaten davon abgehalten werde, zu dir zu laufen.“[37]

Da Fronto in Rom festsitzt, muss er sich mit einer überschwänglichen Würdigung von Lucillas Vorzügen begnügen. „Eigentlich sollten von überall her die Frauen zusammenströmen und deinen Geburtstag mitfeiern, an erster Stelle jene, die ihre Gatten und ihre Kinder lieben und maßvoll leben, an zweiter jene, die sich nicht verstellen und nicht lügen. Als dritte Gruppe sollten die Nachsichtigen, die Umgänglichen, die Freundlichen, die Bescheidenen mitfeiern. Und viele weitere Scharen von Frauen sollten kommen, die einen deiner lobenswerten Vorzüge mit dir teilen, während du alle Vorzüge und Kenntnisse, in denen sich eine Frau hervortun kann, besitzt und dich darauf verstehst.“ Dann wäre zu sehen, dass Lucilla alle anderen Frauen ebenso überrage wie Athene als Herrin aller Künste die Musen, die jeweils nur mit einer Kunst vertraut sind.

Doch anscheinend kamen die meisten Besucher eher, um sich Lucillas Wohlwollen zu sichern und so leichter Zugang zum kaiserlichen Hof zu bekommen. Fronto fährt nämlich fort, dass er, wenn er Türsteher wäre, keinen dieser Heuchler, die „eine Sache im Herzen verbergen und etwas anderes sagen“,[38] einlassen würde. Hätte Lucilla keinen Einfluss am

Hof gehabt, wären diese nicht zu ihr geeilt – und Fronto hätte keine entsprechende Bemerkung gemacht.

In einem um 146 geschriebenen Brief des Mark Aurel an Fronto erfahren wir von den Tücken eines Aufenthalts auf einem Landgut und erleben Lucilla als um ihre Kinder besorgte Mutter. „Meine Schwester [Annia Cornificia] wurde plötzlich von starken Schmerzen im Unterleib so ergriffen, dass ihr schmerzverzerrtes Gesicht nicht anzuschauen war. Beim ängstlichen Hin- und Herlaufen unvorsichtig geworden, stieß meine Mutter mit der Seite an eine Wandecke. Dieser Schlag brachte sie und uns gewaltig aus der Fassung. Als ich schließlich schlafen ging, entdeckte ich im Bett einen Skorpion. Doch ich überraschte ihn und konnte ihn erschlagen, bevor ich mich hinlegte. Wenn es dir besser ergeht, tröstet es mich. Der Mutter geht es schon wieder besser. Den Göttern sei Dank!“[39]

Während der langen Regentschaft des Antoninus Pius kursierten in Rom zweifellos Scherze über die schier endlose Wartezeit des Thronfolgers. Auch der Konsular Valerius Homullus, der für seine lose Zunge bekannt war, lieferte einen Beitrag. Als er sah, wie Lucilla im Garten vor einem Bildnis Apollos betete, habe er Antoninus zugeflüstert: „Sie bittet nun, dass du deine Tage beschließt und ihr Sohn herrsche.“[40] Dem Kaiser war diese Äußerung nur einen missbilligenden Blick wert.

Domitia Lucilla erlebte die Machtübernahme ihres Sohns am 7. März 161 nicht mehr. In einem Brief Mark Aurels, den Haines auf die Jahre 154–156 datiert, spricht Mark Aurel von der Schwäche (*infirmitas*) seiner Mutter, die ihm keine Ruhe lasse.[41] Es könnte sich dabei um die Krankheit gehandelt haben, die zu ihrem Tod führte.[42] In Mark Aurels Selbstbetrachtungen lesen wir: „Ich danke den Göttern, … dass meine Mutter, wiewohl sie jung sterben musste, dennoch ihre letzten Jahre bei mir zubringen konnte.“[43]

2.3 In Verruf gebracht – Die jüngere Faustina und Commodus

Die Adoptivkaiser Trajan, Hadrian, Antoninus Pius, Mark Aurel und Lucius Verus brachten dem *Imperium Romanum* inneren Frieden und eine prosperierende Wirtschaft. Die römischen Bürger mussten den Eindruck gewinnen, dass „Adoption den jeweils besten Mann findet“.[44] Allerdings hatte dieses Auswahlprinzip nur so lange eine Chance, wie die Kaiser keine Söhne hatten. Der oft als Philosophenkaiser apostrophierte Mark Aurel zögerte keinen Moment, die Herrschaft an seinen Sohn Commodus zu übergeben. Bereits mit 16 Jahren machte er ihn zum *Augustus* und Mitregenten, obwohl er für dieses Amt wenig geeignet schien.[45]

Mit Commodus, der am 17. März 180 die Macht übernahm, begann der Abstieg „von einem goldenen zu einem eisernen und rostigen Kaisertum“[46] – spätestens, als sich Commodus als neuer Herkules präsentierte und dessen „Löwenhaut und Keule vor sich her tragen ließ“.[47] Abb. 30 zeigt eine entsprechende um 191/192 entstandene Marmorbüste, die in den Kapitolinischen Museen zu bestaunen ist. Commodus trägt über dem Kopf das Fell des Nemeischen Löwen, dessen vordere Pranken über der Brust verknotet sind. In der linken Hand trägt er die Äpfel der Hesperiden, in der rechten eine Keule. Die Büste

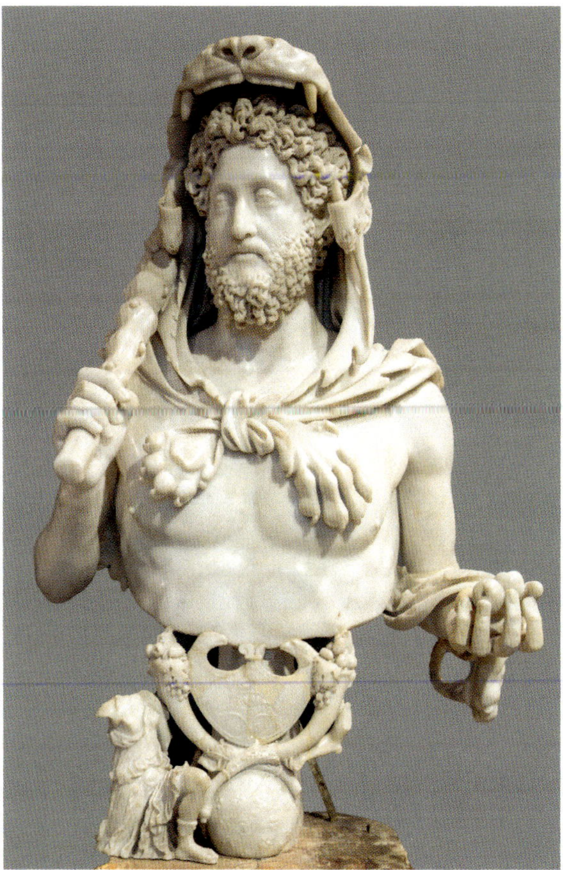

Abb. 30: Commodus als Herkules

schwebt geradezu auf einem Sockel aus zwei gekreuzten Füllhörnern, die ursprünglich an jeder Seite von einer Amazone gehalten wurden und unten eine Kugel, auf der Sterne zu erkennen sind, umfassen.

Die Geschichtsschreiber hatten die Frage zu beantworten, wie der Sohn Mark Aurels so aus der Art schlagen konnte. Die einfachste Antwort darauf lautet: Er ist nicht Mark Aurels Sohn, sondern stammt aus einem Seitensprung seiner Gattin, der jüngeren Faustina. Die HA unterrichtet uns über die diesbezüglichen Gerüchte ausführlich: „Manche sagen, was auch plausibel scheint, dass Commodus, sein Nachfolger und Sohn, nicht von ihm, sondern aus einem Ehebruch stamme; sie verbinden diese Aussage mit einem weitverbreiteten Gerücht. Als Faustina, die Tochter des Pius und Gattin des Marcus, einmal Gladiatoren vorbeigehen sah, entbrannte sie in Liebe zu einem von ihnen; danach, als sie lange an dieser Krankheit litt, gestand sie ihrem Mann ihre Leidenschaft. Als Marcus dies den Chaldäern berichtete, sei ihr Rat gewesen, dass der Gladiator getötet werden, Faustina in seinem Blut baden und sie so mit ihrem Mann schlafen sollte. Als dies geschehen war,

war sie zwar von diesem Verlangen befreit, doch Commodus kam als Gladiator zur Welt, nicht als *princeps*; denn als *Imperator* focht er vor den Augen des Volks an die tausend Gladiatorenkämpfe … Dies ist auch deshalb glaubwürdig, weil der Sohn eines so tugendhaften *princeps* Eigenschaften hatte, die kein Gladiatorentrainer, kein Schauspieler, kein Kämpfer in der Arena, keiner schließlich von allen Ehrlosen und Verbrechern an Unrat besaß. Auch berichten viele, Commodus sei ganz und gar Folge eines Ehebruchs, da allgemein bekannt sei, dass Faustina bei Caieta [dem heutigen Gaeta] Verhältnisse mit Seeleuten und Gladiatoren gehabt habe.“[48]

Dass Commodus einen Zwillingsbruder hatte, verstärkte den Verdacht der Untreue. Denn Zwillinge konnten nach damaliger Vorstellung zwei Väter haben. So erwähnt der ältere Plinius eine „Magd, die nach einem doppelten Beischlaf an ein- und demselben Tag ein Kind, das ihrem Herrn, und ein zweites, das dessen Verwalter ähnlich sah, zur Welt brachte“.[49] Ob der Zwillingsbruder mehr von Mark Aurel hatte, bleibt ein Geheimnis, da er nur vier Jahre alt wurde.

Damit war Faustinas Ruf ruiniert – und der ihrer gleichnamigen Mutter gleich mit. Denn irgendwoher musste die Tochter aus gutem Hause ihren unsoliden Lebenswandel ja haben. Gemessen an der an einen Groschenroman erinnernden Episode über die Tochter äußert sich die HA über ihre Mutter vergleichsweise zurückhaltend: Die Gattin des Antoninus Pius „gab durch allzu freies und lockeres Leben Anlass zu viel Gerede, das der Kaiser blutenden Herzens unterdrückte“.[50] Vor dem Hintergrund des in der HA reichlich verbreiteten Klatsches heißt dies wohl, dass nirgends Gerüchte über sie zu finden waren. Insgesamt kann man daher die Anschuldigungen als untauglichen Versuch sehen, Mark Aurel vom Vorwurf, er trüge die Verantwortung für das Ende der glücklichen Zeit der Adoptivkaiser, freizusprechen.

Sammeln wir die Fakten (siehe dazu auch die Stammtafel auf S. 84). Die jüngere Faustina kam um das Jahr 130 zur Welt und war das einzige Kind der älteren Faustina und des Antoninus Pius, das bei seinem Herrschaftsantritt im Jahr 138 noch lebte. Um zu verhindern, dass sein Vermögen nach seinem Tod an einen nicht zur Familie gehörenden Nachfolger falle, übertrug Antoninus Pius vor der Machtübernahme „sein Privatvermögen seiner Tochter, die erzielten Erträge aber schenkte er dem Staat“.[51]

Wie nahe Antoninus seine Tochter stand, zeigt ein wohl im Jahr 143 an Fronto geschriebener Brief, in dem sich der Kaiser für eine Rede Frontos bedankt. „Jener Teil deiner Rede, in dem du so überaus freundlich meine Faustina gerühmt hast, schien mir so wahr wie wohlgesetzt. Denn es verhält sich so: Ich würde lieber mit ihr auf [der als Verbannungsort gefürchteten Kykladeninsel] Gyaros als ohne sie im Palast leben.“[52]

Nach der Regierungsübernahme löste Antoninus Pius die von Hadrian arrangierte Verlobung Mark Aurels und verlobte ihn mit seiner eigenen Tochter. Wenig später erhielt Mark Aurel den Titel *Caesar*.[53] Im Frühjahr 145 heirateten die jüngere Faustina und Mark Aurel. Anlässlich der äußerst aufwändig gefeierten Hochzeit gab es sogar Geldgeschenke für die Soldaten und das Volk.[54] Passenderweise begann dieses Jahr mit dem gemeinsamen Konsulat des Antoninus Pius und des Mark Aurel.

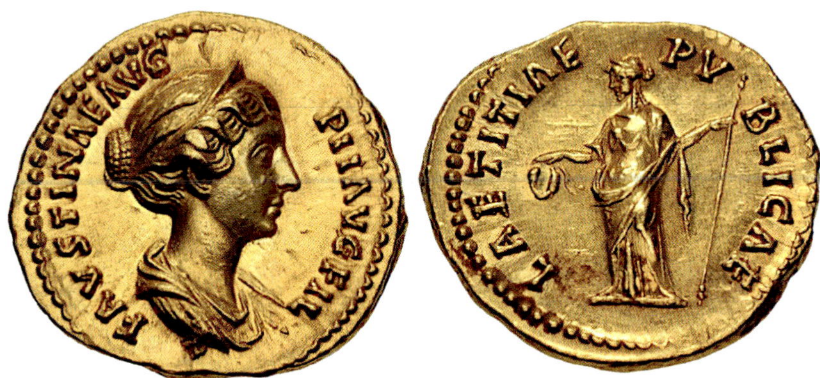

Abb. 31: Faustina filia

Das Paar bekam mindestens elf, wahrscheinlich sogar dreizehn Kinder, von denen aber nur wenige das Erwachsenenalter erreichten. Zwei dieser Kinder machten Karriere – und die jüngere Faustina zur Schwiegermutter und Mutter eines Kaisers. Am 1. Dezember 147, einen Tag nach der Geburt ihres ersten Kindes, wurde die jüngere Faustina zur *Augusta* erhoben – obwohl ihr Gatte lediglich den Titel *Caesar* trug. Nach der älteren Faustina, die seit dem Jahr 138 ebenfalls diesen Titel getragen hatte und noch an ihrem Todestag als *Diva* vergöttlicht worden war, gab es nun wieder eine *Augusta* am Kaiserhof. Einen Aureus, den Antoninus Pius der neuen *Augusta* widmete, sehen wir in Abb. 31. Ein Diadem trennt das elegant ausgerichtete Stirnhaar Faustinas von ihrem Haupthaar, das in separaten Strähnen eingedreht ist und in einem kleinen Knoten am Hinterkopf gesammelt wird. Auf dem Revers wird die LAETITIA PUBLICA, die öffentliche Freude (über den Nachwuchs), gefeiert.

Die Porträts der jüngeren Faustina zeigen eine bemerkenswerte Vielfalt. Neun verschiedene Bildnis- und Frisurentypen hat man gezählt (eine Auswahl zeigen die beiden Aurei der Abbildungen 31 und 34 sowie die drei Denare der Abb. 32). Sie verteilen sich auf die etwa 30 Jahre von der Geburt ihres ersten Kindes bis zu ihrer Divinisierung. Bleibt die Frage nach den Gründen für diese ungewöhnliche Bandbreite. Da sich die Vermutung, dass jede Geburt einen neuen Typ hervorbrachte, wohl als nicht haltbar erwies und die Wissenschaft es nicht wagte, sich der (angeblich?) „clichéhaften Lösung zu[zu]wenden, dass das Damenportrait stärker modischen Einflüssen ausgesetzt war“,[55] soll die Frage auch hier offenbleiben.

Aus Frontos Briefen erfahren wir wenig über die jüngere Faustina. Bei einer Erkrankung sehen wir sie als folgsame Patientin und Mark Aurel als nicht sehr besorgten Gatten: „Auch heute hatte Faustina noch Fieber und ich habe es wohl erst heute so richtig bemerkt. Aber – den Göttern sei Dank – sie lässt mich guten Mutes sein, da sie sich so bereitwillig nach uns richtet.“[56]

Die als zweites Kind am 7. März 149 geborene Annia Lucilla verlobte ihr Vater im Jahr 161 kurz nach dem Regierungsantritt mit seinem Mitregenten Lucius Verus. Die Heirat

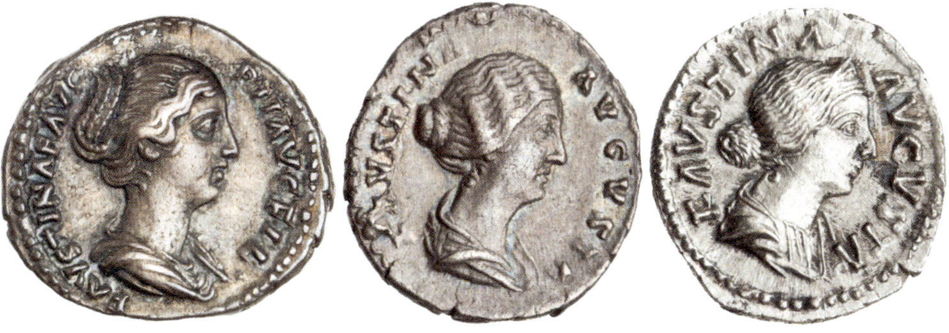

Abb. 32: Mit der Zeit gehen

erfolgte etwa zwei Jahre später. Danach erhielt sie den Titel *Augusta* (wie in Abb. 33 auf dem links gezeigten Aureus zu sehen ist). Lucilla starb 181 oder 182, nicht lange nach dem Regierungsantritt ihres Bruders Commodus, der sie wegen der Verstrickung in eine Verschwörung zunächst nach Capri verbannen und später hinrichten ließ.[57]

Am 31. August 161 wurde (wohl als elftes Kind) Commodus geboren. Als um 170 Faustinas letztes Kind (eine Tochter) zur Welt kam, war von ihren sechs oder sieben Söhnen nur noch Commodus am Leben.

In den folgenden fünf Jahren hielt sich Mark Aurel vornehmlich in Legionslagern an der Donau auf. Faustina begleitete ihren Gatten und erhielt dafür im Jahr 174 den – bisher unbekannten – Beinamen *mater castrorum* (Mutter des Feldlagers).[58] In dieser Zeit musste sie mit ansehen, wie ihr Gatte zusehends verfiel, was auch seiner übertriebenen Askese geschuldet war. „Er besaß einen so schwächlichen Körper, dass er die Kälte nicht ertragen konnte, ja sich sogar, nachdem die Soldaten auf seinen Befehl hin angetreten waren, gewöhnlich vor seiner Ansprache zurückziehen musste. Außerdem nahm er nur ganz wenig Speise zu sich und zwar stets zu nächtlicher Stunde.“[59]

Dio bemerkt, dass Faustina daher sorgenvoll in die Zukunft blickte. Sie „sah nämlich, dass ihr Mann erkrankt war, und machte sich in Erwartung seines baldigen Todes Sorgen, der Thron könnte angesichts der Jugend und auch der ziemlichen Beschränktheit des Commodus an irgendeine andere Persönlichkeit fallen; dies aber bedeute für sie Rücktritt ins Privatleben. Deshalb veranlasste sie in aller Heimlichkeit Cassius, Vorkehrungen zu treffen, dass er, falls Mark Aurel sterbe, sowohl sie als Kaiserin als auch die kaiserliche Gewalt übernehmen werde.“[60] Avidius Cassius war zu dieser Zeit Statthalter der Provinz *Syria*. Da er kurz zuvor einen Aufstand in Ägypten niedergeschlagen hatte, besaß er außerordentliche militärische Vollmachten; er hatte also sicher die Mittel, eigene Ansprüche durchzusetzen. Doch eigentlich hätte der zweimalige Konsul Claudius Pompeianus, den Faustinas Tochter Lucilla im Jahr 169 wenige Monate nach dem Tod ihres ersten Gatten Lucius Verus geheiratet hatte, die erste Wahl sein müssen. Diese Hochzeit hatte allerdings Mark Aurel gegen den entschiedenen Willen von Frau und Tochter durchgedrückt.[61] Die Einstellung der beiden Frauen zu Claudius Pompeianus hatte sich in der Zwischenzeit an-

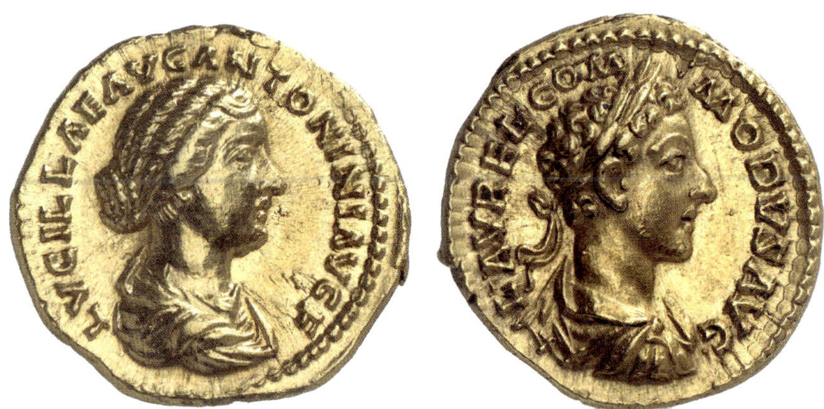

Abb. 33: Faustinas Kinder Annia Lucilla und Commodus

scheinend nicht geändert. So war wohl nicht Faustinas Angst, ins Privatleben zurückkehren zu müssen, Grund für ihr Handeln (dieses Klischee wird uns auf S. 110 nochmals begegnen), sondern die Sorge, die Herrschaft, die sie ihrem Sohn offenkundig nicht zutraute, könne diesem Mann zufallen.

Nach Dio passierte nun Verhängnisvolles. „Während Cassius diesen Plan überdachte, erreichte ihn eine Nachricht, Marcus sei gestorben – derlei Dinge werden ja nur zu gern durch Gerüchte schlimmer dargestellt, als sie wirklich sind –, und ohne eine Bestätigung der Meldung abzuwarten, streckte er sogleich die Hand nach der Herrschaft aus … Und obwohl er nicht lange danach die volle Wahrheit erfuhr, konnte er, da er einmal diesen Weg beschritten hatte, nicht mehr zurück; er machte sich vielmehr in kurzer Zeit das gesamte Gebiet südlich des [in der heutigen Türkei gelegenen] Taurus untertan und traf Vorbereitungen, die Herrschaft durch Krieg zu gewinnen.“[62]

Für den weiteren Verlauf der Geschehnisse ist es unerheblich, ob sich die von Dio überlieferte Geschichte wirklich so zugetragen hat. Wesentlich ist, dass Mark Aurel nichts von einer Absprache Faustinas mit Cassius wusste und die Rebellion als Angriff auf seine Herrschaft sehen musste. Er handelte sofort und ließ umgehend Commodus aus Rom kommen. Am 7. Juli 175 legte er dem knapp 14-Jährigen die *toga virilis* an und ernannte ihn zum *princeps iuventutis*. Dadurch wurde für alle sein Thronfolger-Status sichtbar. Die Verleihung des Titels *Augustus* im Jahr 177 (die Abb. 33 zeigt rechts einen wenig später geprägten Aureus) war dann nur noch Formsache.

Der Aufstand war schnell beendet. „Cassius wurde erschlagen, nachdem er drei Monate und sechs Tage von der Herrschaft geträumt hatte.“[63] Mark Aurel ordnete umgehend an, „dass die über ihn gemachten Aufzeichnungen verbrannt würden, damit ihn auch von daher kein Vorwurf treffe; außerdem ließ er seine sämtlichen Parteigänger frei.“[64]

Trotz des schnellen Zusammenbruchs der Rebellion hielt es Mark Aurel für geboten, in den Osten zu reisen. Commodus und Faustina begleiteten ihn dabei. Im Jahr 176 „verlor er am Fuß des Taurus in einem Dorf namens Halala seine Faustina, die Opfer einer plötz-

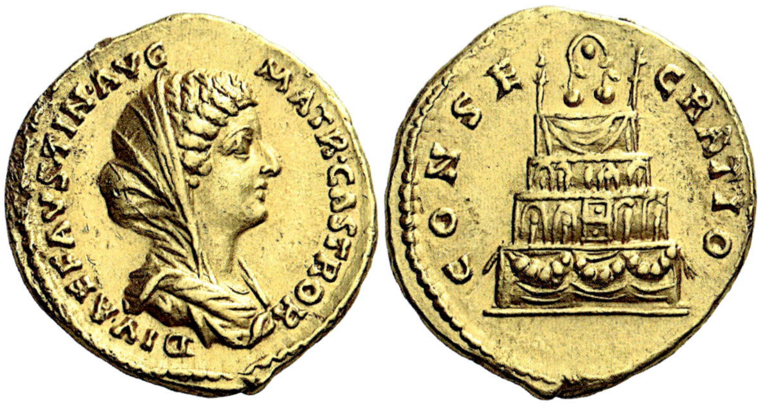

Abb. 34: Diva Faustina

lichen Krankheit wurde".[65] Cassius Dio bringt auch einen Suizid ins Spiel. Er spekuliert, sie könne „an Fußgicht, an der sie litt, aus dem Leben geschieden sein oder auf sonst eine andere Weise, damit sie wegen ihres Zusammenspiels mit Cassius nicht verurteilt werde".[66]

„Marcus betrauerte Faustinas Tod sehr und richtete an den Senat die schriftliche Bitte, keinen der Unterstützer des Cassius hinzurichten, gerade als wenn er aus dieser Tat allein etwas Trost für den Verlust seiner Gemahlin schöpfen könne."[67] Der Senat beschloss auf seine Bitte hin auch zahlreiche Ehrungen für die Verstorbene, insbesondere wurde sie vergöttlicht, also zur *Diva*. Außerdem wurde eine schon von Antoninus Pius für ihre Mutter eingerichtete Mädchenstiftung erweitert.[68] Die Abb. 34 zeigt einen Aureus, den Mark Aurel für seine vergöttlichte Gattin prägen ließ. Die Münze erinnert auch daran, dass er sie mit dem Titel *mater castrorum* geehrt hatte. Der Revers zeigt den reich geschmückten und von einer Biga gekrönten Scheiterhaufen (*pyra*), auf dem symbolisch eine Wachsfigur der – an ihrem Todesort eingeäscherten – Verstorbenen verbrannt wurde.

In seinen Selbstbetrachtungen dankt Mark Aurel den Göttern dafür, dass er eine „lenksame, zärtliche und schlichte" Gattin erhalten habe.[69] Dieser dürre Satz steht in einem seltsamen Kontrast zu dem Loblied auf seinen Adoptivvater und den ausufernden Danksagungen an seine Lehrer, die ihm vorausgehen. Man darf bezweifeln, dass die in einer wohlhabenden patrizischen Familie erzogene Faustina das schlichte Gemüt war, als das sie Mark Aurel hier präsentiert.

Faustinas Sohn Commodus ließ nach seinem Herrschaftsantritt im März 180 zwar Münzen für seine Gattin und seinen Vater prägen, nicht jedoch für seine Mutter, die ihm auch sonst keine Erwähnung wert war.

3 Die Severer

Die Mutter des nach der Ermordung des Commodus am 31. Dezember 192 knapp drei Monate regierenden Pertinax ist unbekannt. Von der Mutter des ihm für zwei Monate nachfolgenden Didius Iulianus überliefert die HA lediglich ihren Namen Aemilia Clara.[1] Dies gilt ebenso für die Mutter des Septimius Severus (193–211), der die Epoche der Severer eröffnete. Sie hieß nach ihrem Vater Fulvia Pia.[2] Eigene Abschnitte widmen wir Iulia Domna, der Gattin des Septimius Severus und Mutter der Kaiser Caracalla (211–217) und Geta (Februar bis Dezember 211), Iulia Soaemias, der Mutter des Elagabal (218–222), und Iulia Mamaea, der Mutter des Severus Alexander (222–235).

Der unter Commodus in den Senat aufgestiegene Cassius Dio berichtet als wichtiger Augenzeuge über die Zeit der Severer. Da aber seine *Römische Geschichte* mit dem Regierungsantritt des Severus Alexander endet, wird häufiger auch der ebenfalls aus Kleinasien stammende, wohl unter Commodus geborene Herodian zu Wort kommen. Seine um 250 verfasste – in wesentlichen Teilen von Dios Werk abhängige – *Kaisergeschichte* reicht vom Tod des Kaisers Mark Aurel im Jahr 180 bis zur Erhebung des Gordian III zum *Augustus* im Jahr 238. Sie liefert eine wichtige Ergänzung zur senatorischen Geschichtsschreibung Dios. Ihr historischer Gehalt ist allerdings umstritten, auch wenn Alföldys Urteil, sie sei „mehr eine Art historischen Romans als ein Geschichtswerk",[3] heute zu streng erscheint.

Die HA wird weiterhin eine wichtige Rolle spielen. Für sie ist Severus Alexander der ideale Herrscher. Nicht zufällig ist seine Biografie die längste.

3.1 Fromm und glücklich? – Iulia Domna und Caracalla, Geta

Der einer ritterlichen Familie aus Leptis Magna entstammende Septimius Severus, dessen Aussprache zeitlebens seine nordafrikanische Herkunft verriet,[4] wurde nach Dio am 11. April 145 geboren.[5] Mit knapp 30 Jahren heiratete er Paccia Marciana.[6] Etwa 10 Jahre später wurde er Witwer. Obwohl er sie in seiner Autobiographie nicht erwähnte, behielt er die Verstorbene wohl in guter Erinnerung, da er ihr als Kaiser aus eigenem Antrieb Statuen errichten ließ.[7]

„Als er nach dem Verlust seiner Gattin wieder heiraten wollte, forschte er, der auch selbst in der Astrologie sehr bewandert war, nach der Geburtsstunde heiratsfähiger Frauen. Als er hörte, es lebe in Syrien eine, deren Geburtshoroskop auf die Ehe mit einem Herrscher deute, bewarb er sich um sie, nämlich um Iulia [Domna], und erhielt auch ihre Hand durch Vermittlung seiner Freunde. Sie machte ihn unverzüglich zum Vater."[8] Da Septimius Severus – wie so mancher Kaiser vor ihm – an die Macht der Sterne glaubte, spricht vieles dafür, dass er Geburtshoroskope potentieller Ehefrauen erstellen ließ und seine Entschei-

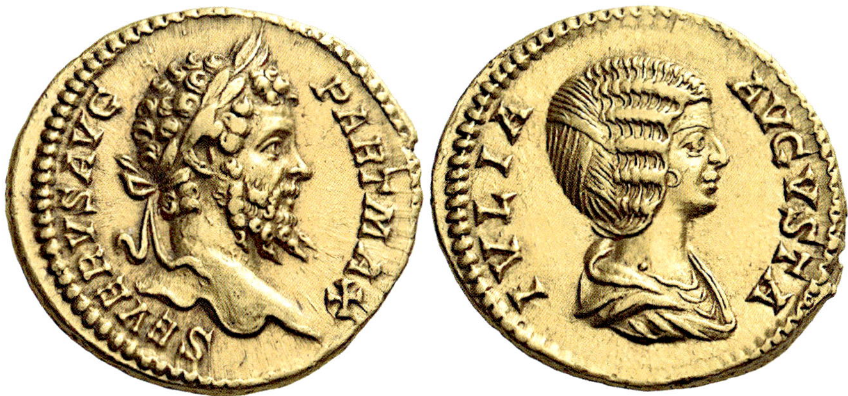

Abb. 35: Septimius Severus und Iulia Domna

dung (auch) davon beeinflusst wurde. Mindestens ebenso viel spricht dafür, dass der Hinweis auf eine spätere Herrschaft erst nach deren Erreichen aufkam oder von den Severern unters Volk gebracht wurde. Dass der ranghohe Senator Severus – er hatte 178 die Prätur erreicht – die Hilfe von Freunden benötigte, um die „vornehme Frau aus dem Osten“[9] für sich zu gewinnen, zeigt die prominente Stellung ihrer Familie im syrischen Emesa (dem heutigen Homs), wo Iulia Domna um 170 zur Welt kam.[10] Domnas Vater Iulius Bassianus gehörte als Priester des dort seit Jahrhunderten verehrten Gottes Elah-Gabal zur Aristokratie von Emesa.[11]

Nach diesem Großvater erhielt der am 4. April 188 in Lugdunum geborene erste Sohn[12] den Namen Septimius Bassianus. Die (frei erfundene) Adoption durch Mark Aurel, die sein Vater spätestens 197 verkündete,[13] machte aus ihm einen Antoninus. Bekannt ist er aber unter seinem Spitznamen Caracalla, nach einem Kapuzenmantel, den er in Mode brachte. Um Missverständnisse zu vermeiden werden wir ihn – auch in Zitaten – meist so nennen. Aus dem gleichen Grund werden wir Septimius Severus' Namen auch nach seiner fiktiven Adoption beibehalten. Der zweite, nach dem Großvater väterlicherseits benannte Sohn Geta wurde im März 189 in Rom geboren.[14] Im Jahr darauf erreichte Septimius Severus das Konsulat.

Im Jahr 191 wurde er Statthalter der Provinz *Pannonia superior*, in der drei Legionen standen. Am 9. April 193 wurde er von ihnen zum *Augustus* ausgerufen. Allerdings war er nicht ohne Konkurrenz: Um die gleiche Zeit griffen auch in Syrien Pescennius Niger als *Augustus* sowie in Britannien Clodius Albinus als *Caesar* nach der Macht. „Von den drei erwähnten Feldherrn war aber Severus der klügste.“[15] Er habe sich sogar „ursprünglich mit der Absicht getragen, Pescennius Niger und Clodius Albinus zu seinen Nachfolgern zu bestellen, falls ihm selbst etwas zustoßen sollte. Doch später habe er im Interesse seiner heranwachsenden Söhne und aus Neid auf die Beliebtheit des Albinus, hauptsächlich aber auf Bitten seiner Frau seine Absicht geändert und die beiden, einen nach dem anderen, im Krieg überwältigt.“[16] Zunächst zog er Albinus auf seine Seite (194 waren sie gemeinsam

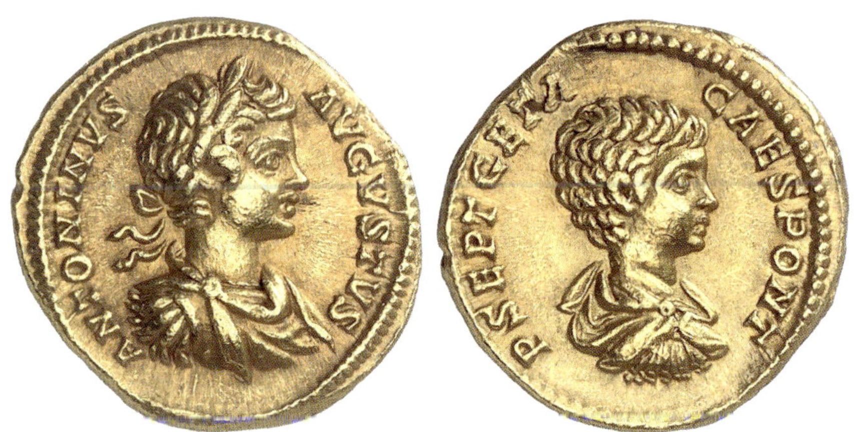

Abb. 36: Caracalla und Geta

Konsuln), um gegen Pescennius Niger freie Hand zu haben. Nach dessen Beseitigung im April 194 wurde Albinus zunehmend an den Rand gedrängt. Da er sein Leben in Gefahr sah, erhob er sich zum *Augustus* und marschierte in Gallien ein. Im Februar 197 wurde er bei Lyon von Severus besiegt und auf der Flucht getötet.

Auf den beiden in den Abbildungen 35 und 36 gezeigten, hervorragend erhaltenen und detailliert ausgearbeiteten Aurei, die um 200 geprägt wurden, präsentiert sich die severische Familie dem Betrachter auf dem Höhepunkt ihrer Macht. In Abb. 35 sehen wir links den SEVERVS AVG(ustus) als PART(icus) MAX(imus), als größten Bezwinger der Parther, rechts IVLIA Domna als AVGVSTA, wozu sie Severus kurz nach seiner Anerkennung durch den Senat gemacht hatte. Sie war die erste Frau aus dem Osten des Reichs, die diesen Titel trug. Bei Domnas wuchtiger Frisur fallen die Haare, in die mit einem Brenneisen tiefe Wellentäler gebrannt wurden, von einem Mittelscheitel bis in Kinnhöhe ab, werden dann zum Hinterkopf geführt und dort zu einem flachen, fast den ganzen Hinterkopf bedeckenden Nest geflochten. Ein kleines Löckchen ist in Mundhöhe auf die Wange gezogen.

Bemerkenswert ist, dass in der Umschrift ihr Name Domna fehlt. Spätestens ab 197 findet er sich (im Unterschied zu lokalen Emissionen) auf keiner Reichsprägung mehr. Über die Gründe wird spekuliert.[17] Wollte man eine Verwechslung mit dem ähnlich klingenden *domina* (Herrin) vermeiden oder die Römer nicht durch einen für sie fremden Namen abschrecken? Die Absicht des Septimius Severus, durch eine fiktive Adoption eine Verbindung zu seinen Vorgängern zu schaffen, legt eher einen bewussten Anklang an eine frühere Iulia Augusta nahe, nämlich an Livia, die Gattin des (ersten) Augustus.

Auf dem Aureus der Abb. 36 stellt Severus seine Söhne vor, deren Titel jedem klar machten, dass sie als Nachfolger vorgesehen waren. Links sehen wir den etwa 12-jährigen Caracalla als ANTONINVS AVGVSTVS, rechts den 11-jährigen P(ublius) SEPT(imius) GETA CAES(ar) PONT(ifex). Den Titel *Augustus* trug Caracalla seit 197; Geta wurde zum gleichen Zeitpunkt *Caesar*, den Titel *Augustus* erhielt er als 20-Jähriger im Jahr 209.

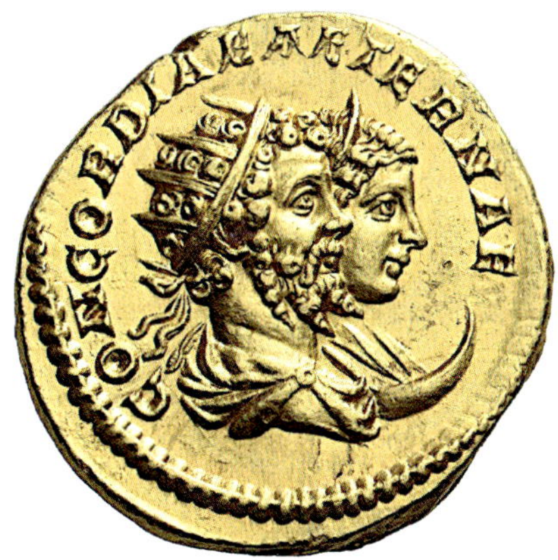

Abb. 37: Septimius Severus und Iulia Domna

Welch wichtige Rolle Iulia Domna einnimmt, illustriert das eindrucksvolle Doppelporträt auf dem in Abb. 37 gezeigten Aureus. Die Strahlenkrone verbindet den Kaiser mit dem Sonnengott Sol, die Mondsichel seine Gattin mit der Mondgöttin Luna, wodurch das Paar in göttliche Sphären rückt. (Die Strahlenkrone kennzeichnet bei einem männlichen Münzporträt auch den später von Caracalla eingeführten Doppeldenar, der heute nach ihm Antoninian genannt wird; bei einem weiblichen Porträt erkennt man dieses Nominal an einer Mondsichel – siehe etwa Abb. 55.) Die in der Umschrift beschworene ewige Eintracht (*Concordia aeterna*) der Kaiserfamilie wird allerdings nach dem Tod des Septimius Severus jäh enden.

Passend zu Severus' fiktiver Adoption durch Mark Aurel führte Iulia Domna seit 195 oder 196 – wie gut zwei Jahrzehnte früher die jüngere Faustina – den ehrenvollen Titel *mater castrorum*.[18] Für die Überlieferung spielten die beiden *Augustae* – zusammen mit der älteren Faustina – auch in einer weniger schmeichelhaften Hinsicht ähnliche Rollen: Sie verdunkelten das Bild großer Kaiser, zu denen die HA neben Augustus, Antoninus Pius oder Mark Aurel auch Septimius Severus zählte.[19] Über ersteren lesen wir bei einem Geschichtsschreiber: „Allgemein hieß es, er möge entweder nicht geboren oder nicht gestorben sein. Dabei bezieht sich der erste Teil auf das Schändliche seiner beginnenden, der zweite auf das Vortreffliche seiner endenden Laufbahn."[20] Wohl in Kenntnis dieser Stelle formuliert die HA fast inhaltsgleich über Septimius Severus: „Das Urteil des Senats über ihn lautete dahin, er hätte entweder nicht geboren werden dürfen oder nicht sterben sollen, weil seine übertriebene Grausamkeit ebenso augenfällig war wie seine ungewöhnliche Nützlichkeit für den Staat."[21] Während sich also – aus Sicht der Geschichtsschreiber – bei Augustus Schatten und Licht zeitlich trennen lassen, fließen sie bei Septimius Severus ineinander.

Doch leider „sah er sich im eigenen Haus weniger vor, hielt er doch an seiner Gattin Iulia fest, obwohl sie durch Liebschaften von sich reden machte und sogar einer Verschwörung bezichtigt wurde." Ähnliches haben wir über Antoninus Pius gelesen (siehe S. 89).

Aurelius Victor tadelt das nachsichtige Verhalten des Severus vehement: „Das ist sowohl für den Niedrigsten als auch für die Mächtigen eine Schande, erst recht aber für den, dem sich nicht nur Privatleute, einzelne Personen oder Verbrecher, sondern Königreiche, ganze Heere und die Vergehen selbst beugten.“[22]

Für Dio waren die Vorwürfe gegen Domna lediglich Verleumdungen des Fulvius Plautianus, der als *praefectus praetorio* eine einflussreiche Stellung am Kaiserhof hatte. Er konnte es sich erlauben, „wiederholt selbst der Kaiserin Iulia übel mitzuspielen; denn er hasste sie aus ganzem Herzen und rückte sie bei Severus fortwährend in schlechtes Licht. Er stellte nämlich Nachforschungen gegen sie an und ließ dazu vornehme Frauen foltern. Aus diesem Grund begann sie, sich mit Philosophie zu beschäftigen, und verbrachte ihre Tage im Zusammensein mit Sophisten. Was aber Plautianus angeht, so war er der ausschweifendste Mensch; er fraß sich bei Gastmählern voll, um sich gleich darauf zu erbrechen, da er Speisen und Wein in solcher Menge nicht verdauen konnte. Und obwohl er mit Jungen und Mädchen auf berüchtigte Art und Weise verkehrte, ließ er seine eigene Gattin weder jemanden sehen noch von jemandem gesehen werden, nicht einmal von Severus und Iulia, von anderen ganz zu schweigen.“[23]

Da verschiedene Quellen berichten, dass sich Severus „mit Philosophie, mit Rhetorik, kurz mit allen freien Künsten“[24] beschäftigt habe, ist es plausibel, dass sich auch seine Frau – zumal in einer Zeit, in der ihr die Vorwürfe des Plautianus das (öffentliche) Leben schwer machten – diesen zuwandte. So schreibt der Sophist Philostratos, dass er in ihrem Kreis verkehrte und von Domna, „die rhetorische Übungen jeglicher Art schätzte und begünstigte“, den Auftrag bekam, eine Biografie über den Philosophen Apollonius von Tyana zu schreiben.[25] Dieser Kreis, zu dem auch *geométrai* gehörten, bestand noch nach dem Tod des Septimius Severus. Mit Zustimmung des Caracalla verschaffte nämlich „die Philosophin Iulia“ einem Sophisten aus dieser Runde einen Lehrstuhl in Athen.[26]

Severus fing allmählich an, Plautianus zu misstrauen. Auch Caracalla, der seit 202 mit Plautilla, einer Tochter des Plautianus, verheiratet war, „fühlte abgesehen vom Widerwillen gegen seine Frau – eine ganz schamlose Person – gegenüber Plautianus schweren Groll, weil sich dieser in seine sämtlichen Unternehmungen einmischte und ihm in allem und jedem Vorhaltungen machte“.[27] Schließlich konnte Caracalla seinen Vater davon überzeugen, dass Plautianus gegen sie beide einen Anschlag plane. Im Januar 205 ließ ihn Severus daher unter einem Vorwand in den Palast kommen.

Der damals etwa 40-jährige Dio schildert detailreich, was dort geschah. Als Plautianus „hineinging, ließen ihn die Wächter an den vergitterten Toren nur allein eintreten. … Dadurch schöpfte er einigen Verdacht und geriet in großen Schrecken; da er aber nicht mehr umkehren konnte, trat er ein. Severus unterhielt sich mit ihm in ganz freundlichem Ton und fragte: ‚Warum kamst du denn zu dem Entschluss, dies zu tun, und weshalb wolltest du uns denn töten?‘ Er gab ihm auch die Möglichkeit, sich zu äußern, und tat so, als wolle er seine Verteidigung anhören. Als nun Plautianus leugnete und seine Verwunderung über die Vorhaltungen ausdrückte, stürzte Caracalla herbei, nahm ihm sein Schwert weg und versetzte ihm Faustschläge. Er wollte den Präfekten sogar eigenhändig umbringen, als dieser erklärte: ‚Du bist mir mit dem Mord zuvorgekommen!' Er wurde jedoch von seinem Vater daran gehindert, worauf er einem seiner Begleiter befahl, Plautianus zu töten. Irgendjemand riss ihm ein paar Haare aus dem Bart, brachte sie zu Iulia und Plautilla, die beieinander saßen und noch nichts von dem Geschehen wussten, und rief ihnen zu: ‚Seht da euren Plautianus!' So erfüllte er die eine mit Trauer, die andere mit Freude. Plautianus hatte von allen meinen Zeitgenossen über die größte Macht verfügt, weshalb sie allesamt vor ihm mehr Angst hatten und zitterten als vor den Kaisern selbst. … Nun aber musste er so durch seinen eigenen Schwiegersohn enden; seine Leiche wurde vom Kaiserpalast herunter auf irgendeine Straße geworfen, von wo man sie erst später auf Befehl des Severus aufhob, um sie zu bestatten."[28] Demnach war also Domna nicht in den Mordplan ihres Sohns eingeweiht, geschweige denn die treibende Kraft dahinter. Plautilla wurde nach Lipara (Lipari) verbannt und von Caracalla nach dem Tod seines Vaters ermordet.[29]

Nachfolger des Plautianus als *praefectus praetorio* wurde der angesehene Jurist Papinianus. Er behielt dieses Amt bis zum Tod des Septimius Severus. Caracalla setzte ihn danach ab und berief wenig später Macrinus auf diesen Posten. Dieser Mann, der aus der Provinz *Mauretania Caesariensis* stammte und „ein sehr bescheidenes Elternhaus"[30] hatte, sollte ihm zum Verhängnis werden.

Im Jahr 206 widmete in Rom die Fischer- und Taucher-Innung einem Patron wegen seiner Verdienste eine Statue, unter anderem „weil er als erster auf eigene Kosten zwei Statuen hatte errichten lassen, eine für unseren Herrn Antoninus *Augustus*, die andere für unsere Herrin Iulia *Augusta*".[31] Es erstaunt, dass unter der Regentschaft des Severus eine Statuengruppe errichtet wurde, die allein Caracalla und dessen Mutter zeigte. Man sah in ihm wohl den künftigen Herrscher. Beachtung verdient auch die Tatsache, dass hier erstmals in einer Inschrift eine Frau aus dem Kaiserhaus als *domina*, Herrin, angesprochen wird.[32] Entsprechend – und ebenso erstmalig – bezeichnet die griechische Basisinschrift einer um dieselbe Zeit im arabischen Bostra errichteten Statue Iulia Domna als *kyría*, Herrin.[33]

Der seit Längerem an der Gicht leidende Septimius Severus starb am 4. Februar 211 auf einem Feldzug in Britannien, bei dem ihn Domna begleitete.[34] Nun mussten sich die beiden *Augusti*, der 23-jährige Caracalla und der 22-jährige Geta, die Macht teilen. Beunruhigt wegen der allseits bekannten Spannungen zwischen den Brüdern hofften Volk und Senat, dass deren Mutter Iulia Domna für eine Entspannung der Lage sorgen könnte. Dies brachte ihr größeren Einfluss, aber auch eine größere Verantwortung.

Der in Abb. 38 gezeigte, im Jahr 211 geprägte Sesterz drückt dies gut aus. Auf der Vorderseite lesen wir IVLIA PIA FELIX AVG(usta). Iulia Domna wird hier als erste Frau mit dem Attribut *pia felix* (fromm und glücklich) geehrt, das vorher nur (in der männlichen Form *pius felix*) in der Kaisertitulatur vorkam. Ihre Frisur hat sich geändert. Das Nest ist kleiner geworden und sitzt tiefer. Außerdem tritt nun in Mundhöhe ein dünner Zopf hervor, der die Frisur zum Hals hin abschließt. Auf dem Revers thront sie mit Olivenzweig und Zepter als *Pax*, als personifizierter Frieden. Die Umschrift rühmt sie als MAT(er) AVGG MAT(er) SEN(atus) M(ater) PATR(iae), als die Mutter der beiden Kaiser, des Senats und des Vaterlands.

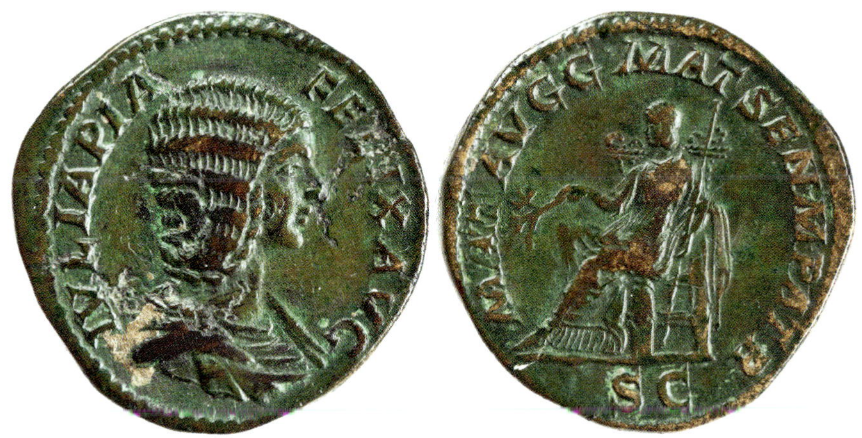

Abb. 38: Iulia pia felix Augusta

Doch Caracalla, der mehrfach versucht haben soll, seinen Vater umzubringen, und auch bei dessen Tod „irgendwie mitgeholfen habe“,[35] hatte nicht vor, die Herrschaft mit Geta zu teilen. Dio zieht alle Register, um seinen Lesern Caracallas Verschlagenheit und Grausamkeit deutlich zu machen (so lässt er den wohl nur ein Jahr jüngeren Geta als hilfloses Kind erscheinen): „Caracalla wollte nun seinen Bruder an den Saturnalien [im Dezember des Jahres 211] aus dem Weg räumen, schaffte es aber nicht, weil seine böse Absicht schon zu offenkundig geworden war. … Da eine Menge Soldaten und Wettkämpfer den Geta in der Öffentlichkeit wie zu Hause Tag und Nacht bewachten, überredete Caracalla seine Mutter, beide Brüder – so als wollten sie sich aussöhnen – ohne Begleitung in ihr Wohngemach zu bitten. Geta ging darauf ein und betrat mit Caracalla den Raum. Als sie aber darin waren, stürmten einige Zenturionen, die zuvor von Caracalla entsprechende Anweisungen erhalten hatten, geschlossen herein und machten Geta nieder. Bei ihrem Anblick flüchtete sich Geta zu seiner Mutter, warf sich ihr um den Hals und jammerte, an ihre Brust geschmiegt: ‚Mutter, Mutter, du hast mich geboren, so hilf mir doch, man mordet mich!‘ Sie aber musste, in solch schmählicher Weise getäuscht, zusehen, wie ihr Sohn in ihrem Schoß auf ruchloseste Art hingemordet wurde, und nahm ihn in seiner Sterbestunde gewissermaßen in denselben Leib auf, aus dem er geboren worden war; denn sie wurde ganz und gar von seinem Blut überströmt und achtete darüber nicht weiter auf die Wunde, die sie selbst an der Hand empfing. Sie durfte indessen ihren Sohn weder betrauern noch beweinen, obwohl er doch ein so elendes Ende vor der Zeit genommen hatte – Geta war nämlich erst zweiundzwanzig Jahre und neun Monate alt –, sie wurde vielmehr gezwungen, wie bei einem großen Glücksfall Freude zu zeigen und zu lachen.“[36]

„Danach wurden Papinianus und viele andere hingerichtet, weil sie entweder auf ein gutes Einvernehmen hingearbeitet oder für Geta Partei ergriffen hatten.“[37] Die HA listet mehrere Begründungen auf, die über den Tod des Papinianus im Umlauf seien. Durchaus glaubhaft ist, dass Caracalla dem bekannten Juristen „den Auftrag erteilt hat, sowohl im

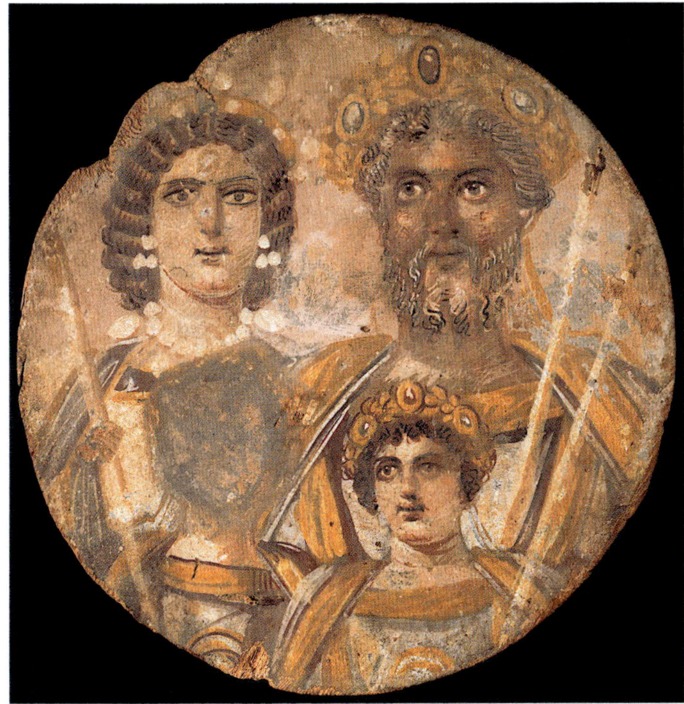

Abb. 39: Familie des Severus mit kopflosem Geta

Senat als auch vor dem Volk die begangene Tat in seinem Namen zu rechtfertigen. Da habe er erwidert, ein Brudermord lasse sich leichter begehen als entschuldigen.“[38]

„Die Beisetzung des Geta soll mit größerem Pomp begangen worden sein, als man es bei einem Brudermord erwarten konnte.“[39] Trotzdem verfiel Geta der *damnatio memoriae*; sein Name und sein Bild wurden getilgt, wie der berühmte Tondo belegt, der in Abb. 39 zu sehen ist.

Angesichts dieser Vorgeschichte klingt es zynisch, dass Domna auf den für sie in bemerkenswerter Vielfalt geprägten Münzen weiterhin als IVLIA PIA FELIX AVG(usta) firmiert, wie der Denar zeigt, der in Abb. 40 zu sehen ist. Was hätte sie wohl auf die Frage, ob sie *felix* – glücklich – sei, geantwortet? Auf dem Revers galoppiert die LVNA LVCIFERA, die Licht bringende Mondgöttin, mit weit aufgebauschtem Gewand auf einer Biga nach links. Der Denar erinnert damit an den in Abb. 37 gezeigten, unter Septimius Severus geprägten Aureus.

Widmungsinschriften wurden geradezu überbordend; die Segenswünsche galten nun neben dem Kaiser der „frommen und glücklichen Iulia Domna, der Mutter des *Augustus* und des Feldlagers und des Senats und des Vaterlands sowie dem gesamten göttlichen Haus“.[40] Der letzte Wunsch ist insofern bemerkenswert, als das Kaiserhaus nur noch aus Caracalla und seiner Mutter bestand; die zu Lebzeiten des Septimius Severus übliche Formel[41] wurde also einfach weiterverwendet. Die vierfache Mutterrolle Domnas sollte offen-

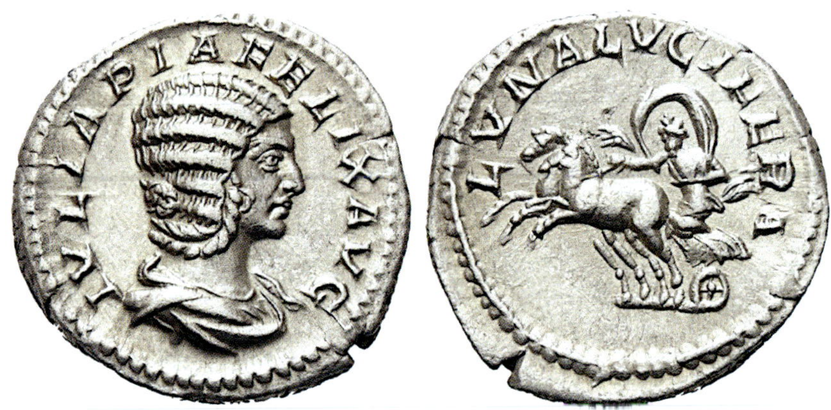

Abb. 40: Iulia Domna

sichtlich die Bindung der drei gesellschaftlich wichtigsten Gruppen (Heer, Senat, Volk) an den Herrscher stärken.

Dass sogar für Domnas Siege gebetet wurde, zeigen die Inschriften, die in die Basen zweier imposanter Säulen der Propyläen des gewaltigen Jupitertempels in Baalbek eingemeißelt wurden.[42] Man liest, dass die zugehörigen vergoldeten Bronzekapitelle Weihegaben eines Legionärs sind für das Wohlergehen und die Siege des Caracalla „und der Iulia Augusta, der Mutter unseres Herrn, des Feldlagers, des Senats, des Vaterlands“.

Ein dakischer Prokurator überbietet dies noch. Er bittet die Kapitolinische Trias Jupiter, Juno und Minerva um beider „Wohl, Sieg und Unversehrtheit“.[43] Der erste Statthalter einer unter Caracalla neu eingerichteten spanischen Provinz betet zu Iuno Regina gar um „Heil und lang dauernde Herrschaft“ (*imperium*) für Caracalla und Iulia Domna, „der frommen und glücklichen *Augusta*, der Mutter des Antoninus Augustus, des Feldlagers, des Senats und des Vaterlands“.[44]

Caracalla tat einiges, um das Verhältnis zu seiner Mutter zu verbessern. Dazu könnte die Erhebung ihrer Heimatstadt Emesa zur *colonia* mit italischem Recht[45] gehören (ähnliches haben wir bereits auf S. 64 gesehen). Insbesondere aber beteiligte Caracalla seine Mutter an den Regierungsgeschäften. Er übertrug ihr „die Erledigung der Bittschriften und der lateinischen wie griechischen Korrespondenz – abgesehen von den allerwichtigsten Fällen – und setzte ihren Namen mit vielen Lobpreisungen zusammen mit seinem eigenen und dem der Legionen auf seine Briefe an den Senat. … Soll ich noch erwähnen, dass sie für die Spitzen der Gesellschaft öffentliche Empfänge genau wie der Kaiser gab?“[46] Letzteres hatte Dio – mit ähnlicher Entrüstung – schon von Livia (siehe S. 35) und der in vielerlei Hinsicht aus dem Rahmen fallenden jüngeren Agrippina (siehe S. 71) berichtet.

Caracalla hatte ohnehin eher andere Interessen: Er „verwendete die Geldmittel dauernd für die Soldaten, dazu für wilde Tiere und Pferde. Zahllose Tiere nämlich, teils wilde, teils zahme, von denen er uns [Senatoren] die meisten zwangsweise abnahm, einige auch abkaufte, pflegte er zu töten. Selbst als Wagenlenker betätigte er sich, und zwar in der Klei-

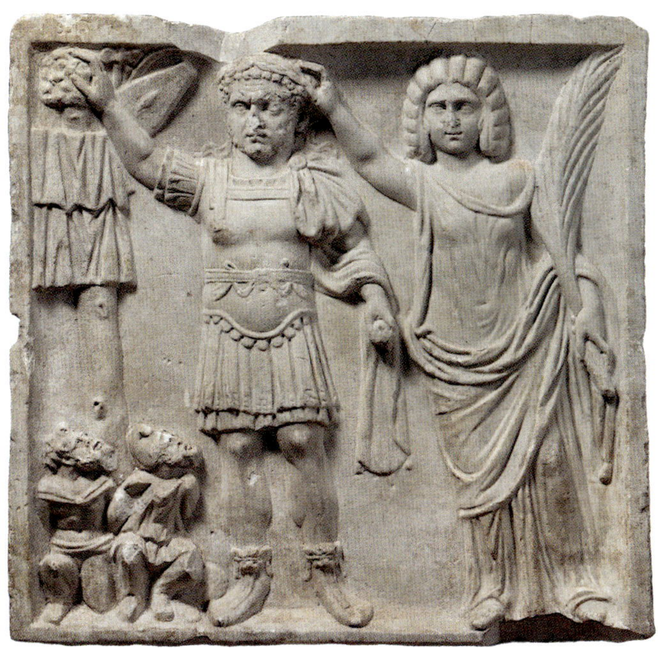

Abb. 41: Domna bekränzt Caracalla

dung der Blauen. Für alle Dinge konnte er sich nämlich sehr erwärmen, ohne dabei zu bleiben; außerdem besaß er die Verschlagenheit seiner Mutter und aller Syrer, denen sie ja entstammte."[47] Dio verhehlt nicht seine Vorurteile gegenüber Syrern, die auch seine Einschätzungen der Iulia Domna und ihrer Verwandtschaft färben. Wenn er trotzdem kein Wort über den in zahlreichen anderen Schriften kolportierten Inzest zwischen Caracalla und (der dabei fälschlich als Stiefmutter bezeichneten) Domna[48] verliert, können auch wir ihn getrost als Unterstellung übergehen.

Domnas Bedeutung während der Alleinherrschaft ihres Sohns wird in dem in Abb. 41 gezeigten Relief deutlich. Domna ist an ihrer markanten Frisur deutlich zu erkennen. Neben ihr steht Caracalla, der eine Hand auf ein am linken Rand angedeutetes Siegesmal legt, vor dem zwei Gefangene sitzen. Domna hält eine Siegespalme in der Linken und bekränzt mit der Rechten ihren siegreichen Sohn. Sie nimmt also den Platz der Siegesgöttin Victoria ein, allerdings nicht in der üblichen geflügelten Gestalt, „sondern [gemäß] einem in der zweiten Hälfte des 5. Jahrhunderts v. Chr. kreierten Statuentypus für die griechische Liebesgöttin Aphrodite".[49]

Caracallas Herrschaft endete durch Macrinus, den Caracalla 212 zum *praefectus praetorio* gemacht hatte. Folgt man Dio, war es eher Notwehr als Mord. „Ein Seher hatte in Afrika auf eine Art, dass es allgemein bekannt wurde, vorhergesagt, der Präfekt Macrinus und sein Sohn Diadumenianus seien für den Kaiserthron bestimmt. Als dieser Seher später nach Rom gesandt wurde, erzählte er dem Flavius Maternianus, der damals [als *praefectus urbi*]

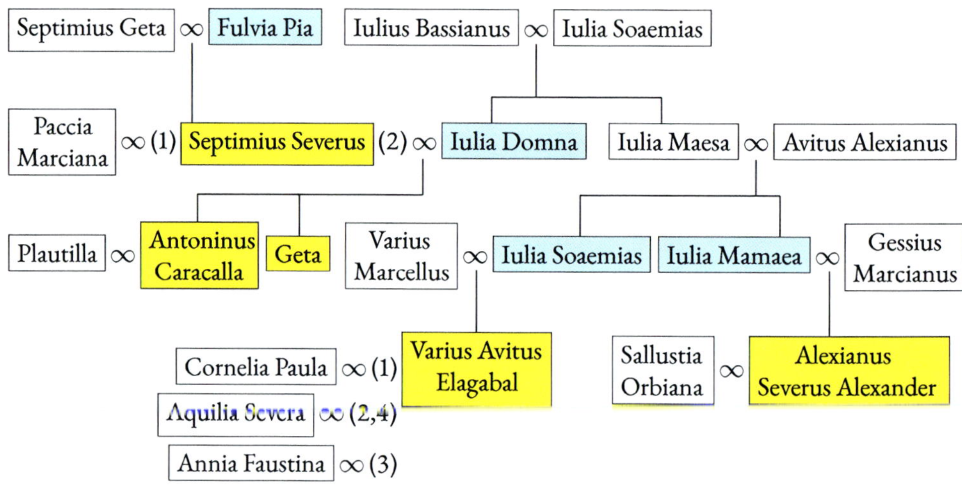

Abb. 42: Severer

die städtischen Kohorten befehligte, von seiner Prophezeiung. Der sandte augenblicklich Caracalla eine schriftliche Meldung darüber. Doch dieses Schreiben gelangte, wie es das Schicksal wollte, nach Antiochia in die Hände seiner Mutter Iulia, die den Auftrag hatte, die eingehende Post zu sichten und so zu verhindern, dass eine Masse unwichtiger Schreiben dem Kaiser während seines Aufenthalts im Feindesland zugehe. Ein anderes Schreiben … erreichte durch andere Kuriere den Macrinus unmittelbar und informierte ihn über den Stand der Dinge. So verzögerte sich die an den Kaiser gerichtete Botschaft, während Macrinus den bei ihm eingegangenen Brief noch rechtzeitig lesen konnte. Er musste nun fürchten, dass ihn Caracalla auf Grund der Mitteilung hinrichten werde."[50] Macrinus handelte: Caracalla wurde im April 217 in Mesopotamien „ungefähr 30-jährig auf dem Marsch nach Carrhae bei Edessa, als er zur Befriedigung eines natürlichen Bedürfnisses beiseite trat, von einem Soldaten, der ihn als Wache begleitete, getötet".[51]

Macrinus, der nun für 14 Monate an der Spitze des Römischen Reichs stand, war der erste Kaiser, der beim Antritt der Regentschaft nicht Mitglied des Senats war.

Iulia Domna „erschütterte gleich die erste Nachricht vom Tod ihres Sohns derart, dass sie sich selbst einen schweren Schlag versetzte und durch Verweigerung jeder Nahrungsaufnahme in den Tod gehen wollte. Denn nun, nachdem er tot war, trauerte sie gerade um ihn, den sie im Leben gehasst hatte, jedoch nicht, weil sie ihn ins Leben zurückwünschte, sondern weil es sie schmerzte, ins Privatleben zurücktreten zu müssen. Das veranlasste sie zu vielen harten Schmähungen gegen Macrinus. Doch als in ihrem kaiserlichen Hofstaat und sogar in ihrer aus Prätorianern bestehenden Leibgarde keine Änderung eintrat und ihr der neue Herrscher, obwohl er von den Bemerkungen Iulias gehört hatte, ein freundliches Schreiben zugehen ließ, fasste sie neuen Mut und gab ihre Absicht zu sterben auf."[52]

Kurzzeitig habe sie sogar von der Alleinherrschaft geträumt. Doch schon bald habe sie die Furcht beschlichen, „sie könnte den Titel *Augusta* verlieren und gezwungen werden,

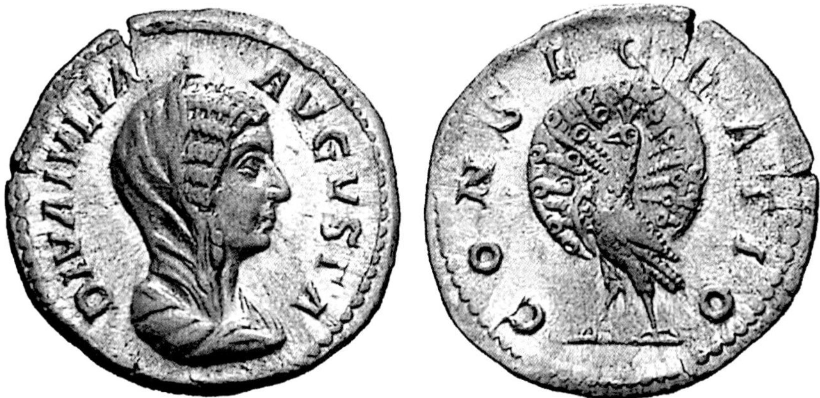

Abb. 43: Diva Iulia Augusta

in ihre Heimat zurückzukehren. … Als sie auch noch hörte, wie man in Rom über ihren Sohn sprach, wollte sie nicht mehr weiterleben. Sie beschleunigte ihren Tod, indem sie keine Nahrung mehr zu sich nahm. Irgendwie wirkte auch die Krebsgeschwulst mit, die sie in ihrem Ruhezustand schon sehr lange auf der Brust getragen, damals aber durch den Schlag gereizt hatte, den sie auf den Tod ihres Sohns hin gegen diese Stelle führte."

Dio zieht folgendes Fazit über Domnas Leben: „Von einfacher Herkunft zu gewaltiger Höhe aufgestiegen, hatte sie während der Regierung ihres Mannes wegen Plautianus viel Leid zu ertragen, hatte mit ansehen müssen, wie ihr jüngerer Sohn an der eigenen Brust ermordet wurde; sie hegte Groll gegen ihren älteren Sohn, solange er lebte, und erhielt die traurige Kunde von seiner Ermordung. Schließlich verlor sie noch zu Lebzeiten ihre Macht und nahm sich selbst das Leben. Schaut man auf sie, kann niemand all jene, die zu hoher Macht gelangten, glücklich preisen, wenn ihnen nicht sowohl wahre und reine Lebensfreude als auch ungetrübtes und beständiges Glück zuteil werden."[53]

Wohl unter Kaiser Elagabal wurde Iulia Domna vergöttlicht.[54] Auf dem in Abb. 43 gezeigten sehr seltenen Denar sehen wir die verschleierte DIVA IVLIA AVGVSTA. Den Revers ziert ein Rad schlagender Pfau. Nur wenige Münzen wurden aus diesem Anlass geprägt (bei dem abgebildeten Denar handelt es sich um die einzige Silberprägung). Auch die Umschrift beschränkt sich auf das unumgängliche Minimum.

3.2 Im Schatten der Großmutter – Iulia Soaemias und Elagabal

Dass die Herrschaft der Severer nach Caracallas und Iulia Domnas Tod nicht endete, ist wesentlich Domnas Schwester Iulia Maesa zu verdanken. Sie war bei Caracallas Tod Witwe. Ihr Mann Avitus Alexianus, der unter den Severern Karriere gemacht, sogar das Konsulat und die begehrte Statthalterschaft der Provinz *Asia* erreicht hatte, „war zuvor infolge hohen Alters und Krankheit gestorben".[55] Macrinus glaubte nicht, dass ihm die Witwe gefährlich werden könnte. Er forderte sie lediglich auf, „in ihre Heimat zurückzukehren und bei ihrer Familie zu leben, wobei sie ihr gesamtes Vermögen behalten durfte. Sie war nämlich überaus begütert, da sie über lange Zeit von den kaiserlichen Privilegien profitiert hatte."[56] Maesa hatte zwar keine Söhne, aber zwei Töchter – und zwei Enkel (siehe die Stammtafel auf S. 104). Die ältere Tochter hieß Iulia Soaemias, die jüngere Iulia Mamaea. Obwohl Maesas Enkel im Jahr 218 erst etwa 14 und 10 Jahre alt waren,[57] kamen beide nicht zuletzt durch ihre resolute Großmutter auf den Thron.

Der jüngere Enkel, Iulia Mamaeas Sohn, wurde als Alexianus oder Bassianus geboren.[58] Nach seiner Adoption durch Kaiser Elagabal und der Verleihung des Titels *Caesar* im Jahr 221 hieß er Marcus Aurelius Alexander. Um sich von seinem Vorgänger abzusetzen und direkt an Septimius Severus anzuschließen, nahm er bei der Thronbesteigung den Namen (Marcus Aurelius) Severus Alexander an. Letzteren werden wir meist verwenden, um sonst zwangsläufig entstehende Verwirrungen zu vermeiden.

Maesa verlor ihren jüngeren Enkel nie aus den Augen, auch wenn aus Altersgründen zunächst nur der ältere Enkel Varius Avitus, der Sohn der Iulia Soaemias, eine Rolle spielte. Man kennt ihn als Kaiser Elagabal. Diesen – nie offiziell verwendeten – Namen erhielt er als Priester des Elah-Gabal, des Schutzgottes seiner Heimatstadt Emesa. Um ihm die Herrschaft zu verschaffen, gaben ihn Mutter und Großmutter als Caracallas Sohn aus, weshalb er sich als Kaiser Marcus Aurelius Antoninus nannte. Außerdem begegnet Bassianus als weiterer – ebenfalls in keinem offiziellen Dokument auftauchender – Name.[59] Um den Überblick zu erleichtern, werden wir fast ausschließlich den Namen Elagabal verwenden.

Iulia Soaemias hatte 193 oder 194 den aus dem syrischen Apameia stammenden Varius Marcellus geheiratet, der nach einer eindrucksvollen Karriere als Ritter den Aufstieg in den Senat schaffte. Er starb vor 218. Die lateinisch und griechisch formulierte Inschrift auf seinem Grabstein[60] listet stolz die Stationen seiner Karriere auf: Er war Prokurator für die römische Wasserversorgung, Prokurator in Britannien, Prokurator für das kaiserliche Privatvermögen (das Jahresgehalt stieg dabei von 100 000 über 200 000 auf 300 000 Sesterzen, was die zunehmende Bedeutung dieser Stellen zeigt), er vertrat zeitweise den *praefectus praetorio* und den *praefectus urbi*, wurde Senator, Präfekt der wichtigen Versorgungskasse für die Veteranen, Legionskommandeur und schließlich Statthalter der nordafrikanischen Provinz *Numidia*. Er hinterließ bei seinem Tod mehrere Kinder, von denen wir nur eines kennen, den 203 oder 204 geborenen Sohn Elagabal. Dieser „zeichnete sich durch seine schöne Gestalt und seine Priesterwürde aus; auch war er allen Tempelbesuchern bekannt, insbesondere den Soldaten"[61] der bei Emesa stationierten Legion.

Die Großzügigkeit des Macrinus gegenüber der weiblichen Verwandtschaft Caracallas sollte sich bald rächen. Sie nutzte ihren Reichtum und Caracallas Ansehen beim Heer,[62] um ihm die Macht zu entreißen. Maesa, die von ihrem kaiserlichen Schwager gelernt hatte, was bei Soldaten verfängt, präsentierte ihnen ihren Enkel Elagabal als vermeintlichen Sohn des Caracalla – wie leicht sich seine Mutter Soaemias überreden ließ, ihren guten Ruf der Aussicht auf eine kaiserliche Zukunft zu opfern, ist nicht bekannt – und versprach ihnen große Geldgeschenke, wenn sie von Macrinus abfielen.[63] Auf diese Weise gelang es, die bei Emesa stationierte Legion für Elagabal zu gewinnen.

Mit ähnlichen Mitteln kämpfte Macrinus um den Erhalt seiner Macht. Als er in Apameia vom Putsch des Elagabal erfuhr, „ernannte er seinen Sohn [Diadumenianus] zum *Augustus*, obwohl dieser erst im zehnten Lebensjahr stand. Dies lieferte ihm einen Grund, um die Gunst der Soldaten auf verschiedene Weise zu gewinnen, vor allem durch das Versprechen von 20 000 Sesterzen pro Mann, von denen er jeweils 4 000 Sesterzen sofort verteilte."[64] Doch nachdem der Versuch der von ihm nach Emesa geschickten Truppen, das dortige Legionslager wieder unter Kontrolle zu bringen, gescheitert war, zog er sich nach Antiochia zurück.

Diadumenianus ist der erste Träger des Titels *Augustus*, der nicht in die Herrschaft eingebunden war. Seine Mutter gehört also nur nominell in die Reihe der Kaisermütter. Die HA überliefert ihren (möglicherweise fiktiven) Namen Nonia Celsa.[65] Da im Jahr 202 ein Haius Diadumenianus Prokurator der Provinz *Mauretania Tingitana* war, diese sogar zeitweise zusammen mit der Nachbarprovinz, aus der der Kaiser stammte (siehe S. 99), leitete, spricht manches dafür, dass die Mutter des jungen *Augustus* dessen Tochter war.[66]

Der Senat unterstützte zunächst Macrinus: „Er erklärte und verkündete den Krieg und zwar nicht nur dem Empörer und seinem Vetter, sondern auch ihren Müttern und ihrer Großmutter und gewährte denen, die sich ihm bei der Erhebung angeschlossen hatten, im Falle der Unterwerfung Straflosigkeit."[67] Ansonsten hielt der Senat (dem ja Macrinus nie angehört hatte) nicht viel vom Kaiser, wie der Senator Dio klar macht: „Seine Bemerkungen, was die Soldaten anlangte, wurden verlesen, und derentwegen verurteilten wir noch härter seinen Kleinmut und seine Torheit. Insbesondere nannte er sich dauernd Vater und Diadumenianus seinen Sohn und schimpfte über die Jugend des falschen Antoninus [Elagabal], obwohl er selbst seinen viel jüngeren Sohn zum *Augustus* ernannt hatte."[68]

Bei einem Dorf in der Nähe von Antiochia kam es zur kriegsentscheidenden Schlacht. Elagabals „Truppen lieferten nur einen ganz schwächlichen Kampf und wären niemals stehen geblieben, wenn nicht Maesa und Soaemias, die bereits in der Nähe des Knaben weilten, von ihren Fahrzeugen gesprungen wären, sich auf die fliehenden Soldaten gestürzt und unter Wehklagen die Männer von weiterer Flucht abgehalten hätten; dazu kam noch, dass man sah, wie der Knabe selbst das kleine Schwert, mit dem er gegürtet war, zückte und auf einem Pferd und in einem Galopp, wie ihn nur eine Gottheit einzugeben vermochte, entlangsprengte, als wollte er sich auf die Feinde stürzen. Doch auch dann noch hätten die Truppen erneut kehrtgemacht, wenn nicht Macrinus angesichts ihres Versuches, Widerstand zu leisten, die Flucht ergriffen hätte."[69] Macrinus und sein Sohn fanden den Tod. Der Senat und das Volk von Rom „fügten sich der Notwendigkeit, da es das Heer so entschieden hatte".[70]

Auch wenn Maesa und Soaemias eine wichtige, vielleicht sogar die entscheidende Rolle bei den Kämpfen spielten, konnten sie Elagabals Truppen nicht allein in den Kampf führen. Doch wer sie dabei unterstützte, ist unklar. Weder weiß man, ob es sich bei den von Dio erwähnten Eutychianus und Gannys um dieselbe Person handelt, noch ob einer von ihnen mit einem anderswo erwähnten Mann (infrage kommt Publius Valerius, Konsul im Jahr 220) identisch ist.[71]

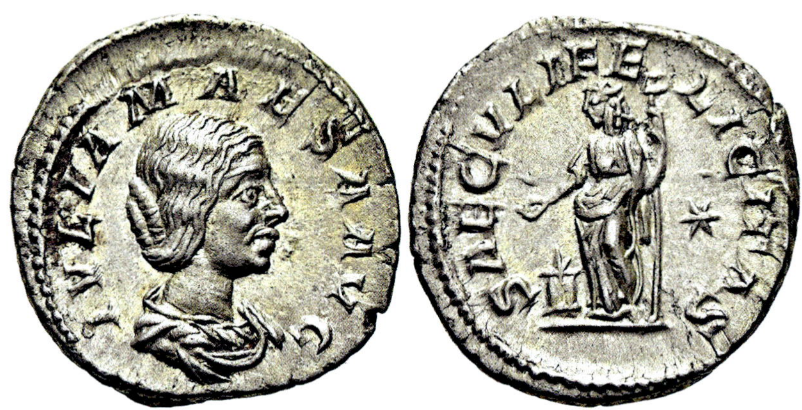

Abb. 44: Iulia Maesa Augusta

Bald nach dem Antritt der Herrschaft verlieh Elagabal Mutter und Großmutter den Titel *Augusta*.

Die Großmutter IVLIA MAESA AVGVSTA sehen wir in Abb. 44 auf dem Avers eines unter Elagabal geprägten Denars als ältere Frau, deren schlichte Frisur sich deutlich von der ihrer Schwester unterscheidet. Dass Maesa in der *domus divina*, dem (göttlichen) kaiserlichen Hof, eine bedeutendere Rolle als die Kaisermutter spielte, zeigen die Akten der Arvalbrüder. In ihnen lesen wir, dass die Brüder „am 14. Juli 218 auf dem Kapitol im Tempel der Königin Iuno zusammenkamen, um die jährlichen Opfer für das Heil und die Unversehrtheit des Caesars [Elagabal] … und der Augusta Iulia Maesa, der Großmutter unseres Augustus, und ihres gesamten göttlichen Hauses darzubringen".[72] Es ist wohl einzigartig, dass hier die Großmutter des Kaisers, nicht aber seine Mutter erwähnt wird.

Es verwundert daher nicht, dass Elagabals Mutter seltener als seine Großmutter auf Münzen zu sehen ist. Auf dem in Abb. 45 gezeigten Denar scheint Soaemias unsicher in die Zukunft zu blicken. Die Umschrift IVLIA SOAEMIAS AVGVSTVA rahmt eine Frau mit leicht gewellten Haaren, die die Ohren bedecken. Das kleine, in den Nacken eingebettete Nest wirkt eher zufällig geformt. Auf dem Revers blickt IVNO REGINA, die Königin Iuno, also die mächtigste Göttin des römischen Pantheons in ihrer Rolle als Beschützerin Roms, auf das in ihrer linken Hand stehende Palladium, das hölzerne Kultbild der Athene mit Schild und erhobener Lanze, das der Sage nach Aeneas nach Rom gebracht hatte.

Eine andere Gottheit sehen wir auf dem Revers des in Abb. 46 wiedergegebenen Aureus. Im Abschnitt ist dort ELAGABAL zu lesen, womit nicht der Kaiser gemeint ist, den wir unter diesem Namen kennen. Dessen Porträt wird auf der Vorderseite von seinen offiziellen Namen und Titeln IMP(erator) C(aius) M(arcus) AVR(elius) ANTONINVS P(ius) F(elix) AVG(ustus) umrahmt. Elagabal meint vielmehr den vom Kaiser verehrten Gott. Im Zentrum seines Kultes stand ein heiliger Stein, den der Kaiser nach Rom überführen ließ. Er liegt hier – von vier Sonnenschirmen beschattet – in einer Quadriga. Die Umschrift SANCT(o) DEO SOLI identifiziert ihn mit dem römischen Sonnengott und gliedert ihn

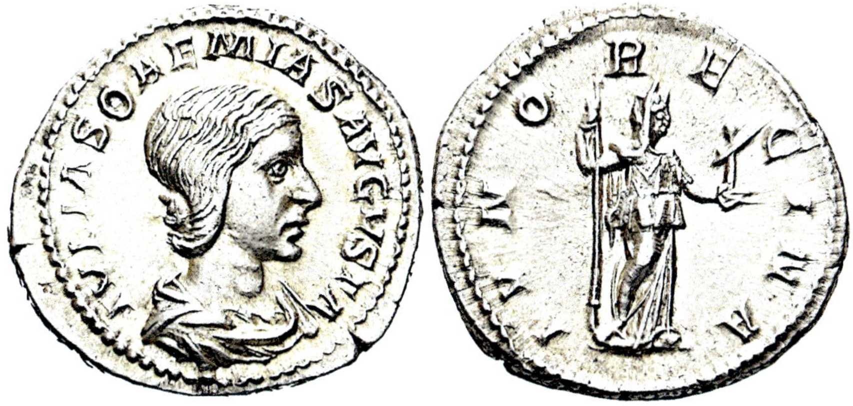

Abb. 45: Iulia Soaemias

so an prominenter Stelle in den römischen Götterhimmel ein – was nicht überall auf Gegenliebe stieß.

Der Kaiser fühlte sich in erster Linie als Priester dieses Gottes. Entsprechend trat er auf: „Er kleidete sich in die aufwändigsten Gewänder aus golddurchwirkten Purpur-Stoffen, schmückte sich mit Halsketten und Armbändern und trug eine aus Gold und bunten Edelsteinen gefertigte Krone in Form einer Tiara auf dem Kopf. … Maesa sah dies alles mit Unwillen und versuchte ihn durch Bitten dahin zu bringen, sich römisch zu kleiden, … um die Zuschauer nicht durch einen fremdartigen oder gänzlich barbarischen Anblick von vornherein vor den Kopf zu stoßen. Diese seien so etwas nicht gewohnt und meinten, dass sich ein solcher Aufzug nicht für Männer, sondern nur für Frauen schicke. Doch er kümmerte sich nicht um die Worte der Alten und hörte überhaupt auf niemanden.“[73] Na-

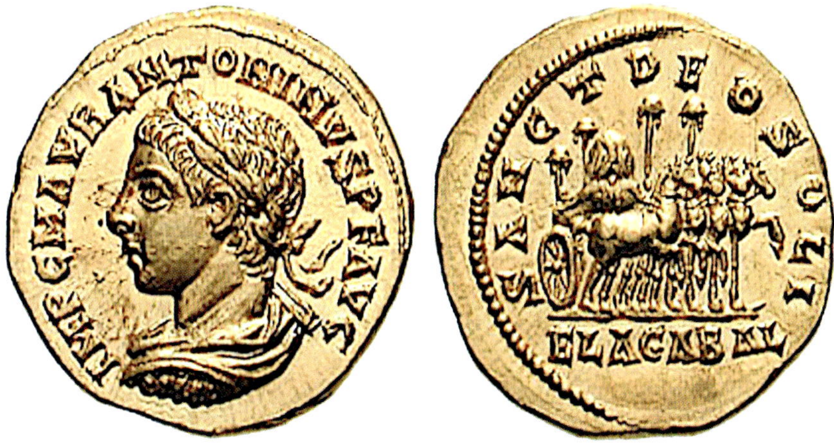

Abb. 46: Elagabal und sein Gott

türlich stießen auch die Appelle seiner Großmutter, sparsamer zu wirtschaften, auf taube Ohren.[74]

Dass sich Großmutter und Enkel nicht verstanden, verwundert nicht. Maesa hatte neben und von ihrer Schwester Domna in mehr als zwei Jahrzehnten die Gepflogenheiten und ungeschriebenen Gesetze Roms kennengelernt, während der pubertierende Kaiser seine Rolle als Hohepriester seines Gottes, für die er erzogen worden war, nun vor großem Publikum zelebrieren wollte. Vollkommen unglaubwürdig ist daher die Aussage der HA, Elagabal sei seiner Mutter „so ergeben gewesen, dass er ohne ihre Zustimmung keinen Staatsakt vornahm, obwohl sie im Stil einer Dirne lebte und am Hof alle möglichen Schandtaten beging; hatte sie doch schon mit Caracalla schändlichen Verkehr, aus dem nach allgemeiner Überzeugung Elagabal hervorging."[75]

Dass Elagabals aus taktischen Gründen verbreitete Abstammung von Caracalla (Dio nennt ihn deswegen Pseudantoninos, falschen Antoninus) hier für bare Münze genommen wird, belegt zusätzlich den geringen Wert dieser Aussage. Ohnehin ist sie nur eine Randnotiz zu den unzähligen sexuellen Praktiken und Abartigkeiten Elagabals, von denen die HA berichtet. Es ist geradezu erholsam, dazwischen zu erfahren, dass er den Retsina erfunden hat, gerne Kämme verzehrte, die man lebenden Hähnen abgeschnitten hatte, und Schuhe nur einmal zu tragen pflegte.[76]

Elagabal war dreimal verheiratet. Seine zweite Frau war eine – zur Ehelosigkeit verpflichtete – Vestalin, die er nach einem halben Jahr verstieß, aber ein halbes Jahr später – nach der Verstoßung seiner dritten Frau – wieder bei sich aufnahm. „Er trieb sein Spiel aber nicht nur mit Menschen-Hochzeiten, sondern suchte auch für den Gott, dem er diente, eine Frau. Darum ließ er das Palladium, das die Römer im Verborgenen und unsichtbar verehren, in sein eigenes Zimmer schaffen … und führte es seinem Gott zur Hochzeit zu. Bald aber erklärte er, sein Gott finde keinen Gefallen an der waffenstarrenden und kriegerischen Göttin, und ließ deshalb das Kultbild der Urania [Tanit, lat. Caelestis] holen, welches die Karthager und die übrigen Bewohner Libyens aufs höchste verehren."[77]

Passend dazu führte seine Mutter in die Reichsprägung eine neue Göttin ein. Auf dem Revers des in Abb. 47 gezeigten Denars thront die Venus Caelestis, also die mit Venus gleichgesetzte Hauptgöttin von Karthago, mit einem Apfel in der Rechten und einem langen Zepter in der Linken. Vor ihr steht ein kleines Kind, das auf die Rolle der Soaemias als Mutter des Kaisers hinweisen könnte.

Im Gegensatz dazu blieben die Prägungen für Iulia Maesa bewusst in dem von Iulia Domna vorgegebenen Rahmen. Zu sehen ist dies etwa an dem in Abb. 44 gezeigten Denar, auf dessen Rückseite die *Felicitas*, das personifizierte Glück, über einem Altar opfert. Die Umschrift SAECVLI FELICITAS, die passend dazu das Glück des Zeitalters preist, findet sich auch auf Münzen ihrer Schwester.

Maesa verfolgte das Treiben am Hof mit zunehmender Beunruhigung. „Sie hatte die Sorge, dass den Soldaten eine solche Lebensweise des Kaisers missfalle und sie, wenn ihm etwas zustieße, wieder ins gewöhnliche Privatleben stürze. Daher überredete sie den ohnehin oberflächlichen und unverständigen Burschen, seinen Vetter, also ihren Enkel von der

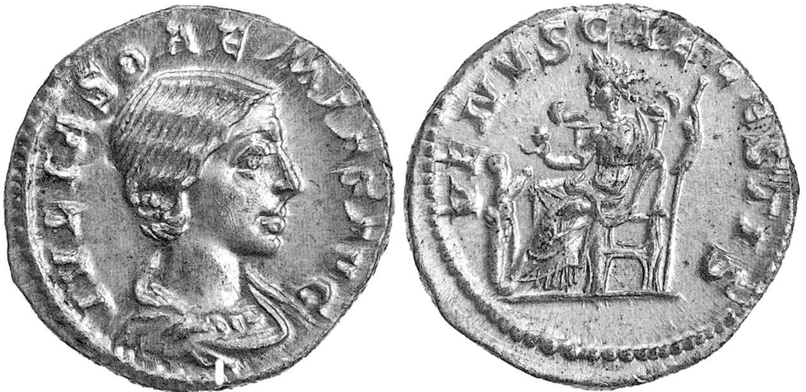

Abb. 47: Soaemias und Venus Caelestis

zweiten Tochter Mamaea, als seinen Sohn einzusetzen und zum *Caesar* zu ernennen. Sie erwähnte lauter Dinge, die für ihn angenehm klangen, etwa wie wichtig es sei, dass er selbst mehr Zeit für sein Priestertum und die Verehrung seines Gottes habe und sich den … heiligen Riten widmen könne; doch müsse sich dann ein anderer um die irdisch-menschlichen Verwaltungsaufgaben kümmern. … Allerdings dürfe man dafür weder einen Fremden, noch einen mit ihm nicht Verwandten aussuchen, sondern müsse dies seinem Vetter übertragen."[78]

Elagabal ließ sich überzeugen. Er „brachte seinen Vetter in den Senat, wies Maesa und Soaemias an, sich links und rechts neben ihn zu stellen und nahm ihn dann an Sohnes statt an; und er beglückwünschte sich, dass er plötzlich, obwohl nicht viel älter als dieser, Vater eines so großen Jungen geworden sei, und erklärte, dass er keineswegs ein weiteres Kind brauche, damit sein Haus frei von jedem Kummer fortbestehe. Der Gott Elagabal habe ihm nämlich, wie er sagte, den Auftrag erteilt, so zu verfahren und ferner seinem Sohn den Namen Alexander zu geben."[79]

Auch Alexanders Erhebung zum *Caesar* wurde vom willfährigen Senat bestätigt.[80] Militärdiplome – also exakt datierte, vom Kaiser verliehene Urkunden über eine ehrenvolle Entlassung aus dem Militärdienst – zeigen, dass Alexander den so einzig- wie eigenartigen Titel „edelster *Caesar* des Reichs und des Priesters" trug. Mit Letzterem ist Elagabal gemeint, der in diesen Diplomen als *Augustus sacerdos* auftritt. Alexanders Titel soll wohl eine – nicht klar umschriebene – Teilhabe an der Herrschaft ausdrücken.[81] Im Jahr 222 ist der neue *Caesar* Elagabals Amtskollege im Konsulat.

Dio berichtet als (anlassbezogene) Besonderheit, dass bei der Adoption Elagabals Großmutter und Mutter seinen neuen Sohn in den Senat begleiteten. Womöglich ging die Initiative dazu von Maesa aus, die dadurch verhindern wollte, dass bei dieser Zeremonie etwas schief lief. Das von Dio geschilderte Szenario ist jedenfalls wesentlich glaubwürdiger als die von der HA behauptete permanente Präsenz von Elagabals Mutter im Senat: „Als der Senat seine erste Tagung abhielt, befahl er, dass seine Mutter in den Senat eingeladen werde.

Sie erschien, erhielt einen Platz neben den Bänken der Konsuln angewiesen und fungierte als Zeuge bei der Ausfertigung des Senatsbeschlusses. Elagabal war der einzige von allen römischen Kaisern, unter dem eine Frau gewissermaßen wie ein Mitglied des Senats anstelle eines Mannes das Hohe Haus betrat.“[82]

Selbst wenn man davon absieht, dass der Autor die Gepflogenheiten im Senat nicht kannte (die Konsuln saßen nicht auf einer Bank, sondern jeder auf seinem Amtsschemel, der *sella curulis*) und er an anderer Stelle dasselbe von Elagabals Großmutter behauptet,[83] passt eine solche ernsthafte Tätigkeit nicht zum Bild, das die HA sonst von Soaemias zeichnet, etwa als Vorsitzende eines Frauensenats (*senaculum, id est mulierum senatum*), in dem „lächerliche Senatsbeschlüsse [*senatus consulta ridicula*] gefasst wurden, die Bestimmungen über weibliche Angelegenheiten betrafen. Da wurde geregelt, welche Frau welche Tracht tragen durfte, welche Frau jeweils vor der anderen den Vortritt hatte, welche Frau jeweils bei der anderen zum Kuss zugelassen war, welche Frau sich eines Gefährts, eines Pferdes, eines Saumtieres, eines Esels bedienen durfte, welcher Frau ein Maultiergespann, ein Ochsengespann oder ein Tragsessel zustand und ob für diesen Pelzwerk, Bein, Elfenbein oder Silber verwendet werden durfte und welche Damen Gold oder Edelsteine am Schuhzeug tragen durften.“[84]

Offenkundig wird hier der banale Sachverhalt, dass sich die Frauen der verschiedenen gesellschaftlichen Schichten regelmäßig trafen und dabei selbstverständlich auch die – ja bisweilen sehr strikte – Kleiderordnung diskutierten, ins Lächerliche gezogen. Solche Zirkel gab es in verschiedenen Städten Italiens (so weiß man von einer *curia mulierum* in Lanuvium[85]). In Rom trafen sich natürlich auch die Frauen aus dem Senatorenstand (siehe S. 60). Diese Runde erhielt wohl später – zunächst vielleicht spöttisch – den Namen *senatus mulierum*,[86] der sich im Laufe der Zeit einbürgerte. So spricht um 400 der Kirchenvater Hieronymus in einem Brief – in dem er versichert, das hektische Treiben Roms nicht zu vermissen – davon, dass man sich in diesem Frauensenat täglich treffe,[87] möglicherweise in einem von Hadrians Gattin Sabina errichteten und von Iulia Domna restaurierten Gebäude am Fuße des Quirinal.[88]

Die von der Adoption erhoffte Harmonie im Kaiserhaus stellte sich nicht ein – zu unterschiedlich waren die „elterlichen“ Interessen an Alexander. Elagabal war entschlossen, dem neuen Sohn „seine Lebensweise beizubringen, zu tanzen, im Chor mitzuwirken und das Priesteramt in Aussehen und Tun mit ihm zu teilen. Seine Mutter Mamaea aber entzog ihn solchen schändlichen, einem Kaiser nicht geziemenden Tätigkeiten; heimlich holte sie Lehrer für alle Unterrichtsfächer … und zog ihn in griechischer und römischer Bildung auf. Darüber war Elagabal sehr verärgert und bereute es, ihn als Sohn und Teilhaber der Herrschaft eingesetzt zu haben. Er verjagte sämtliche Lehrer vom kaiserlichen Hof, einige der berühmtesten ließ er umbringen oder mit Verbannung bestrafen, wofür er die lächerlichsten Gründe anführte: Sie würden den vermeintlichen Sohn verderben, indem sie ihn nicht tanzen oder Orgien feiern ließen, sondern ihn Besonnenheit und Mannhaftigkeit lehrten. Er verstrickte sich derart im Wahnsinn, dass er alles, was sich auf der Bühne und in den öffentlichen Theatern fand, zu den höchsten kaiserlichen Ämtern beförderte.“[89]

Schon am 1. Januar, als Elagabal und Alexander ihr Konsulat antreten sollten, kam es beinahe zum Eklat, da sich Elagabal weigerte, „an der Seite seines Vetters in der Öffentlichkeit aufzutreten. Erst als ihm Großmutter und Mutter erklärten, ihm drohe von den Soldaten der Tod, wenn diese nicht die Vettern in gegenseitiger Eintracht erblickten, legte er die Toga mit dem Purpursaum an und begab sich in der sechsten Stunde in den Senat, wohin er seine Großmutter einlud, die er dann zu ihrem Sitz geleitete. Hernach weigerte er sich, zur Darbringung der Gelübde und Verrichtung der Zeremonien aufs Kapitol zu gehen; er ließ einfach alles durch den Stadtprätor vornehmen, als gäbe es in Rom keine Konsuln."[90]

„Als so alles, was man vormals in Ehren gehalten hatte, Frevel und trunkenem Fanatismus preisgegeben wurde, empfanden alle Menschen, vor allem aber die Soldaten Ärger, Widerwillen und Abscheu. … Also zeigten sie wachsende Zuneigung zu Alexander und setzten größere Hoffnungen auf den gemäß Anstand und Vernunft erzogenen Knaben. Da sie sahen, dass Elagabal Böses im Schilde führte, bewachten sie ihn auf jegliche Weise. Auch seine Mutter Mamaea ließ dem Knaben kein Getränk und keine Speise vorsetzen, die von jenem kamen. … Ohne dass es jemand merkte, stiftete sie auch Geld, das unter der Hand an die Soldaten verteilt werden sollte, um deren Zuneigung zu Alexander auch durch Geld – worauf sie ja am meisten aus sind – zu gewinnen. Als Elagabal dies erfuhr, stellte er auf jegliche Art Alexander und seiner Mutter nach. Doch alle diese Anschläge vereitelte beider Großmutter Maesa. … Als er mit seinen Nachstellungen keinen Erfolg hatte, wollte er dem Knaben den Titel *Caesar* wieder nehmen und Alexander war nun weder bei offiziellen Begrüßungen noch bei Umzügen zu sehen. Die Soldaten aber verlangten nach ihm und äußerten ihren Unwillen darüber, dass er aus der Herrschaft gedrängt werde. Elagabal verbreitete sogar das Gerücht, dass Alexander tödlich erkrankt sei, um zu erfahren, wie die Soldaten darauf reagieren würden."[91]

Sie reagierten aufgebracht: „Sie entsandten nicht mehr die übliche Wache für Elagabal, schlossen sich in der Prätorianerkaserne ein und verlangten, Alexander in ihrem Heiligtum zu sehen. Darüber geriet Elagabal in große Furcht, nahm Alexander zu sich in die reichlich mit Gold und Edelsteinen verzierte kaiserliche Sänfte und ließ sich zusammen mit ihm zur Kaserne bringen. Nachdem die Soldaten die Tore geöffnet, sie hereingelassen und in ihr Heiligtum geführt hatten, begrüßten sie Alexander überaus freundlich und mit freudigen Zurufen, gaben sich aber Elagabal gegenüber wesentlich nachlässiger. Darüber war jener verstimmt und – nachdem er im Kasernen-Heiligtum übernachtet hatte – richtiggehend wütend und voll Zorn auf die Soldaten. Er befahl, diejenigen, die in ehrloser und übermäßiger Weise dem Alexander zugejubelt und so Aufruhr und Unruhe verursacht hätten, zu verhaften und zu bestrafen. Die darüber empörten Soldaten … sahen den passenden Moment und einen gerechten Anlass gekommen, Elagabal und seine Mutter Soaemias – als *Augusta* und Mutter des Kaisers war sie nämlich zugegen – umzubringen und ebenso dessen Umgebung, so viele sie davon im Lager antrafen und als Diener und Helfer seiner Verfehlungen ansahen. Die Leichen … wurden lange Zeit durch die ganze Stadt gezerrt und geschändet und schließlich in die Abwasserkanäle geworfen, die in den Tiber fließen." Elagabals Großmutter blieb dagegen unbehelligt. Sie hatte sich rechtzeitig von ihrem älteren Enkel distanziert und auf den jüngeren gesetzt.

Dio weiß etwas mehr über Elagabals ruhmloses Ende: Als er „einen erneuten Anschlag gegen Alexander plante und die Prätorianer darüber ihre Empörung ausdrückten, betrat er mit ihm zusammen das Lager. Wie er nun dort bemerkte, dass man ihn bewache und er mit seinem Tod rechnen müsse – beider Mütter lagen noch deutlicher als je zuvor in gegenseitigem Streit und reizten dadurch die Soldaten –, versuchte er irgendwie zu entkommen. Und eingeschlossen in einer Kiste hätte er vielleicht irgendwohin entwischen können, doch er wurde entdeckt und ermordet – im Alter von 18 Jahren. Seine Mutter, die ihn in ihren Armen fest umschlungen hielt, fand mit ihm zusammen den Tod. Hierauf schlug man ihnen den Kopf ab, entkleidete die Toten und schleifte sie zunächst durch die ganze Stadt; der Leichnam der Mutter wurde irgendwo hingeworfen, der ihres Sohns im Fluss versenkt."[92]

Das unwürdigste Ende hat natürlich die HA zu bieten: Elagabal „wurde auf der Latrine, in die er sich geflüchtet hatte, umgebracht".[93] Weiter lesen wir dort: „Mit ihm wurde auch seine Mutter Soaemias erschlagen, eine höchst schändliche, eines solchen Sohns würdige Frau. Nach dem Sturz des Elagabal wurde vor allem Vorsorge getroffen, dass nie wieder eine Frau den Senat betrete und der Urheber eines solchen Frevels mit Leib und Seele den Unterirdischen verfallen sei."[94] Offenkundig gab es für den Verfasser der HA kein größeres Sakrileg.

3.3 Dominierend – Iulia Mamaea und Severus Alexander

Nach Elagabals Ermordung am 11. März 222 war der Weg frei für Severus Alexander. „Die Soldaten proklamierten ihn zum *Imperator* und geleiteten ihn zum Kaiserpalast; er war freilich noch sehr jung und unterstand gänzlich der Führung durch Mutter und Großmutter."[95] Offenkundig war sein Vater Gessius Marcianus zu diesem Zeitpunkt nicht mehr am Leben. Seine Mutter Iulia Mamaea war mit diesem aus der Stadt Arca (heute das libanesische Arqa) stammenden Ritter, „der mehrere Posten als Prokurator versehen hatte",[96] in zweiter Ehe verheiratet gewesen. Da ihr erster Gatte Konsular war, hatte sie damit unter ihrem Stand geheiratet, aber von ihrem kaiserlichen Onkel das Privileg erhalten, weiterhin konsularen Status zu genießen.[97]

Seit seiner Adoption durch Elagabal war Alexander rechtlich dessen Sohn; Elagabal wiederum war offiziell Caracallas Sohn. In den bereits erwähnten Militärdiplomen ist daher Alexander der Sohn des Elagabal, der Enkel des (dort *Divus* Antoninus Magnus genannten, also – wohl unter Elagabal – vergöttlichten) Caracalla und der Urenkel des Septimius Severus.[98] Als Elagabal nach seinem Tod der *damnatio memoriae* verfiel und „sein Name auf Beschluss des Senats in den amtlichen Aufzeichnungen ausgekratzt wurde",[99] war die für Alexanders Legitimation wichtige Verbindung zu Septimius Severus, dem Begründer der Dynastie, weggebrochen. Die stellte er wieder her, indem er den Namen Severus annahm. Den ihm vom Senat angetragenen Namen Antoninus Magnus, den Caracalla geführt hatte, lehnte er – wohl auf Anraten von Mutter und Großmutter – ab.[100]

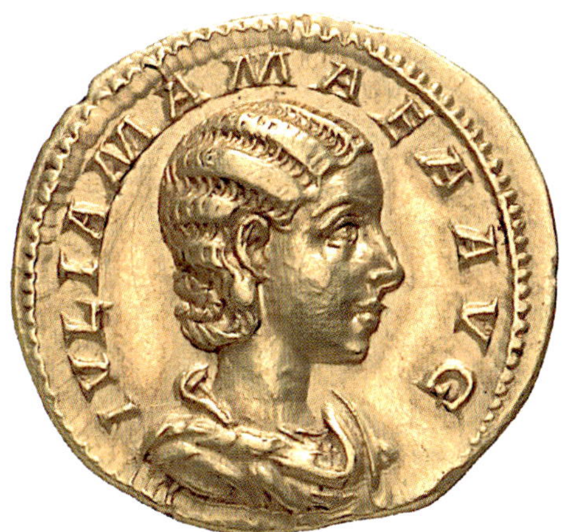

Abb. 48: Iulia Mamaea

Nach Elagabals *damnatio memoriae* galt es, die Militärdiplome entsprechend anzupassen, ohne Alexanders Verbindung zu Septimius Severus zu kappen. Da andererseits die Aufzählung der Vorfahren notwendig mit dem Vater zu beginnen hatte, machte man aus Großvater und Urgroßvater einfach Vater und Großvater.[101] Schon wegen der so fiktiven wie imposanten (Adoptiv-)Ahnenreihe, die sich Septimius Severus zugelegt hatte (siehe S. 95), ist es unwahrscheinlich, dass dieser neue „Stammbaum" näher hinterfragt wurde, geschweige denn, dass Iulia Mamaea gegenüber Volk und Armee Alexander als illegitimen Sohn Caracallas ausgeben musste.[102]

Alexander „erhob sogleich seine Mutter zur *Augusta*".[103] Wir sehen die IVLIA MAMAEA AVG(usta) in Abb. 48 auf einem wohl wenig später geprägten Aureus. Er zeigt eine aufmerksam blickende jüngere Frau ohne jeglichen Schmuck. Die eng anliegenden Haare sind in akkurat gebrannten Lockentälern nach hinten geführt, wo sich über eingeschlagenen Haarwellen ein kleines Nest in die Nackenrundung schmiegt – eine Frisur, die wegen ihrer Optik auch Helmfrisur genannt wird.

Die HA stellt uns Mamaea als „gottgefällige [*sancta*], aber geizige und nach Gold und Silber gierende Frau"[104] vor. Diese Gier nach Gold scheint sie mit ihrem Sohn geteilt zu haben.[105] Von Mamaeas Habsucht weiß auch Herodian, der dafür einen – für ihn allerdings vorgeschobenen – Grund nennt. Alexander „wurde ärgerlich, da er ihre Geldgier sah und erkannte, wie übermäßig sie darauf versessen war. Denn obwohl sie als Begründung dafür angab, dass sie es zusammenscharre, damit er reichlich und problemlos Mittel hätte, den Soldaten gefällig zu sein, hortete sie es für sich selbst. Bisweilen brachte es sogar seine Regierung in Verruf, wenn sie gegen seinen Willen und zu seinem Verdruss Besitz und manches Vermögen mit tückischer Missgunst an sich riss."[106] Nach der *Epitome de Caesaribus* habe Mamaea gar „ihren Sohn so knapp gehalten, dass selbst die Überbleibsel eines ohnehin mäßigen Mahls oder Frühstücks sogar bei einem Gastmahl wieder aufgetragen werden mussten".[107]

Die Charakterisierung der Mamaea als *sancta mulier* durch den heidnischen Autor der HA harmoniert mit christlichen Quellen, die Mamaea sogar Interesse an den christlichen Lehren attestieren. „Der Ruf des [um 185 in Alexandria geborenen Theologen und Philosophen] Origenes hatte sich überallhin so sehr verbreitet, dass er auch zu Ohren der Mamaea, der Mutter des Kaisers, drang. Gottesfürchtig wie sie war, lag dieser Frau viel daran, den Mann von Angesicht zu Angesicht zu sehen und eine Probe seiner allgemein bewunderten theologischen Kenntnisse zu erhalten. Während sie sich in Antiochia aufhielt, ließ sie ihn daher unter militärischem Schutz zu sich kommen. Origenes blieb einige Zeit bei ihr und legte ihr sehr vieles dar zur Ehre des Herrn und der vortrefflichen göttlichen Schule."[108]

Mamaeas Interesse an philosophischen Themen passt zur Einstellung ihrer Tante Domna (siehe S. 98), aber auch zu Alexanders Haltung gegenüber den Christen, die die HA kurz so zusammenfasst: „Die Christen ließ er in Frieden."[109] Allerdings übertreibt wohl Orosius, wenn er Mamaea eine Christin nennt.[110]

Mamaea „besorgte die Leitung der Staatsgeschäfte und sammelte kluge Männer um ihren Sohn, damit sich durch sie seine Denkweise richtig ausbilde. Auch aus dem Senat wählte sie die besten Männer als Ratgeber hinzu und unterrichtete sie von allem, was zu erledigen war."[111] Mamaea war also klar, dass die Herrschaft ihres minderjährigen Sohns ohne einen erfahrenen Beraterstab – also ohne ein hochkarätig besetztes *consilium principis*, in dem Senatoren und Ritter die vor den Kaiser gebrachten juristischen, militärischen und politischen Fragen erörterten – zum Scheitern verurteilt wäre.

Dies attestiert auch Herodian: Mutter und Großmutter „wählten zunächst aus dem Senat sechzehn Männer aus, die nach ihrem Alter am ehrwürdigsten und in ihrem Lebensstil am vernünftigsten schienen, um Beisitzer und Ratgeber des Kaisers zu sein; und nichts wurde verlautbart oder unternommen, ohne dass jene es beurteilt und mit beschlossen hatten. … Zugleich vertrauten sie alle politischen und richterlichen Angelegenheiten Männern an, die als Redner hochangesehen und gesetzeskundig waren, die militärischen Aufgaben aber denen, die geprüft und bewährt waren durch strategische und kriegerische Praxis."[112]

So holte man den von Elagabal verbannten Juristen Paulus zurück.[113] Insbesondere bekam aber der aus Tyros stammende Ulpian, „der unter den römischen Juristen meistbenutzte und dadurch auch wirkungsmächtigste juristische Schriftsteller",[114] eine zentrale Rolle als *praefectus praetorio*, Rechtskundiger und *praefectus annonae*.[115] Letztgenanntes Amt, in dem er für die Versorgung Roms mit Getreide und anderen Nahrungsmitteln zuständig war, übertrug ihm wahrscheinlich schon Elagabal. Dass Ulpian spätestens seit November 222 *praefectus praetorio* war, ist einem Antwortschreiben des Severus Alexander zu entnehmen.[116] Darin ist er für den Kaiser *parens meus*, was man mit „mein Vater" oder „mein Vetter" übersetzen kann und jedenfalls ein enges Vertrauensverhältnis beschreibt. Gut möglich, dass dies – wie die HA berichtet – Mamaea nicht unbedingt behagte: „Den Ulpian betrachtete er als seinen *tutor*, wogegen sich seine Mutter anfangs sträubte, später aber ihre Dankbarkeit äußerte. … Er war auch deshalb ein höchst angesehener Herrscher,

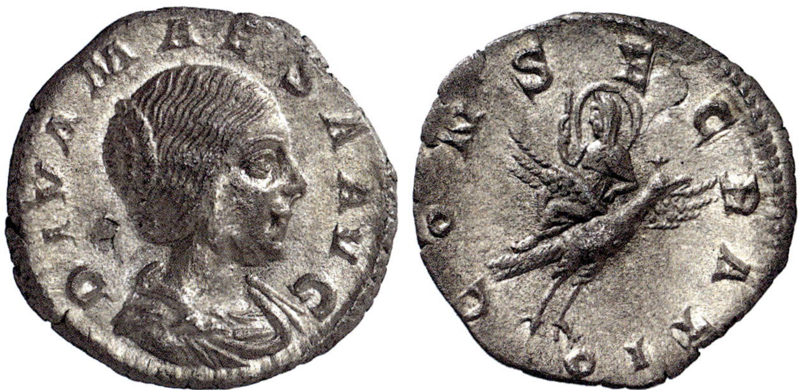

Abb. 49: Diva Maesa

weil er vornehmlich nach seinen Ratschlägen regierte."[117] Diese hervorgehobene Stellung des Ulpian gefiel nicht allen. Der Kaiser musste ihn „des öfteren vor der Wut der Soldaten schützen, indem er ihn mit seinem Purpurmantel deckte". Doch die Autorität des jungen Kaisers war begrenzt. Probleme bereitete, dass Alexander bei seinem Regierungsantritt zwei erfahrene Offiziere zu Prätorianerpräfekten ernannt, diesen aber wenig später Ulpian vor die Nase gesetzt hatte. Als Ulpian den beiden illegale Handlungen nachweisen konnte und sie hinrichten ließ, kam es zur Rebellion. Ulpian wurde „nicht lange darauf bei einem nächtlichen Überfall der Prätorianer niedergemacht und es half ihm nichts, dass er zum Palast hinaufeilte und beim Kaiser und seiner Mutter Zuflucht suchte."[118] Dies passierte wohl in der ersten Hälfte des Jahres 224.[119]

Mindestens seit diesem Jahr führte Mamaea den Titel *mater castrorum*. Maesa scheint jedoch ihr gegenüber den (protokollarischen) Vorrang behalten zu haben.[120] Da aber eine auf den 3. August 224 datierbare Inschrift die Großmutter bereits nicht mehr nennt, dürfte sie spätestens im Juli dieses Jahres gestorben sein.[121] Severus Alexander ließ sie nach ihrem Tod vergöttlichen. Der seltene Denar, der in Abb. 49 zu sehen ist, feiert die DIVA MAESA AVG(usta), die darauf deutlich jünger wirkt als auf der zu Lebzeiten geprägten Münze der Abb. 44. Auf dem Revers trägt ein Pfau mit ausgebreiteten Flügeln die Vergöttlichte in den Himmel. Alexanders Bindung an seine Mutter wird nach dem Tod seiner resoluten Großmutter noch zugenommen haben.

Eine Inschrift der Provinz *Africa proconsularis* aus dem Jahr 229 nennt Mamaea „Mutter des *Augustus* und des Feldlagers und des Senats und des Vaterlands".[122] Bis auf das fehlende *pia felix* stimmt dies mit Inschriften für Iulia Domna überein (siehe S. 101). Die Akten der Arvalbrüder zeigen, dass es sich dabei um offiziell verliehene Titel handelt.[123] Eine in der Provinz *Hispania citerior* gefundene Inschrift macht Mamaea sogar zur Mutter des gesamten Menschengeschlechts.[124] Selbst auf Meilensteinen wird sie genannt.[125]

Wie man in den Provinzen die Rolle der Kaisermutter wahrnahm, verrät die in der an der unteren Donau gelegenen Provinz *Moesia inferior* geprägte Münze, die in Abb. 50 zu

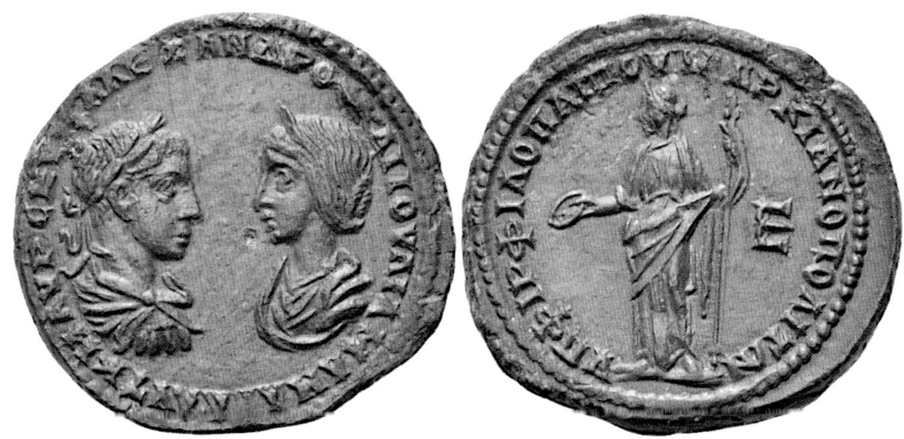

Abb. 50: Severus Alexander und seine Mutter Iulia Mamaea

sehen ist. Auf dem Avers stehen sich die Büsten des Severus Alexander (mit Lorbeerkranz) und der Iulia Mamaea (mit Diadem) ohne erkennbaren Rangunterschied gegenüber. Dies erinnert an die sehr ähnlich gestaltete Vorderseite des in Abb. 22 (auf S. 69) gezeigten Aureus. Die Umschriften unterscheiden sich allerdings in einem wichtigen Punkt. Die griechische Aversumschrift nennt die Namen beider Abgebildeten. Für die Kaisermutter lesen wir hinter ihrer Büste ΙΟΥΛΙΑ ΜΑΜΑΙΑ. Der Revers zeigt Hera mit langem Zepter und Opferschale.

Als Alexander in das heiratsfähige Alter kam, ging es für Mamaea darum, eine Hochzeit zu arrangieren, ohne durch die Gattin oder den Schwiegervater des Kaisers die eigene Stellung am Hof zu gefährden. Herodian stellt die Problematik, vor der Mamaea stand, so dar: „Als sie sah, dass er zum jungen Mann gereift war, und in der Befürchtung, dass er in der Blüte seiner Jahre aufgrund der Machtfülle, über die er straflos verfügen konnte, zu den familieneigenen Fehlern abirrte, hielt sie den ganzen Kaiserhof rundum unter Kontrolle, indem sie mit ihm niemanden in Kontakt treten ließ, der im Ruf eines schlechten Lebenswandels stand. Sein Charakter sollte nicht verdorben werden, indem Schmeichler seine jugendkräftigen Triebe zu schlechten Begierden aufreizten. Sie hielt ihn daher dazu an, ununterbrochen und den größten Teil des Tages Recht zu sprechen, so dass er vollauf mit den angesehenen und für den Kaiser unumgänglichen Pflichten beschäftigt war und keinen Augenblick Zeit fand, um sich den Lastern zu widmen. Dem stand auch eine von Natur aus sanfte und milde Wesensart Alexanders zur Seite, die zur Menschenfreundlichkeit tendierte. … Sie gab ihrem Sohn auch eine Frau aus einem vornehmen Haus, die sie jedoch später, als sie mit ihm zusammenlebte und von ihm geliebt wurde, wieder aus dem Palast vertrieb.“[126] Die vorausgehende langatmige Begründung für diese – wohl Ende 225 geschlossene – Ehe steht in befremdlichem Kontrast zu ihrer kurzen Abfertigung. Bezeichnend ist, dass Herodian – ebenso wie alle anderen Historiker – den Namen der Gattin verschweigt.[127]

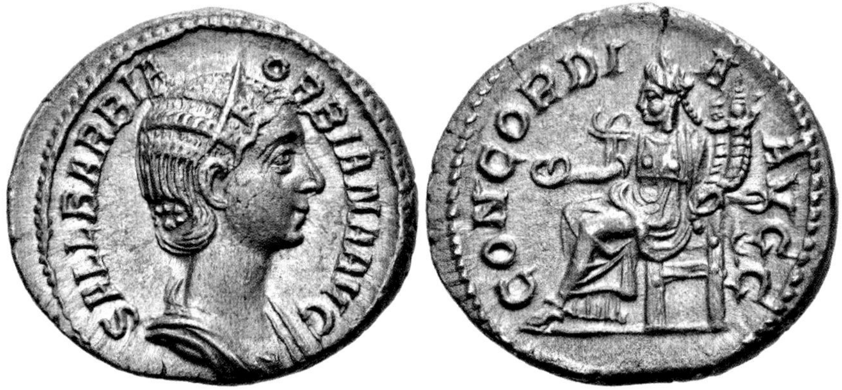

Abb. 51: Sallustia Orbiana

Ihren Namen Sallustia Barbia Orbiana verraten Inschriften und – angesichts der nur etwa zweijährigen Dauer der Ehe recht zahlreich geprägte – Münzen. Abb. 51 zeigt einen Denar, den Alexander anlässlich der Eheschließung für seine Gattin prägen ließ. Auf dem Avers sehen wir die junge SALL(ustia) BARBIA ORBIANA AVG(usta) mit Diadem und einer Frisur, die der ihrer Schwiegermutter in Abb. 48 ähnelt. Auf dem Revers wird die CONCORDIA AVGG, also die Eintracht zwischen dem *Augustus* und der *Augusta*, beschworen. Dazwischen thront die *Concordia* mit einer Opferschale in der Rechten und einem doppelten Füllhorn in der Linken. Den Titel *Augusta* erhielt Orbiana unmittelbar nach der Eheschließung.

Die Kaisermutter Mamaea rangierte allerdings vor der Kaisergattin Orbiana, wie eine in Nordafrika gefundene Inschrift[128] zeigt. Die darin getilgten Buchstaben sprechen dafür, dass Orbiana später der *damnatio memoriae* verfiel. Auch die Münzprägung lässt erkennen, dass die auf obigem Denar beschworene Eintracht nicht lange hielt: Bereits Ende August 227 endeten die Prägungen für Orbiana. Wäre sie damals gestorben, wären Gedenkprägungen (ähnlich denen für die verstorbene Großmutter) erfolgt. Daher könnte die Aussage der HA stimmen, dass der (dort fälschlich als *Caesar* bezeichnete) Schwiegervater „einen Anschlag auf Alexander geplant habe, nach Aufdeckung der Verschwörung hingerichtet und die Gattin verstoßen worden sei".[129]

Ebenso gut könnte aber auch Mamaea die Ehe hintertrieben haben, als sie bemerkte, dass Orbianas enges Verhältnis zu Alexander ihren Einfluss auf ihn schwinden ließ. Nach Herodian ging nämlich Mamaea „in ihrer Anmaßung so weit, dass der Vater der jungen Frau, obwohl er als dessen Schwiegervater von Alexander in Ehren gehalten wurde, die Anmaßung Mamaeas nicht mehr ertrug, die sie ihm und seiner Tochter gegenüber an den Tag legte, und sich daher in die [Prätorianer-]Kaserne flüchtete, wobei er sich jenem dankbar zeigte für die erwiesenen Ehren, gegen Mamaea aber wegen ihrer hochmütigen Anmaßung Vorwürfe erhob. Darüber aufgebracht befahl sie dessen Hinrichtung und verbannte die junge Frau, die sie schon aus dem Palast gejagt hatte, nach Afrika. Dies geschah freilich gegen Alexanders Willen, der es gezwungenermaßen geschehen ließ; denn die Mutter beherrschte ihn übermächtig und er tat alles, was sie von ihm verlangte."[130]

Nach der HA führte eine Rebellion zur Scheidung von Orbiana; versteht man allerdings Herodians Aussage, Mamaea habe Orbiana aus dem Palast gejagt, als von ihr erzwungene Scheidung, so wurde die Rebellion durch die Scheidung ausgelöst. Wie auch immer: Im Kern war es ein Machtkampf zwischen Mamaea und Orbianas Vater, den Mamaea für sich entschied. Dass Mamaea daraus siegreich hervorging, lag zum einen an Alexanders enger Bindung an seine Mutter, zum anderen am geringen Rückhalt, den Orbianas Vater offenbar im Senat hatte, weshalb auch nirgends von anschließenden Säuberungen die Rede ist (solche zu schildern, hätte sich Herodian nicht entgehen lassen).

Dass der knapp 20-jährige Kaiser nach seiner Trennung von Orbiana nicht mehr heiratete,[131] zeigt den übermächtigen Einfluss seiner Mutter, aber auch Alexanders Bereitschaft, sich ihr unterzuordnen. Nach Aurelius Victor zeigte er sich „in der Verehrung der Mutter überfromm"[132] (*plus quam pius*). Für viele blieb er daher zeitlebens der „Alexander, der die Mutter Mamaea hatte"[133] – ein Muttersöhnchen.

Wie sehr Alexander seine Mutter schätzte, belegt auch eine Stiftung, die er in Anlehnung an eine ähnliche, von Antoninus Pius nach dem Tod seiner Gattin Faustina ins Leben gerufene Institution einrichtete. Während die Stiftung des Antoninus Pius ausschließlich römischen Mädchen zugute kam (was für das Römische Reich ungewöhnlich war), die zu Ehren Faustinas *puellae faustinianae* (Faustinamädchen) genannt wurden,[134] gründete Alexander eine Stiftung für Kinder beiderlei Geschlechts, also für *puellae mamaeanae* und *pueri mamaeani*.[135]

Im Frühjahr 231 zog Alexander mit seiner Mutter in den Osten, um die in Mesopotamien eingefallenen Perser zu bekämpfen. Er konnte die Perser zwar nicht besiegen, aber zumindest – bei erheblichen eigenen Verlusten – soweit schwächen, dass sie sich aus dem Römischen Reich zurückzogen. Nach der HA feierte er danach in Rom einen „prachtvollen Triumph".[136]

Wenig später brach Alexander – wieder in Begleitung seiner Mutter – nach Germanien auf, wo die wegen des Feldzugs gegen die Perser entblößten Reichsgrenzen attackiert wurden. Dort sorgte Maximinus, der Ende des 4. Jahrhunderts den Beinamen Thrax (der Thraker) erhielt, für Unruhe. Alexander hatte ihm wegen seiner großen militärischen Erfahrung die Ausbildung der frisch ausgehobenen Soldaten übertragen. Die Rekruten, denen seine militärische Art wohl mehr zusagte als die eher unmilitärische des Alexander, rechneten unter ihm mit besseren Siegeschancen und riefen ihn daher zum Kaiser aus.

Zunächst schaffte es der 26-jährige Alexander, den Großteil der Truppe bei der Stange zu halten. Doch als am nächsten Tag „die jungen Rekruten die älteren Kameraden mit lauten Rufen aufforderten, das knickerige Weib und ihr feiges Bürschchen, das der Mutter sklavisch gehorche, zu verlassen und überzutreten zu dem tapferen Mann und besonnenen Mitsoldaten, der sich sein Leben lang immer in Waffen und Kriegstaten bewährt habe, da ließen sich die Soldaten überreden; sie ließen Alexander im Stich und traten zu Maximinus über, der dann von allen zum Kaiser proklamiert wurde. Alexander aber gelangte zitternd

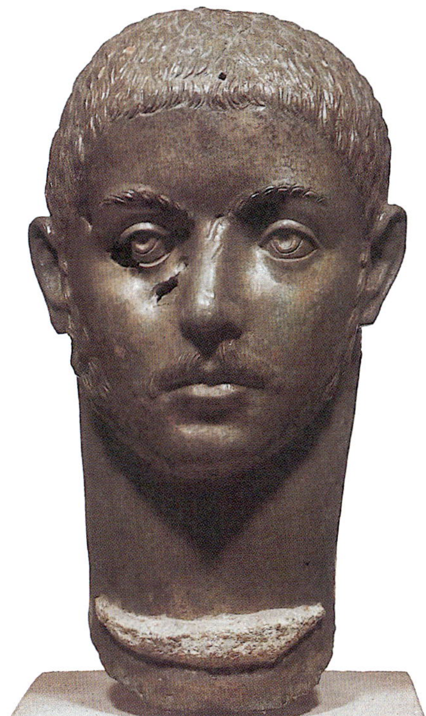

Abb. 52: Severus Alexander

und gänzlich niedergeschlagen kaum bis zu seinem Zelt zurück. … Maximinus aber entsendet einen Militärtribunen und ein paar Zenturionen, um Alexander, seine Mutter und jene aus seiner Umgebung, die sich widersetzten, umzubringen. Diese dringen ins Zelt ein und beseitigen ihn und seine Mutter und wen sie sonst noch von denen antrafen, die zu seinen Anhängern oder Freunden zu gehören schienen. … Ein solches Ende nahm Alexander mitsamt seiner Mutter. … Morde und willkürliche Grausamkeit waren ihm fremd und er neigte mehr zu Menschenliebe und Wohltätigkeit. Die Regentschaft Alexanders stünde insgesamt durchaus im besten Ruf, wenn ihm nicht die Neigung seiner Mutter zu Geldgier und Kleinlichkeit geschadet hätte."[137]

Der genaue Ablauf der Ereignisse, die sich wahrscheinlich im März 235 in der Nähe von Mainz abspielten,[138] wird wohl im Dunkeln bleiben. Doch da auch die HA feststellt, dass die Soldaten „Alexander als einen Knaben beschimpften und dessen geizige und habgierige Mutter mit Schmähungen überhäuften",[139] kann man davon ausgehen, dass erwartete, aber ausgebliebene Geldgeschenke ebenso eine Rolle spielten wie größere Erfolgs- und Beuteaussichten unter dem erprobten Militär Maximinus.

Severus Alexander und seine Mutter verfielen der *damnatio memoriae*. Die Folgen für den in Abb. 52 gezeigten überlebensgroßen Bronzekopf des Kaisers beschreibt Bernhard Andreae: „Ein furchtbarer Hieb mit der Spitzhacke traf die Schläfe. Noch viermal schlug

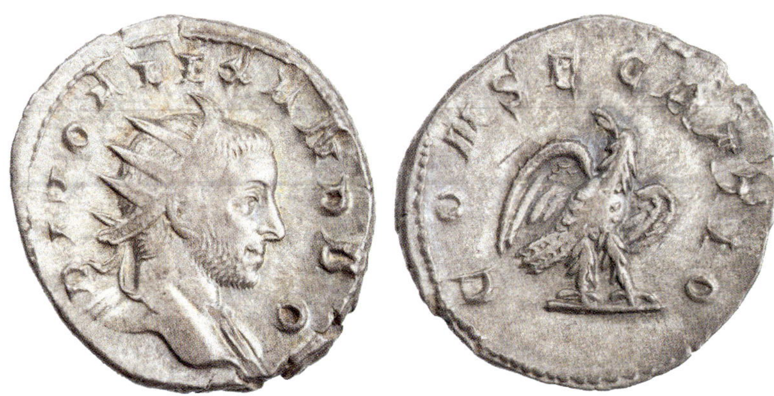

Abb. 53: DIVO ALEXANDRO

der Zerstörer in seiner Wut zu, mitten ins Gesicht, auf die Nasenwurzel. Das Profil wurde ein wenig eingedrückt, aber die dick gegossene Bronze hielt stand. Über dem linken Auge jedoch, in der Nische unter der Braue, drang die Spitze des Pickels ein, durchschlug auch den rechten äußeren Augenwinkel und die Wange dicht neben dem rechten Nasenflügel. Aber das ernste, runde Gesicht, in dem sich männliche und kindhafte Züge untrennbar mischen, behielt seinen unbewegten Ausdruck von Erhabenheit und Unberührtheit. … Die Wut, mit der das Bronzebildnis nicht eigentlich zerstört, sondern symbolisch getötet wurde, wird nur erklärlich aus der staatsrechtlichen Bedeutung der Kaiserstatue, die die Präsenz des Kaisers auch dort gewährleisten sollte, wo er nicht persönlich anwesend war.“[140]

Die *damnatio memoriae* wurde nach dem Tod des Maximinus Thrax (er wurde 238 von seinen eigenen Soldaten erschlagen) wieder aufgehoben. Alexander wurde sogar divinisiert, wie der um 250 geprägte Antoninian zeigt, der in Abb. 53 zu sehen ist. „Es wurde auch ein Priesterkollegium gegründet, dessen Mitglieder *Alexandriani* hießen. Des Weiteren wurde ein Fest zu seinem und seiner Mutter Gedächtnis gestiftet, das noch heutzutage in Rom an seinem Geburtstag in frommer Hingabe begangen wird.“[141] Das Fest wurde noch im Jahr 354 gefeiert.[142]

4 Soldatenkaiser

In dem halben Jahrhundert zwischen dem Tod des Severus Alexander im Jahr 235 und der Machtübernahme Diocletians im Jahr 284 regierten etwa zwei Dutzend Kaiser. Von diesen sogenannten Soldatenkaisern weiß man wenig, von ihren Müttern fast nichts. Oft ist selbst ihr Name nicht bekannt oder zumindest umstritten. Selbst die beiden vom Senat gewählten und ernannten Kaiser Pupienus und Balbinus, deren gemeinsame (aber nicht einträchtige) Regentschaft die Reihe der Soldatenkaiser im Jahr 238 für gut drei Monate unterbrach, machen diesbezüglich keine Ausnahme. Die in der HA erwähnte Mutter Prima des Pupienus ist wohl ebenso erfunden wie seine Adoptivmutter Pescennia Marcellina.[1]

Bisweilen bringen Inschriftenfunde etwas Licht ins Dunkel, wie bei der sicher sehr einflussreichen Mutter des Gordian III (238–244), der mit 13 Jahren an die Herrschaft kam. Nach Herodian war sie eine Tochter des Gordian I und Schwester des Gordian II, die im Januar 238 kurzzeitig gemeinsam die Herrschaft innehatten.[2] Doch ihr von der HA überlieferter Name Maecia Faustina wurde von der Forschung lange als fiktiv abgetan. Eine 1966 in Korinth gefundene Inschrift lässt ihn aber glaubwürdig erscheinen.[3]

Es bleiben in dieser Zeitspanne fünf Mütter eines *Augustus*, deren Name gesichert ist, vier davon erhalten sogar durch die Münzprägung ein Gesicht. Nur eine von ihnen ist allerdings die Mutter eines regierenden Kaisers. Die Söhne der übrigen führten zwar den Titel *Augustus*, hatten aber nie eigene imperatorische Kompetenzen.

Otacilia Severa

Gordian III „erlag im sechsten Jahr seiner Herrschaft den Nachstellungen des *praefectus praetorio* Marcus Philippus".[4] Der neue Kaiser, den man wegen seiner Herkunft als Philippus Arabs (244–249) kennt, war seit mindestens 237 mit Otacilia Severa verheiratet. Bald nach seiner Machtübernahme verlieh er ihr den Titel *Augusta*. Ihr wohl 238 geborener gemeinsamer Sohn Philippus (iunior) erhielt 244 den Titel *Caesar*, drei Jahre später wurde er zum *Augustus* erhoben.

Otacilia kennt man von Münzen, die Philippus Arabs anlässlich der 1000-Jahr-Feier Roms im Jahr 248 in großer Zahl prägen ließ. In Abb. 54 zeigt links ein Sesterz die MARCIA OTACIL(ia) SEVERA AVG(usta) mit Diadem und einem langen Scheitelzopf. Das Flusspferd auf dem Revers steht exemplarisch für die exotischen Tiere, die bei den zahlreichen Jubiläumsveranstaltungen ihr Leben lassen mussten. Rechts sehen wir auf einem Antoninian ihren – den Römern offensichtlich als Jugendlichen präsentierten – Sohn Philippus iunior.

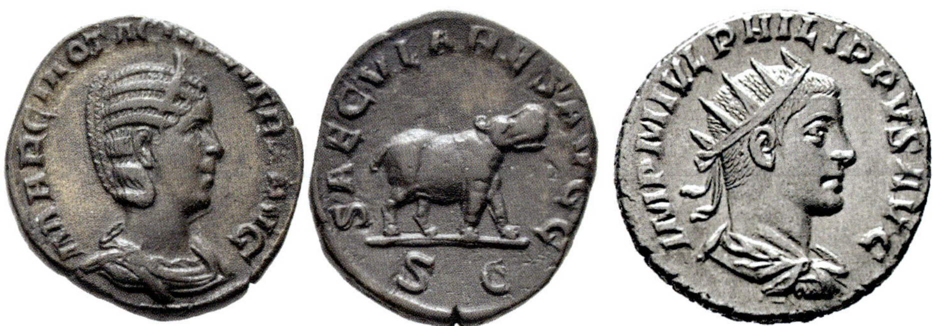

Abb. 54: Otacilia Severa und Philippus iunior

Eine numidische Inschrift[5] bezeichnet Otacilia Severa als Mutter des Caesars Philippus, des Feldlagers, des Senats und des Vaterlands. Ihr Sohn wird darin eigenartigerweise als *pontifex maximus* und Vater des Vaterlands angesprochen.

Von den Geschichtsschreibern erwähnt lediglich Eusebius in seiner Kirchengeschichte Otacilia Severa. Er berichtet von einem (nicht erhaltenen) Brief, den Origenes (siehe S. 116) an sie schrieb.[6]

Otacilia ist wohl 248 wenige Monate nach der 1000-Jahr-Feier gestorben. Der Untergang ihres Hauses im darauffolgenden Jahr blieb ihr also erspart.

Herennia Etruscilla

Die wahrscheinlich einem alten etruskischen Geschlecht entstammende Herennia Etruscilla war die Gattin des Kaisers (Messius Quintus) Decius (249–251), der den programmatischen Beinamen Traianus trug. Von den Truppen in Pannonien – wohl gegen seinen Willen[7] – zum Kaiser ausgerufen, zog er widerstrebend gegen Philippus, den er in der Gegend von Verona besiegte. Philippus fiel in dieser Schlacht. „Als man in Rom davon erfuhr, wurde sein Sohn bei der Prätorianerkaserne erschlagen."[8] Er wurde nur elf Jahre alt.

Herennia Etruscilla kennt man lediglich von Münzen und Inschriften. Sie wurde bald nach der Machtübernahme des Decius zur *Augusta* erhoben. Mitte 250 erhielt sie den Titel *mater castrorum*. Eine 250/251 entstandene Inschrift[9] ist der Herennia Cupressenia Etruscilla Augusta gewidmet, der Gattin unseres Herrn Decius Augustus, der Mutter unserer beiden *Augusti* und des Feldlagers. Die beiden in dieser Widmung erwähnten *Augusti* sind ihre Söhne Herennius Etruscus und Hostilianus. Obwohl Herennius bereits erwachsen war, deutet das bei Decius zusätzlich eingefügte „Herr" (*dominus*) an, dass der Titel *Augustus* den Söhnen keine Beteiligung an der Herrschaft brachte.

In Abb. 55 ist links eine ernst blickende HER(erennia) ETRVSCILLA AVG(usta) mit Diadem zu sehen. Ihr in exakte Wellentäler gebranntes Haar wird im Nacken in einem kleinen Knoten gesammelt, wobei die Ohren frei bleiben. Die unten angedeutete Mondsichel zeigt, dass es sich bei der Münze um einen Antoninian handelt. Daneben sehen wir

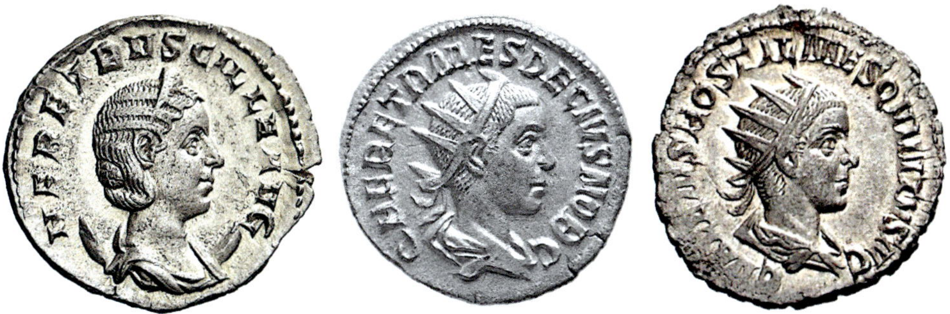

Abb. 55: Herennia Etruscilla, Herennius Etruscus und Hostilianus

ihre beiden Söhne HER(ennius) ETR(uscus) MES(sius) DECIVS und HOSTIL(ianus) MES(sius) als NOB(ilissimi) C(aesares). Die Münzen wurden also vor ihrer – wohl im Jahr 251 erfolgten – Ernennung zum *Augustus* geprägt.

Den innerrömischen Machtkampf nutzten die Goten zu Beutezügen an der unteren Donau. Im Laufe des Jahres 250 konnte Decius einige Erfolge gegen die Angreifer erzielen. Doch im darauffolgenden Frühjahr kam es bei Abrittus zu einer der größten militärischen Katastrophen der römischen Geschichte. Das kaiserliche Heer wurde in einen Sumpf gelockt; tausende römische Soldaten fanden den Tod, darunter auch Traianus Decius und sein Sohn Herennius Etruscus.[10] Es waren die ersten *Augusti*, die im Kampf mit auswärtigen Feinden fielen.

Afinia Gemina Baebiana

Nach der Schlacht von Abrittus riefen die geschlagenen Legionen Trebonianus Gallus, den 45-jährigen Statthalter der Provinz *Moesia superior*, zum Kaiser (251–253) aus. „Als die Senatoren hiervon Kunde erhielten, wiesen sie Gallus und Hostilianus den Rang von *Augusti* und dem Volusianus, dem Sohn des Gallus, den eines *Caesar* zu. Wenig später brach die Pest aus und als sie heftiger wütete, erlag ihr Hostilianus."[11] Daraufhin ernannte Gallus seinen eigenen Sohn Volusianus zum *Augustus*.

Dass dieser Titel ihm keine Machtbefugnisse bescherte, verrät die Aversumschrift des in Abb. 56 gezeigten Antoninians. Wir lesen rechts VOLVSIANO AVG(usto), also (von seinem Vater) für Volusianus Augustus geprägt. Gleichzeitig beschwört die Rückseite die CONCORIA AVGG, die Eintracht zwischen den beiden *Augusti*, will also den Eindruck vermeintlicher Gleichrangigkeit erwecken.

Über die Mutter des Volusianus wissen wir kaum etwas. Wahrscheinlich erlebte sie die Machtübernahme ihres Gatten nicht. Eine davor verfasste Inschrift aus Perusia (dem heutigen Perugia) verrät zumindest ihren Namen: Sie hieß Afinia Gemina Baebiana und war die Tochter eines Marcus.[12]

Während Trebonianus Gallus in Rom bemüht war, seine Herrschaft zu festigen, agierte Aemilianus, der von ihm ernannte neue Statthalter der Provinz *Moesia superior*, sehr er-

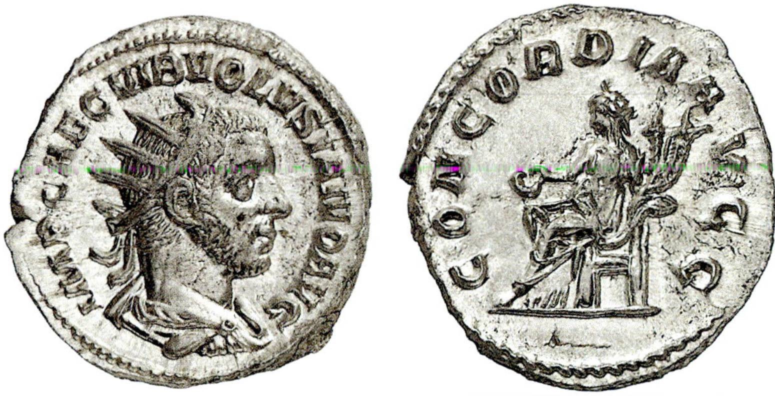

Abb. 56: VOLVSIANO AVG(usto)

folgreich und „wurde daher vom dortigen Heer zum Kaiser ausgerufen".[13] Noch bevor es zum Kampf kam, wurden Trebonianus Gallus und Volusianus von eigenen Leibwächtern umgebracht.

Es erstaunt, dass Volusianus später sogar als *Divus* unter die Staatsgötter aufgenommen wurde.[14]

Mariniana

Den in Mauretanien geborenen neuen Kaiser Aemilianus ermordeten seine eigenen Soldaten nach nur dreimonatiger Amtszeit und liefen zu der noch von Gallus zu Hilfe gerufenen Rheinarmee unter Valerian über. Valerian (253–260) konnte danach unangefochten in Rom einziehen. Er ließ seinen etwa 35-jährigen Sohn Gallienus zum *Caesar*, einige Wochen später zum *Augustus* ernennen. Dessen Mutter Mariniana war wohl bereits vor 253

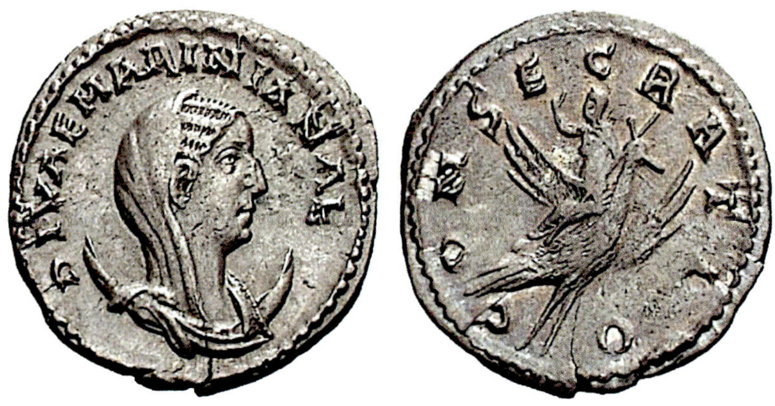

Abb. 57: DIVAE MARINIANAE

gestorben. Ihr Vater war wahrscheinlich der als Statthalter der Provinz *Moesia superior* bezeugte Egnatius Marinianus.[15]

Nach seiner Thronerhebung ließ Valerian Mariniana zur *Diva* erheben. Sie ist wohl die letzte urkundlich nachgewiesene *Diva*. Wir sehen die vergöttlichte Mariniana auf dem Avers des in Abb. 57 gezeigten Antoninians. Auf dem Revers sitzt sie mit erhobener Rechter und Zepter in der Linken auf dem Rücken eines Pfaus, der sie in den Himmel trägt.

Gotische Beutezüge in Griechenland und Kleinasien sowie sasanidische Einfälle in Mesopotamien und Syrien zwangen Valerian, die Verantwortung für das Reich zwischen sich und seinem Sohn aufzuteilen. Gallienus erhielt die Herrschaft über den Westen des Reichs, Valerian selbst übernahm den Osten.

Valerians Aktionen im Osten endeten für ihn tragisch. Im Verlauf der Offensive, die der Sasanidenkönig Schapur I im Jahr 260 begann, geriet Valerian in dessen Gefangenschaft. Bis zu seinem Tod nach 262 lebte er als Sklave an Schapurs Hof – ein neuer Tiefpunkt in der Geschichte der römischen Kaiser.

Salonina

Gallienus hatte mit seiner Gattin Salonina, deren Herkunft im Dunkeln liegt, zwei oder drei Söhne, von denen zumindest Saloninus kurzzeitig den Titel *Augustus* führte. Ob auch der älteste Sohn Valerianus iunior diesen Titel erlangte, ist zweifelhaft. Wir sehen Salonina in Abb. 58 als *Augusta* mit einer aufwendig durch eine Brennschere gegliederten Frisur, deren Scheitelzopf bis an das Diadem heranreicht. Salonina erhielt wohl auch den Titel einer Mutter des Feldlagers, des Senats und Vaterlands.[16]

Dass Saloninus kein Mitregent war, verrät der Antoninian, der in Abb. 59 zu sehen ist und ihn als *Caesar* zeigt. Auf dem Revers überreicht ihm zwar ein nackter Jupiter (mit einem Mantel über dem Arm) eine Victoriastatue auf einem Globus, aber die nur bei Saloninus vorkommende Umschrift DII NVTRITORES wendet sich an die Götter, die ein

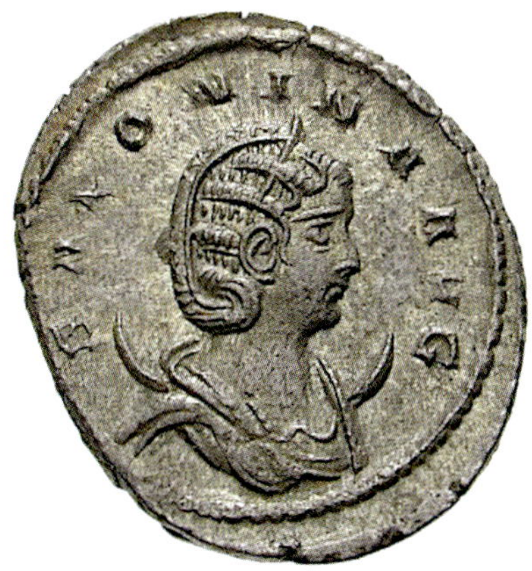

Abb. 58: Salonina Augusta

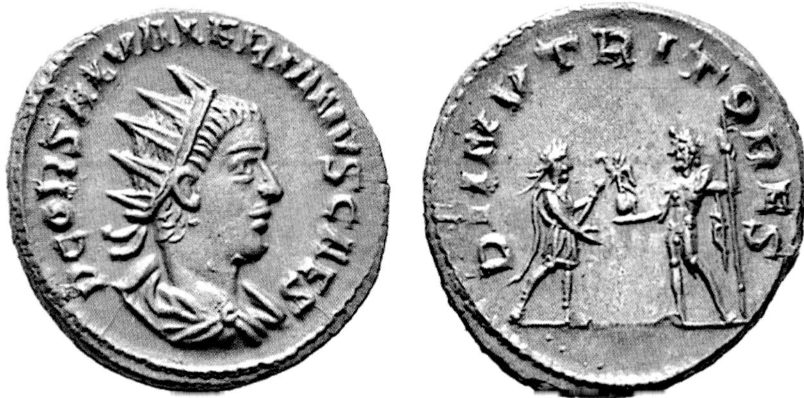

Abb. 59: Saloninus Caesar

heranwachsendes Kind umsorgen. Salonina gehört also in die Reihe der lediglich nominellen Kaisermütter.

Den Titel *Augustus* führte Saloninus nur wenige Wochen. Eine der seltenen – meist schlecht erhaltenen – Münzen, die dies belegen, ist in Abb. 60 zu sehen. Die Umschrift der Vorderseite lautet IMP(erator) SALON(inus) VALERIANVS AVG(ustus). Der Antoninian wurde in Köln geprägt, wo der *Caesar* Saloninus in einen Konflikt mit Postumus, dem Befehlshaber der gallischen Legionen, geraten war. Postumus nahm den Titel *Augustus* an und belagerte die Stadt, woraufhin Saloninus ebenfalls zum *Augustus* ausgerufen wurde. Doch als Postumus versicherte, die Belagerung erst aufzuheben, wenn Saloninus ausgeliefert würde, „übergab man ihm den Sohn des Gallienus und dessen von seinem Vater angestellten Berater Silvanus. Postumus ließ beide umbringen und behielt die Oberhand in Gallien."[17]

Von philosophischen Interessen und Neigungen der Salonina berichtet der zeitgenössische griechische Gelehrte Porphyrios in der Biografie seines Lehrers, des neuplatonischen Philosophen Plotin: „Kaiser Gallienus und seine Gemahlin Salonina schätzten und achteten Plotin sehr. Im Vertrauen auf diese Freundschaft bat dieser, eine Stadt der Philosophen, die der Überlieferung nach einst in Kampanien gestanden hatte, jetzt aber eine Ruine war, wieder aufzubauen und ihr den umliegenden Bezirk zu unterstellen. Die Bevölkerung sollte nach Platons Gesetzen leben und die Stadt Platonopolis heißen. Plotin versprach, sich dort mit seinen Gefährten niederzulassen. Der Kaiser hätte den Plan ohne weiteres umsetzen können, doch setzten dem Vorhaben der Widerstand am Hof aus Neid, Gehässigkeit oder anderen armseligen Motiven ein Ende."[18]

Im Unterschied zu den griechischen Quellen stehen in den lateinischen angebliche Laster des Gallienus im Vordergrund: „Unterdessen besuchte Gallienus die Kneipen und Lasterhöhlen und klebte an Freundschaften mit Kupplern und Weinhändlern, während er seiner Gattin Salonina sowie einer schändlichen Liebe zur Tochter Pipa des Germanenkönigs Attalus verfallen war."[19]

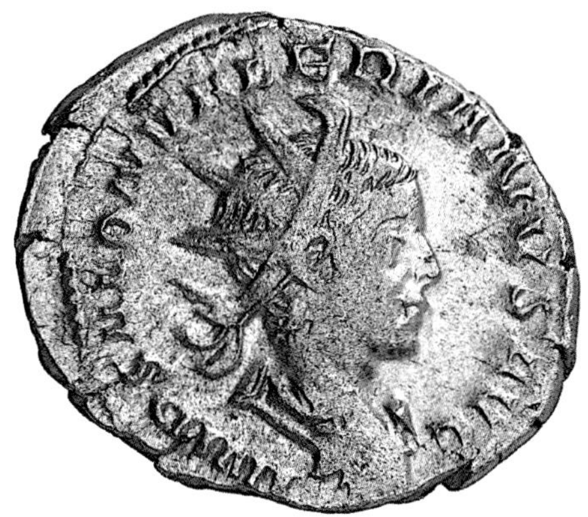

Abb. 60: Saloninus Augustus

Gallienus, der angeblich nichts zur Freilassung seines Vaters unternahm,[20] hatte gegen zahlreiche Usurpatoren zu kämpfen. Gegenüber Ingenuus, der sich wohl bereits kurz nach Valerians Gefangennahme erhoben hatte, brachte Salonina wohl schon früh – vergeblich – Bedenken vor: „Sie ließ [den Hofbeamten] Valentinus holen und sagte ihm: ‚Ich kenne deine Einstellung. Den Kaiser lobe ich dafür, dich ausgewählt zu haben. Wegen der Wahl des Ingenuus lobe ich ihn aber nicht. Mir ist er sehr verdächtig. Aber ich kann nicht gegen den Kaiser handeln. Doch du sollst den Mann beobachten.' Darauf antwortete Valentinus: ‚Möge Ingenuus gleichfalls treu im devoten Dienst an euch [Salonina und Gallienus] verharren, da ich doch, soweit es an mir liegt, nichts unterlassen werde, was dem Wohlergehen eures Hauses dient.'"[21]

Der Usurpator wurde von dem Kavallerieoffizier Aureolus besiegt. Acht Jahre später erhob sich dieser selbst zum Kaiser. „Aureolus wurde verwundet und in Mediolanum [dem heutigen Mailand] eingeschlossen, wo er vom Herrscher belagert wurde. Während Gallienus gegen einige der Feinde vorging, war die Kaiserin einmal in Gefahr. Denn sie war bei ihm anwesend. Da der Herrscher mit dem Großteil seiner Truppen ausrückte, waren nur wenige um sein Lager herum stationiert. Als die Feinde dies bemerkten, griffen sie das Zelt des Herrschers an, um die Kaiserin zu entführen. Einer der Soldaten, die zurückgeblieben waren, saß vor ihrem Zelt und flickte gerade einen Schuh, den er ausgezogen hatte. Als er die Feinde angreifen sah, ergriff er Schild und Dolch und stürzte sich mutig auf sie. Er verwundete einen und einen zweiten und wehrte die übrigen ab, die vor seinem Angriff zurückschreckten. Und so wurde die Frau des Herrschers gerettet, nachdem weitere Soldaten herbeigeeilt waren."[22] Unabhängig von ihrem Wahrheitsgehalt belegt diese von Zonaras überlieferte Episode, dass Salonina ihren Gatten auf seinen Feldzügen begleitete, was auch für sie mit Gefahren verbunden war.

Gallienus wurde wenig später von eigenen Offizieren ermordet. Sehr wahrscheinlich ist dabei auch Salonina ums Leben gekommen. Beider Namen wurden daraufhin auf zahlreichen Inschriften getilgt. Doch dies änderte sich bald. Der neue Kaiser Claudius II Gothicus

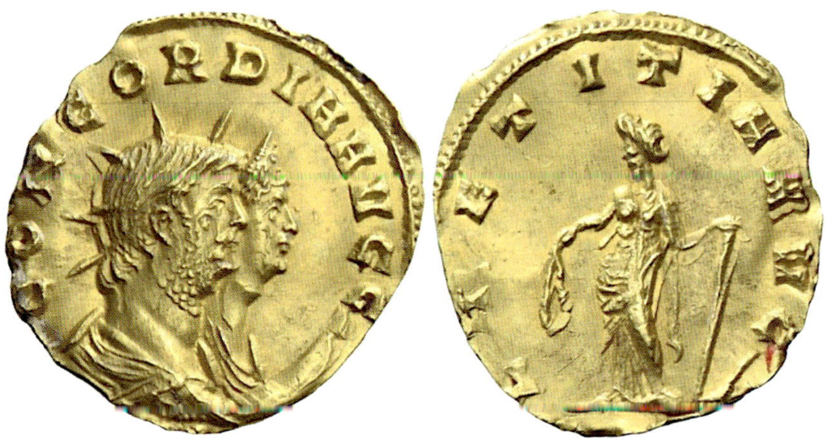

Abb. 61: Gallienus und Salonina

(268–270) ließ den Usurpator Aureolus umbringen, Gallienus dagegen als *Divus* unter die Götter versetzen.[23]

Wir beschließen dieses Kapitel mit einer äußerst seltenen Goldmünze mit den gestaffelten Büsten des Gallienus und der Salonina, die den Kaiser durch die Strahlenkrone mit dem Sonnengott Sol und seine Gattin durch die Mondsichel mit der Mondgöttin Luna verbindet (siehe Abb. 61). Auf dem Revers sehen wir die Personifikation der LAETITIA AVG(usti), der Freude des *Augustus*, mit einem Kranz in der Rechten und einem Anker in der Linken. Der Avers beschwört die CONCORDIA AVGG, die Eintracht zwischen dem *Augustus* und der *Augusta*. Die Münze scheint also unter der Alleinherrschaft des Gallienus geprägt worden zu sein. Ungewöhnlich ist das Fehlen jeglicher Namen und Titulaturen.

Nicht zu übersehen ist der Bezug zu der auf S. 97 gezeigten Münze mit ähnlich präsentierten Porträts des Septimius Severus und der Iulia Domna. Doch anders als bei Septimius Severus konnte ein halbes Jahrhundert später keiner der Söhne des Gallienus die Nachfolge seines Vaters antreten.

5 Im Dominat

Mit Diocletians Machtübernahme im Jahr 284, die einen neuen Abschnitt der römischen Geschichte einläutete, änderte sich an den dürftigen Nachrichten über die Kaisermütter wenig. Auch über die Mütter der aus niederen Verhältnissen stammenden Kaiser Diocletian (284–305), Maximian (286–305/310), Constantius I (305–306), Galerius (305–311), Maximinus Daia (310–313), Severus II (306–307) und Licinius (308–324), mit denen die – nach der nun allgemein üblichen Kaiseranrede *domine* (Herr) – oft Dominat genannte Epoche beginnt, weiß man fast nichts.

Diocletian gelang es, das strauchelnde Reich zu stabilisieren. Er erkannte, dass ein einziger Kaiser mit der Regentschaft des riesigen Reichs überfordert war. Er ernannte daher 286 den etwa 36-jährigen Maximian zum *Augustus* für den Westen, während er sich um den Osten kümmerte. Im Jahr 293 stellte er jedem *Augustus* einen ihm untergeordneten *Caesar* zur Seite, der später sein Nachfolger werden sollte. Als Diocletian nach etwa 20-jähriger Herrschaft am 1. Mai 305 zurücktrat und er den keineswegs regierungsmüden Maximian zwang, ebenfalls abzudanken,[1] zeigten sich in dieser „Tetrarchie" die ersten Risse. Deutlicher wurden diese, als der für Maximian nachgerückte Constantius (I) bereits am 25. Juli 306 in Eboracum (dem heutigen York) starb und noch am gleichen Tag von den dort stehenden Truppen sein Sohn Constantin (I) – auf seine Mutter Helena werden wir noch näher eingehen – zum *Augustus* und drei Monate danach in Rom Maximians Sohn Maxentius zum *princeps invictus* ausgerufen wurde (seit dem Frühjahr 307 nannte auch er sich *Augustus*). Nur wenig später teilten sich bereits fünf *Augusti* die Herrschaft (und stritten sich um sie).

In die dadurch entstehenden Spannungen gerieten auch zwei Kaisermütter, mit denen wir uns noch ausführlicher befassen werden (siehe dazu die Stammtafel auf S. 133): Eutropia, die Mutter des Kaisers Maxentius (306–312), als Gattin Maximians und Schwiegermutter der Kaiser Constantius I und Constantin I (306–337), sowie Fausta, die Mutter der Kaiser Constantin II (337–340), Constans (337–350) und Constantius II (337–361), als Tochter des Maximian, Schwester des Maxentius und Constantins Gattin.

Nach dem Tod des Constantius II kam es zum kurzen Intermezzo der Kaiser Julian (360–363) und Jovian (363/364). Jovians Mutter kennen wir nicht. Julians Mutter Basilina war von vornehmer Herkunft.[2] Wie wir von Julian selbst erfahren, ist sie bereits „wenige Monate nach der Geburt ihres ersten und einzigen Sohns gestorben".[3] Dank innerkirchlicher Streitigkeiten wissen wir, dass sie Christin war. Ein Bischof von Ephesus wurde angeklagt, Grundstücke, die Basilina der Kirche von Ephesus vermacht habe, verkauft und den Erlös unterschlagen zu haben. Der Prozess zog sich in die Länge und der Angeklagte starb, bevor ein Urteil gefällt wurde.[4] Nach dem Patriarchen und Kirchenvater Athanasios stand

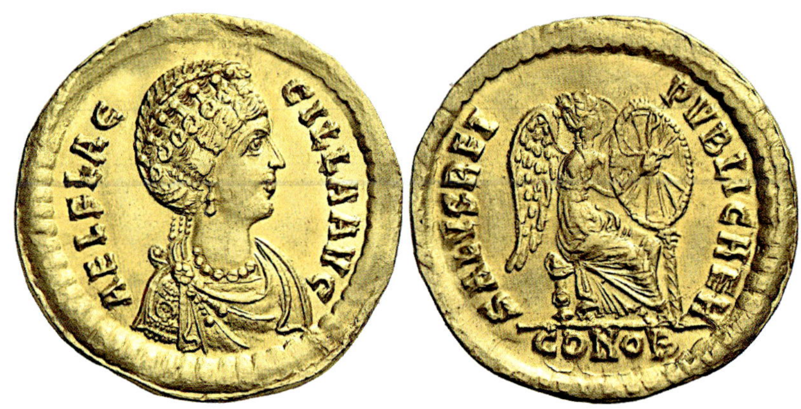

Abb. 62: Aelia Flaccilla

Basilina zeitweise auf der falschen – arianischen – Seite. Nicht zuletzt durch sie sei „Eutropius, einst Bischof zu Adrianopel [Edirne], ein braver und in allem vollkommener Mann, aus seiner Kirche vertrieben worden; denn Basilina war heftig gegen ihn aufgebracht."[5] Die Streitigkeiten christlicher Gruppierungen, die uns hier erstmals begegnen, werden uns noch ausführlich beschäftigen.

Die Mutter der Kaiser Valentinian I (364–375) und Valens (364–378) kennen wir nicht. Von Valentinians erster Frau Marina Severa,[6] der Mutter des Kaisers Gratian (367–383), weiß man wenig, von seiner zweiten Frau Iustina, der Mutter des Kaisers Valentinian II (375–392), umso mehr. Da Valentinian II bereits mit knapp fünf Jahren zum *Augustus* erhoben wurde, spielte sie am Kaiserhof eine wichtige Rolle. Trotzdem erhielt sie nie den Titel *Augusta*. Wie wir sehen werden, war sie für christliche Autoren vor allem eine verdammenswerte Häretikerin. Sie sprechen vom „Furor der Königin"[7] und schildern, wie der junge Kaiser „von seiner irregeleiteten Mutter aufgehetzt"[8] wurde. Lediglich Zosimus, der um 500 mit seiner *Nea Historia* (Neue Geschichte) das letzte antike Geschichtswerk eines nichtchristlichen Autors verfasste, blickt unbefangener auf sie.

Nach dem Tod des Kaisers Theodosius I (379–395) zerbricht das *Imperium Romanum* endgültig in zwei Teile. Von der Mutter des Kaisers Theodosius I kennt man nur ihren Namen Thermantia.[9] Nicht viel besser sieht es bei seiner ersten Gattin Aelia Flavia Flaccilla aus, der Mutter des Arcadius, der nach dem Tod seines Vaters mit etwa 18 Jahren der erste oströmische Herrscher wurde, und des Honorius, der zu diesem Zeitpunkt mit 10 Jahren nominell die Herrschaft im Westen übernahm. Flaccilla wurde im Jahr 379 zur *Augusta* erhoben, verstarb aber bereits Anfang 386, erlebte also den Herrschaftsantritt ihrer Söhne nicht mehr.

Der in Konstantinopel geprägte Solidus der Abb. 62 zeigt die AEL(ia) FLACCILLA AVG(usta) mit Ohrringen, Halskette und breitem Perlendiadem sowie aufwändiger Scheitelzopffrisur. Auf dem Revers beschriftet die geflügelte Victoria einen auf einer kleinen Säule ruhenden Schild mit dem Christusmonogramm und sichert so die SALVS REI PVB-

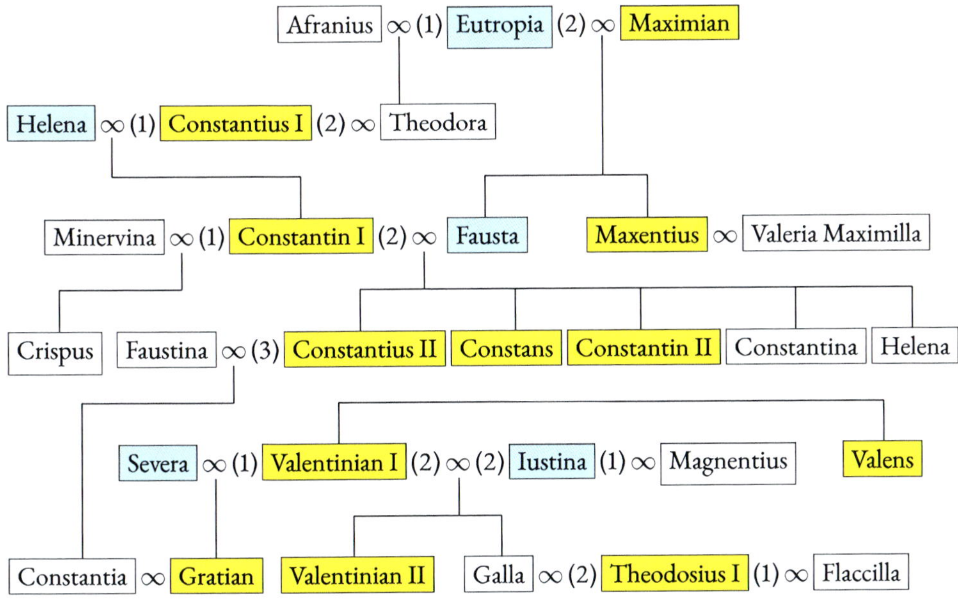

Abb. 63: Constantinisch-Valentinianisches Haus

LICAE, das Wohl des Staates. (Der abschließende Buchstabe H ist ein Eta und steht für die 8. Offizin (Abteilung) der Münze in Konstantinopel.) Vor den Prägungen für Aelia Flaccilla hatte es ein halbes Jahrhundert lang keine Münzen für Frauen aus dem Kaiserhaus gegeben.

Anstelle der nicht bis in diese Zeit reichenden HA spielen in diesem Kapitel zwei vorher kaum verwendete Quellen eine wichtige Rolle. Die bedeutenden *Res gestae* des um 330 in Syrien geborenen, lateinisch schreibenden Ammianus Marcellinus schließen an die Historien des Tacitus an und reichen vom Jahr 96 bis zur Schlacht von Adrianopel im Jahr 378. Die erhaltenen Bücher 14 bis 31 umfassen allerdings lediglich die Jahre ab 353 und damit weitgehend die Zeit, die Ammian als Teilnehmer an den Feldzügen Julians selbst miterlebte. Obwohl selbst kein Christ, war er dem Christentum gegenüber aufgeschlossen.

Zonaras, ein im 12. Jahrhundert lebender byzantinischer Mönch, fasste das ihm zugängliche Wissen über die Antike zusammen und überarbeitete es aus christlichem Blickwinkel. Sein Hauptwerk ist die griechische *Epitome Historion* (meist lateinisch als *Epitome Historiarum* zitiert), eine Weltchronik, die von der Erschaffung der Welt bis ins Jahr 1118 reicht.

5.1 Dem Schwiegersohn ausgeliefert – Eutropia und Maxentius

In der gut 50 km südlich von Toulouse am Fuße der Pyrenäen gelegenen römischen Villa von Chiragan wurden im 19. Jahrhundert zahlreiche Marmorskulpturen gefunden, mehr als in irgendeiner anderen archäologischen Stätte in Frankreich. Darunter befand sich eine Gruppe von vier gut erhaltenen Köpfen, die Kaiser Maximian, seiner Gattin Eutropia, de-

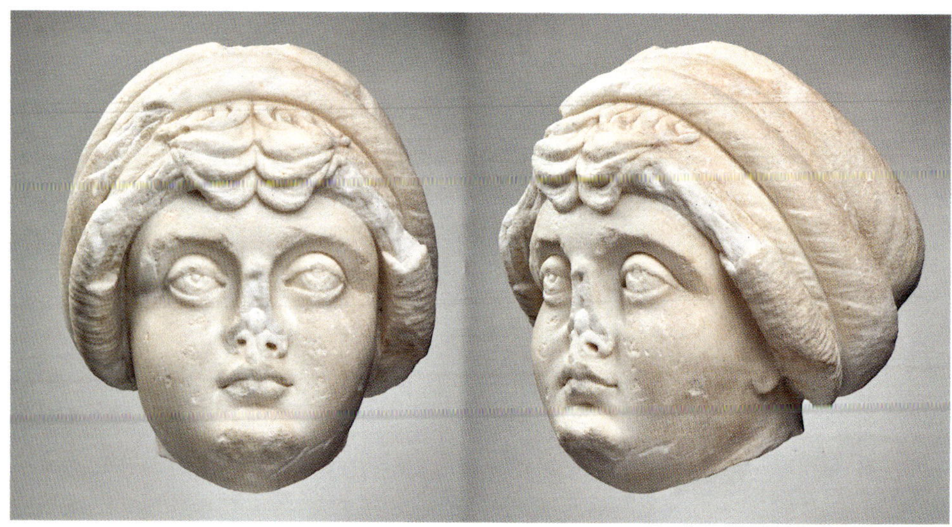

Abb. 64: Eutropia

ren Sohn Maxentius und dessen Gattin Valeria Maximilla zugeschrieben werden und wohl nicht lange nach der Hochzeit des Maxentius um 293/294 entstanden sind.

Das Porträt der Eutropia sehen wir aus zwei Blickwinkeln in Abb. 64. Auffallend ist die Drapierung der Haare. Bei der wohl Ende des 3. Jahrhunderts in Mode gekommenen „Turbanfrisur“ umrahmt ein großer Zopf zunächst das Gesicht, schraubt sich dann nach oben, wird schließlich unter die obere Windung geschoben und endet in der Mitte der Stirn in mit einem Brenneisen gelockten Haarsträhnen. Diese aufwändige Frisur kam sicher nicht ohne fremde Haarteile aus.

Das Wenige, das wir über Eutropia wissen, fasst die um 400 entstandene *Epitome de Caesaribus* so zusammen: Maximian hatte „mit seiner Gemahlin Eutropia, die aus Syrien stammte, zwei Kinder, Maxentius und Fausta, die Gemahlin Constantins. Seine Stieftochter Theodora hatte er mit dessen Vater Constantius verheiratet. Man sagt aber, Maxentius sei ihm durch weibliche List untergeschoben worden; denn Eutropia suchte die Liebe ihres Gemahls dadurch zu fesseln, dass sie ihn bei ihrer so sehr ersehnten ersten Niederkunft mit einem Knaben beschenkte.“[10]

Der letzte, etwas gedrechselt klingende Satz hat einen schlichten machtpolitischen Hintergrund. Nachdem Maxentius am 28. Oktober 312 in der berühmten Schlacht an der Milvischen Brücke von Constantin besiegt worden und im Tiber ertrunken war, wurde die Lage seiner Schwester Fausta, die ja mit Constantin verheiratet war, brenzlig. Durch Eutropias „Bekenntnis“,[11] Maxentius sei der Sohn eines gewissen Syrers, wollte sie wohl ihre Tochter etwas aus der Schusslinie nehmen. Dies war umso nötiger, als Faustas – immer wieder nach der Macht greifender – Vater Maximian im Juli 310 gestorben war.

Eutropia dürfte der Abstieg ihres Sohns vom „zu edelsten Künsten mit allen Vorzügen des Talents geborenen, … göttlichen und unsterblichen Spross“ im Jahr 289 zum

„Schandfleck“ und „untergeschobenen Sprössling des Maximian … von verächtlichst kleinem Wuchs, verkrüppelt, haltlos schwach an den Gliedern“ im Jahr 313[12] schwer getroffen haben. Sie selbst blieb – als Schwiegermutter des Kaisers und später als Großmutter dreier seiner Söhne – bis zu ihrem Tod irgendwann nach 325 unbehelligt.

Eutropia bekannte sich wohl in ihren späteren Jahren zum christlichen Glauben und unternahm Fahrten ins Heilige Land. Wie ein weitschweifiger Brief Constantins an die Bischöfe in Palästina zeigt, genoss sie dabei das Wohlwollen ihres Schwiegersohns: „Meine fromme Schwiegermutter hat uns eine überaus große Wohltat erwiesen, da sie uns durch ein Schreiben von einem euch bis jetzt verborgenen Unverstand fluchbeladener Menschen wissen ließ, damit der Frevel, der bis jetzt unbeachtet geblieben ist, durch uns wenn auch spät, so doch, wie es die Not verlangt, gebührend gebessert und geheilt werde. Denn es ist in der Tat eine gewaltige Gottlosigkeit, wenn die heiligen Orte von solchen abscheulichen Gräueln verunreinigt werden. Was aber ist es, geliebteste Brüder, das eurem Scharfsinn entgangen ist, während meine Schwiegermutter bei ihrer Gottesfurcht nicht imstande war, es zu verschweigen? Der Ort, der nach der Eiche Mamre genannt wird und an dem, wie wir [in Gen. 18.1] erfahren, Abraham sein Zelt aufgeschlagen hat, wird nach ihrer Aussage von gewissen Götzendienern auf mannigfache Weise entweiht; wie sie berichtete, stehen nämlich Götzenbilder, die es verdienen vollständig vernichtet zu werden, neben der Eiche und in ihrer Nähe ein Altar, an dem unaufhörlich unreine Opfer dargebracht werden. Da dies sowohl der glücklichen Zeit unserer Regentschaft unangemessen als auch der Heiligkeit des Ortes unwürdig erscheint, … [habe ich befohlen,] ohne allen Verzug sowohl alle Götzenbilder, die sich an dem genannten Ort befinden sollten, dem Feuer zu übergeben, als auch den Altar von Grund auf zu zerstören, kurz und gut, alles derartige von dort vollständig verschwinden zu lassen und mit aller Kraft und auf alle Weise die ganze Umgebung eifrigst zu reinigen. Danach ist … auf eben diesem Platz eine Basilika zu erbauen, die der katholischen und apostolischen Kirche würdig ist.“[13]

5.2 Die Heilige – Helena und Constantin I

Die wichtigsten Quellen für Constantins Mutter Helena sind die vierbändige, griechisch geschriebene Constantin-Biografie des zeitgenössischen Theologen und Geschichtsschreibers Eusebius von Caesarea und die Trauerrede auf Kaiser Theodosius I des gut zwei Generationen später lebenden Bischofs und Kirchenlehrers Ambrosius von Mailand. Trotz ihres tendenziösen Charakters – in der katholischen wie in der orthodoxen Kirche wird Helena als Heilige verehrt – sind die Zeugnisse wegen ihrer zeitlichen Nähe interessant.

Helena wurde um 250 in der Stadt Drepanon am Marmarameer geboren, die später nach ihr in Helenopolis umbenannt wurde.[14] Sie stammte aus niedrigsten Verhältnissen. Nach Ambrosius war sie eine *stabularia*, also an einer Station für den Pferdewechsel beschäftigt. Üblicherweise wird dies mit Stallmagd oder Herbergswirtin übersetzt. Ersteres trifft es wohl besser; der Bischof führt nämlich weiter aus, dass sie „Christus aus dem Mist

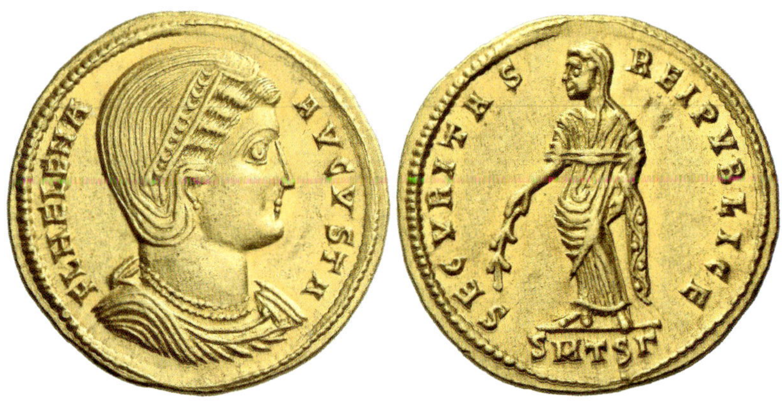

Abb. 65: Helena

auf den Herrscherthron gehoben habe nach dem Schriftwort: ‚Er richtet den Schwachen, der im Staub liegt, auf und hebt den Armen aus dem Mist empor.'"[15]

Zonaras, für den Kaiser Constantin „unter den Herrschern hochberühmt und unter den Rechtgläubigen der Angesehenste" ist, schreibt über dessen Mutter, dass ein Teil der Historiker berichte, „sie habe mit Constantius in legitimer Ehe zusammengelebt, sei dann aber verstoßen worden, [da Constantius im Rahmen der Nachfolgeregelung Theodora, die Stieftochter des *Augustus* Maximian, heiraten musste,] andere aber bezeugten, sie sei nicht die legitime Gattin des Constantius gewesen, sondern Beiwerk für seine erotischen Gelüste, aus denen offensichtlich Constantin hervorging".[16] Wenn Zonaras noch im 12. Jahrhundert die Herkunft des von ihm verehrten Kaisers Constantin mit Berufung auf antike Quellen offenlässt, muss er gute Gründe dafür haben. Auch keine der in Rom gefundenen Inschriften, die Helena als Mutter Constantins preisen, nennt sie Gattin des Constantius.[17] Es spricht also vieles dafür, dass Helena die Konkubine des Constantius war, mit ihm also in einer monogamen, gesellschaftlich akzeptierten Beziehung lebte, die aber keinerlei rechtliche Folgen hatte – was der griechische Text des Zonaras etwas gewunden umschreibt.

Der (namentlich nicht bekannte) Redner, der im Jahr 310 in Trier eine Lobrede auf Constantin hielt, konnte nicht auf christliches Gedankengut zurückgreifen, um dessen zweifelhafte Abstammung zu kaschieren. Er konnte aber aus seinem Vater, dem *Divus* Constantius, einen *Deus* (Gott) machen und so Constantins Herrschaftsanspruch untermauern, ohne dessen Mutter zu erwähnen: „Es gab keinen Zweifel, dass demjenigen das Erbe zustand, den die Schicksalsgottheiten dem *Imperator* [Constantius] als erstgeborenen Sohn geschenkt hatten. Dich nämlich hat jener so bedeutende Mann – ein *Imperator* auf Erden und ein Gott im Himmel – in der ersten Blüte seines Lebens gezeugt, als er noch in voller Lebenskraft und Frische stand."[18]

Auf dem Avers des in Abb. 65 gezeigten äußerst seltenen Solidus sehen wir HELENA AVGVSTA mit doppelter Perlenkette und einem Diadem, das sie auf allen Münzen trägt.

Geprägt wurde die Münze in Thessaloniki kurz nach Helenas Erhebung zur *Augusta*. Diese erfolgte wohl im Jahr 324 nach Constantins Sieg über Licinius, der ihn zum unangefochtenen Alleinherrscher machte. Als Termin bietet sich der 8. November an, da an diesem Tag Constantins Sohn Constantius (II) im Rahmen einer prächtigen Feier zum *Caesar* erhoben wurde.[19] Auf dem Revers wird die SECVRITAS REIPVBLICE gefeiert, die Sicherheit, die Constantins Sieg dem *Imperium Romanum* brachte – und an der auch Helena als Stammmutter der Dynastie ihren Anteil hat.

In dem nach 500 entstandenen, aber auf früheren Texten basierenden *Liber Pontificalis* erfahren wir, dass Helena in Rom ein großes Anwesen besaß, das unter dem Namen *fundus Laurentus* bekannt war. Zu ihm gehörten Thermen, die von der benachbarten *Aqua Marcia* mit Wasser versorgt und von Helena nach einem Brand wieder instand gesetzt wurden.[20] Auf der Gedenktafel, die Letzteres überliefert, firmiert Helena als „verehrungswürdige Mutter unseres Herrn Constantinus *Augustus* und Großmutter unserer glückseligsten und im blühendsten Alter stehenden *Caesares*". Dies verrät uns, dass sich Helena zwischen 317 und 324 um die Reparatur der Thermen kümmerte, nämlich vor der Verleihung des Titels *Augusta* an sie und nach der Geburt von mindestens zwei Enkeln. Vieles spricht also dafür, dass sie sich wenigstens zeitweise auf diesem Landgut aufhielt, genauer in dem knapp einen Kilometer östlich des Laterans an der Aurelianischen Mauer gelegenen *palatium Sessorianum*.

Um 326/327 brach Helena ins Heilige Land auf. Eusebius berichtet darüber ausführlich: Sie kam „dorthin, trotz ihres hohen Alters voll von jugendlichem Eifer, um mit ihrer außerordentlichen Klugheit das bewunderungswürdige Land zu durchforschen und die Provinzen, all die Gemeinden und Völker des Ostens mit kaiserlicher Fürsorge zu besuchen. Als sie aber den Fußspuren des Erlösers die gebührende Verehrung erwies, nach dem Wort des Propheten, der da sagt: ‚Lasst uns niederknien an dem Ort, an dem seine Füße gestanden', wollte sie sofort eine Frucht ihrer eigenen Gottesfurcht auch den späteren Geschlechtern hinterlassen. So weihte sie denn Gott, dem sie ihre Anbetung dargebracht hatte, zwei Kirchen, die eine bei der Grotte der Geburt, die andere auf dem Berg der Himmelfahrt." Während sie „den ganzen Osten mit kaiserlicher Pracht und Macht durchzog, erwies sie von Stadt zu Stadt ganzen Gemeinden wie auch einzelnen, die sich an sie wandten, unzählige Wohltaten; zahllose Geschenke verteilte sie auch mit freigebiger Hand an die Heeresabteilungen und ungemein viel schenkte sie nackten und hilflosen Armen, denen sie teils Geldgeschenke, teils reichlich das zur Bedeckung ihres Leibes Notwendige zukommen ließ. Andere, die in Gefängnissen und Bergwerken elend schmachten mussten, befreite sie; solche, die von Mächtigeren bedrückt wurden, erlöste sie, wieder andere rief sie aus der Verbannung zurück."[21]

Helena erfüllte also mustergültig die Rolle, die der Kirchenvater Eusebius (im Einklang mit der gesamten Hierarchie) für Frauen vorsah: Sie zeichnete sich durch Werke der Frömmigkeit und Barmherzigkeit aus, ohne eigene Ansprüche oder Ambitionen zu haben.

Am bekanntesten ist wohl die Legende von der Auffindung des Kreuzes Christi. Ambrosius malt sie detailliert aus, wie schon der folgende kurze Auszug zeigt: Als Helena be-

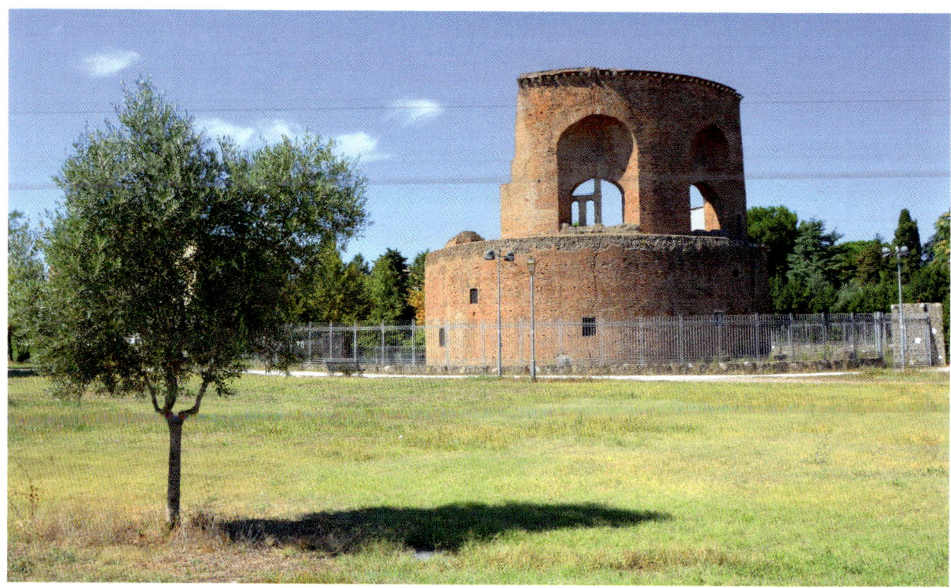

Abb. 66: Helenas Mausoleum

gann, die heiligen Orte zu besuchen, „gab ihr der Geist ein, nach dem Kreuz zu suchen. Sie begab sich auf Golgatha und sprach: ‚Siehe, der Ort des Kampfes! Wo ist der Sieg? Ich suche das Banner des Heils, aber ich finde es nicht. Ich', rief sie aus, ‚auf dem Thron und das Kreuz des Herrn im Staub? Ich in Gold und Christi Triumph im Schutt? Dieser noch begraben und vergraben die Siegespalme des ewigen Lebens? Wie soll ich an meine Erlösung glauben, wenn die Erlösung selbst sich dem Auge entzieht?' … Sie lässt den Boden aufgraben, das Erdreich wegnehmen und stößt auf drei durcheinander liegende Marterhölzer, die der Schutt bedeckt, der Feind versteckt hatte. Doch Christi Triumph konnte nicht in Nacht vergraben bleiben. Sie ist ratlos, verlegen – verlegen nach Frauenart. Doch der Heilige Geist gibt ihr einen sicheren Fingerzeig durch die Eingebung, dass zwei Schächer mit dem Herrn gekreuzigt wurden. Sie sucht nun nach dem mittleren Holz. Doch möglicherweise hatte die Verschüttung die Kreuze durcheinander geworfen, der Zufall sie durcheinander gebracht. Wieder liest sie im Evangelium und findet, dass das mittlere Kreuz die Aufschrift ‚Jesus von Nazareth, König der Juden' trug. Hieraus konnte der wahre Sachverhalt erschlossen werden: durch die Aufschrift offenbarte sich das Kreuz des Heils. … Sie fand also die Aufschrift und betete den König, keineswegs das Holz an; denn das wäre heidnischer Wahn und gottloser Aberglaube."[22] Natürlich fand sie auch die dazugehörenden Nägel. Einer davon wird im Bamberger Dom in einer Reliquienmonstranz gezeigt.

„Kaiser Constantin errichtete im *palatium Sessorianum* eine Basilika, in der er auch etwas vom heiligen Kreuz unseres Herrn Jesus Christus in einem mit Edelsteinen verzierten Goldschrein verwahrte."[23] Die Kirche heißt heute *Basilica Santa Croce in Gerusalemme* und ist wegen ihrer Kreuzreliquien eine der sieben Pilgerkirchen Roms. Die ursprüngliche

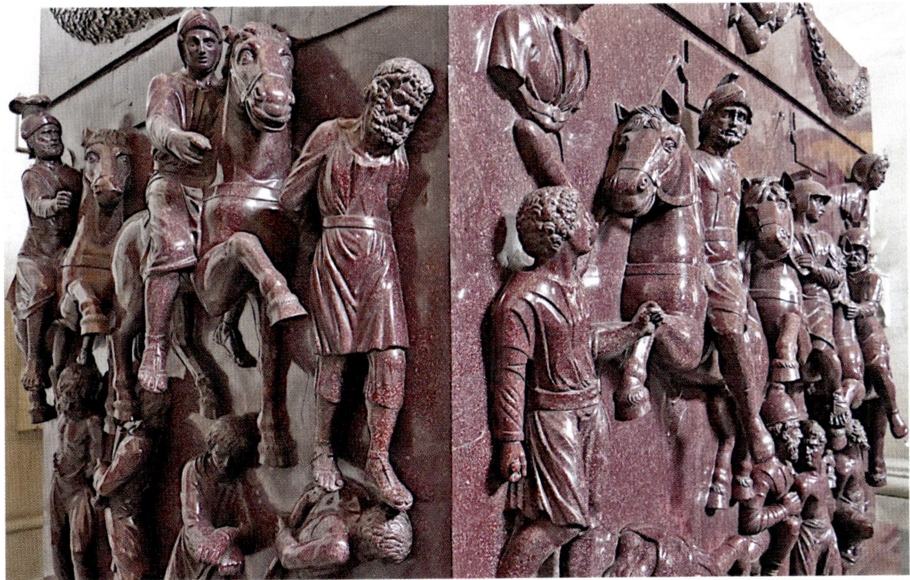

Abb. 67: Helenas Sarkophag

Gestalt der Kirche ist allerdings durch zahlreiche Umbauten verloren gegangen. Bemerkenswert ist, dass der *Liber Pontificalis* Helena in diesem Zusammenhang nicht erwähnt, obwohl sie die Besitzerin des Palastes und mit der Legende der Kreuzauffindung eng verbunden war.

Einen Bezug zu Helena könnte ein – nicht erhaltenes – zentnerschweres goldenes Kreuz liefern, das in schwarzen Buchstaben (also in Niello-Technik) folgende ziemlich rätselhafte Inschrift trug: „Constantinus Augustus und Helena Augusta – Dieses königliche Haus umgibt ein Palast, der in ähnlichem Glanz erstrahlt". Zwar verbindet der *Liber Pontificalis*[24] dieses Kreuz mit dem Baubeginn der Peterskirche im Vatikan durch Kaiser Constantin, doch es gibt gute Gründe[25] anzunehmen, dass mit dem Bau des Petersdoms erst unter Kaiser Constantius II begonnen wurde, der weder im *Liber Pontificalis* noch in der katholischen Kirche sehr geschätzt wurde (wie wir im Abschnitt 5.4 noch sehen werden), und das Kreuz ursprünglich die von Constantin im *palatium Sessorianum* errichtete Basilika schmückte.

Helena starb wohl 329 etwa 80-jährig.[26] Constantin ließ sie auf dem *fundus Laurentus* ein einem schon vorher – vielleicht als Grablege für die constantinische Familie – errichteten Mausoleum bestatten. „Aus Liebe zu seiner Mutter und zu Ehren der Heiligen" stattete Constantin das Mausoleum reich aus, nämlich mit „einem Hostienteller aus reinstem Gold, der über 10 kg wog, vier über 3 m hohen vergoldeten Silberleuchtern, von denen jeder 65 kg wog, einem Kronleuchter in Form einer goldenen Krone mit 120 Delphinen im Gewicht von 100 kg, drei goldenen Kelchen, die mit grünen Edelsteinen und Amethysten verziert waren und jeweils über 3 kg wogen, zwei goldenen Henkelkrügen im Gewicht von je 20 kg und einem 65 kg schweren Altar aus reinstem Silber vor der Grabstätte der seligen Helena Augusta aus Porphyr".[27] Die heute noch vorhandenen bescheidenen Reste des Mausoleums lassen die einstige Pracht nur erahnen (siehe Abb. 66).

Helenas monumentaler Sarkophag aus rotem Porphyr, den die Abb. 67 zeigt, steht heute in den Vatikanischen Museen. Die für ein Frauengrab eher untypischen Schlachtenszenen lassen vermuten, dass er ursprünglich für einen Kaiser bestimmt war, etwa für Maxentius, der bei der Schlacht an der Milvischen Brücke im Tiber ertrank und der *damnatio memoriae* verfiel, oder für Constantin, der ihn nach der Verlegung der kaiserlichen Residenz nach Konstantinopel nicht mehr benötigte.

5.3 Ein jähes Ende – Fausta und Constantin II, Constans, Constantius II

Julian, der als Kaiser vergeblich versuchte, das Christentum zurückzudrängen und die alten Kulte wiederzubeleben, verfasste (und hielt vielleicht) im Jahr 355, als er zum *Caesar* erhoben wurde, eine überaus lange Lobrede auf Constantins Sohn Constantius II. Die edle Abstammung des Kaisers durfte darin natürlich nicht zu kurz kommen.

Julian gelingt es, dessen Mutter Fausta überschwänglich zu rühmen, ohne jemals ihren Namen zu erwähnen. „Sie war von solch vornehmer Abstammung, schöner Gestalt und edlem Charakter, dass es nicht leicht wäre, eine Frau zu finden, die ihr gleichkommt. … Sie ist die Tochter eines Kaisers [Maximian], die Gattin eines anderen [Constantin], die Schwester eines dritten [Maxentius] und die Mutter nicht nur eines, sondern vieler Kaiser. Von diesen unterstützte der eine [Constantin II] den Vater im Krieg gegen die Tyrannen, ein anderer [Constantius II] besiegte die Geten im Kampf und sicherte uns so einen dauerhaften Frieden mit ihnen. Der dritte [Constans] verteidigte unsere Grenzen gegen Invasionen von Feinden und führte oft selbst die Truppen gegen sie, zumindest so lange es jene [um den Gegenkaiser Magnentius] erlaubten, die schon bald für ihre Verbrechen gegen ihn bestraft wurden."[28]

Von Julian erfahren wir auch, dass Fausta in Rom geboren wurde und dort aufwuchs: die „Mutter Rom" habe sie „geboren und prächtig und der künftigen Söhne würdig aufgezogen".[29]

Um seine Machtposition zu stärken, trennte sich Constantin im Jahr 307 – ein Jahr nach seiner Ausrufung zum *Augustus* durch die Truppen seines Vaters – von seiner Gattin oder Konkubine[30] Minervina, mit der er einen Sohn (Crispus) hatte, und heiratete Maximians Tochter Fausta. Da das erste Kind erst etwa 10 Jahre später geboren wurde, war Fausta damals wohl noch sehr jung – zu jung nach römischem Recht. In einer anlässlich der Hochzeit an die „heiligsten Herrscher, Maximian, *Augustus* auf immer, magst du es nun wünschen oder nicht, und Constantin, dessen kaiserlicher Stern gerade aufgeht,"[31] gerichteten Lobrede preist der unbekannte Redner die Eheschließung voller Pathos – ohne die Braut beim Namen zu nennen: „Was hätte der Menschheit widerfahren können, das hinsichtlich des Ruhms denkwürdiger und für ihr Wohl verlässlicher ist, als dass zu eurer alten Eintracht und immerwährenden Verbundenheit noch das durch die so enge

Verbindung höchster Namen verehrungswürdige Unterpfand hinzugetreten ist, dass ein *Imperator* seine Tochter mit einem *Imperator* verheiratet hat?"

Aus dieser Ehe gingen zwei Töchter und die künftigen *Augusti* Constantin II (geb. wohl 316), Constantius II (geb. 317) und Constans (geb. 320) hervor.[32] Der Erstgeborene erhielt bereits am 1. März 317 den Titel *Caesar* – gemeinsam mit Crispus, dem etwa 16-jährigen Sohn Constantins aus seiner Ehe mit Minervina.

Verglichen mit dem, was uns die Quellen zu Eutropia berichten, erzählen sie uns über ihre Tochter Fausta sehr viel – allerdings oft Fragwürdiges. Was sie über den Tod ihres Vaters Maximian überliefern, ist hierfür ein gutes Beispiel. Nachdem dieser 310 in Arelate (Arles) einen zweiten Versuch unternommen hatte, wieder an die Macht zu kommen, wurde er „von Constantin in Massilia [dem heutigen Marseille] belagert, zum Gefangenen gemacht und auf die schimpflichste Weise hingerichtet, indem man ihm mit einer Schlinge das Genick brach".[33]

Der wohl um 250 in Nordafrika geborene Laktanz schmückt dies in seinem Büchlein *De mortibus persecutorum* (Über die Todesarten der Christenverfolger) wie folgt aus: „Maximian hatte sich der Stadt Massilia bemächtigt und die Tore verschlossen. Constantin tritt näher heran und redet den auf der Mauer stehenden Greis in milden und freundlichen Worten an, was ihm denn in den Sinn komme, was ihm gefehlt habe, warum er Dinge tue, die sich gerade für ihn am wenigsten ziemten. Maximian schleudert Verwünschungen von der Mauer herab. Plötzlich werden hinter seinem Rücken die Tore aufgeschlossen und Soldaten eingelassen. Man schleppt den aufrührerischen Kaiser, den unnatürlichen Vater [siehe S. 134], den treulosen Schwiegervater vor den Kaiser. Hier muss er seine Verbrechen hören; man reißt ihm das kaiserliche Gewand ab; doch wird ihm nach strenger Zurechtweisung das Leben geschenkt. So hatte Maximian die Ehre als Kaiser und Schwiegervater eingebüßt. Aber er konnte sich mit der Erniedrigung nicht abfinden und sann auf neue Nachstellungen, nachdem man sie ihm das erste Mal ungestraft hatte durchgehen lassen. Er ruft seine Tochter Fausta und stachelt sie durch Bitten und Schmeicheleien zum Verrat an ihrem Gatten auf. Er verspricht ihr einen anderen, würdigeren Mann, nur solle sie dafür sorgen, dass das Schlafgemach offen bleibe und nachlässiger bewacht werde. Jene verspricht, alles so zu machen, berichtet aber umgehend ihrem Gatten davon. Man verabredet ein Schauspiel, um einen handfesten Beweis der Übeltat zu bekommen. Ein bedeutungsloser Eunuch nimmt die Rolle des Kaisers ein, um für ihn zu sterben. Maximian steht mitten in der Nacht auf und findet alles für den Anschlag geeignet. Den Wachen, die spärlich waren und in größeren Abständen standen, erklärt er, er habe einen Traum gehabt, von dem er seinem Sohn erzählen wolle. So tritt er bewaffnet ein, ermordet den Eunuchen, stürzt wieder hinaus und verkündet stolz seine Tat. Da zeigt sich plötzlich auf der anderen Seite Constantin mit einem Haufen Bewaffneter. … Er wird des Majestätsverbrechens und des Mordes beschuldigt. Schließlich gestattet man ihm die freie Wahl des Todes. ‚Und er knüpft hoch am Gebälk den Knoten des grässlichen Todes'. Maximian war einer der mächtigsten Kaiser des römischen Namens gewesen; er hatte – was es lange nicht mehr gegeben hatte – mit ungeheurem Glanz sein 20-jähriges Regierungsjubiläum gefeiert; und jetzt be-

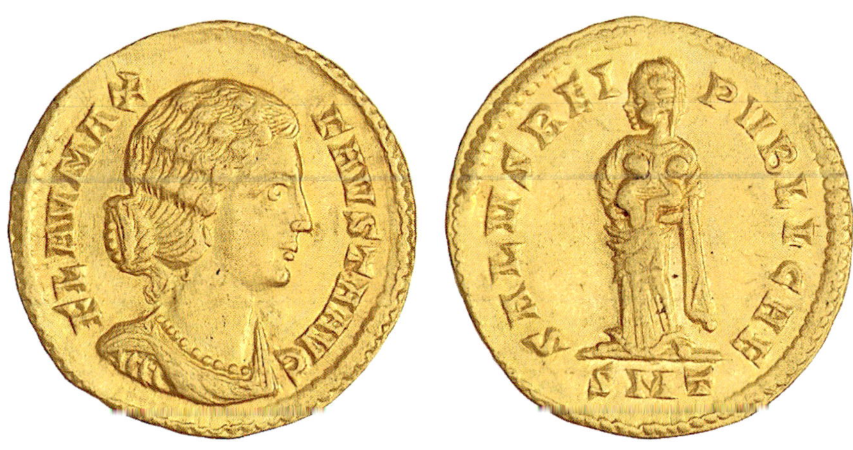

Abb. 68: Fausta

endete er, den so stolzen Hals zerquetscht und gebrochen, ein verabscheuenswertes Leben mit einem schimpflichen und schmachvollen Tod."[34]

Es ist wenig glaubhaft, dass Constantin seinen nach einer Rebellion gegen ihn festgenommenen Schwiegervater in seinem Palast – noch dazu unbeaufsichtigt – unterbringt und dieser sich Hoffnung machen kann, mitten in der Nacht zu Constantins Schlafgemach vorzudringen. Ebenso verwundert es, dass man Maximian die Wahl lässt, wie er sterben wolle, und dieser dann eine im Text selbst als schimpflich bezeichnete Todesart wählt. Zuzutreffen scheint lediglich, dass Fausta bei den Auseinandersetzungen zwischen Constantin auf der einen und ihrem Vater Maximian oder ihrem Bruder Maxentius auf der anderen Seite stets zu ihrem Gatten hielt.

Fausta wurde wie Helena 324 oder 325 mit dem Titel *Augusta* geehrt. Die Abb. 68 zeigt einen um diese Zeit geprägten Solidus mit dem Porträt der FLAV(ia) MAX(ima) FAVSTA AVG(usta) auf dem Avers. Die Kaiserin trägt eine (einfache) Perlenkette, aber anders als Helena in Abb. 65 kein Diadem. Da es auch Münzporträts der Fausta mit Diadem gibt, muss das jedoch keinen Statusunterschied bedeuten. Faustas Haare sind in Wellen gelegt und im Nacken in einem flachen Knoten zusammengebunden. Auf dem Revers hält Fausta als SALVS REI PVBLICAE, als Glück und Heil für den Staat, zwei Kinder in ihren Armen.

Vermutlich im März 326 wurde im Alter von etwa 25 Jahren Crispus, der älteste Sohn Constantins, im istrischen Pola (dem heutigen Pula) umgebracht. Einige Monate später ereilte die etwa 10 Jahre ältere Fausta in Rom das gleiche Schicksal. Beide verfielen der *damnatio memoriae*, ihre Namen wurden auf Inschriften getilgt. Über die Gründe dieses Familiendramas spekulieren Historiker noch heute.[35] Verfolgen wir die Quellen, die desto mehr darüber zu wissen vorgeben, je später sie entstanden sind.

Der Verfasser der *Epitome de Caesaribus* kennt neben den – von allen Historikern übereinstimmend überlieferten – Fakten nur ein Gerücht: „Nachdem Constantin mit außerordentlichem Kriegsglück die Herrschaft über das gesamte *Imperium Romanum* übernommen hatte, ließ er seinen Sohn Crispus, wie man glaubt, aufgrund der Einflüsterungen seiner Gattin Fausta, hinrichten. Da ihm aber seine Mutter Helena in maßlosem Schmerz über den Tod ihres Enkels heftige Vorwürfe machte, ließ er bald darauf Fausta selbst töten, indem er sie in einem überhitzten Bad einschloss."[36]

Bei Zosimus kommt Constantin wesentlich schlechter weg: „Nachdem er voll Hochmut in Rom angekommen war, begann er seine Gottlosigkeit gegen sein eigenes Haus. Denn seinen … Sohn Crispus, der verdächtigt worden war, mit seiner Stiefmutter Fausta zu verkehren, brachte er um, ohne Rücksicht auf die Bande der Natur zu nehmen. Da aber Constantins Mutter Helena ungehalten war über diesen so großen Verlust und sie unerträglicher Schmerz über die Ermordung des Jungen überkam, heilte Constantin, gleichsam als wollte er sie trösten, ein Übel mit einem noch größeren. Denn er schloss Fausta in ein überheiztes Bad ein, aus dem sie tot herausgetragen wurde."[37]

Zonaras befreit auf Kosten der Fausta Vater und Sohn von jeglicher Schuld: „Seine [Crispus'] Stiefmutter Fausta war in leidenschaftlicher Liebe zu ihm entbrannt. Weil sich Crispus abweisend zeigte, ließ sie ihren Gatten wissen, er würde sie lieben und hätte schon oft versucht, ihr Gewalt anzutun. Deswegen wurde Crispus von seinem Vater, der seiner Gattin glaubte, zum Tod verurteilt. Als dann später der Kaiser die Wahrheit erkannte, verurteilte er auch seine Gattin wegen ihrer Unmoral und weil sie schuld am Tod seines Sohns war. Fausta wurde in ein überhitztes Bad gebracht, wo ihr Leben ein gewaltsames Ende fand."[38]

Ein Indiz, dass etwas anderes hinter diesen Morden stecken könnte als ein unmoralischer Lebenswandel der Fausta, liefert Eutrop. In seinem bald nach 369 entstandenen *Breviarium*, einer kurz gefassten römischen Geschichte von den Anfängen bis zum Jahre 364, schreibt er über Kaiser Constantin: „Constantins übergroßes Glück verdarb die gewinnende Milde seines Charakters. Zuerst verfolgte er seine Verwandten und ließ seinen Sohn [Crispus], einen ungewöhnlich begabten Mann, und einen Neffen, einen umgänglichen Jüngling, hinrichten, in der Folge traf es auch seine Gemahlin [Fausta], hernach sehr viele Personen aus seiner Umgebung."[39] Die Zahl der Hingerichteten und Ermordeten war demnach wesentlich größer, was darauf deutet, dass Constantin seine Herrschaft gefährdet sah.

Dieser hatte 325 in Nikomedia seine *vicennalia*, den Beginn seines 20. Regierungsjahres, gefeiert und war 326 nach Rom geeilt, um dort diese Feier nochmals in großem Rahmen zu zelebrieren.[40] Crispus, der bereits ein 4-jähriges Kind hatte,[41] dürfte dabei schmerzlich an Diocletians Amtsverzicht im Jahr 305 nach ähnlich langer Regierungsdauer (siehe S. 131) gedacht haben, nach dem wie vorgesehen die *Caesares* zu *Augusti* aufrückten. Kaum vorstellbar, dass der *Caesar* Crispus nicht auf ein ähnliches Szenario hoffte. Denn darin dürfte er seine einzige Chance gesehen haben, die Macht zu erringen, da seine Halbbrüder zwar momentan noch keine echte Konkurrenz waren (der älteste war erst etwa 10 Jahre alt), ihn aber später überflügeln würden. Schließlich war deren Mutter Fausta *Augusta*, während seine Mutter Minervina am Hof nie eine Rolle spielte.

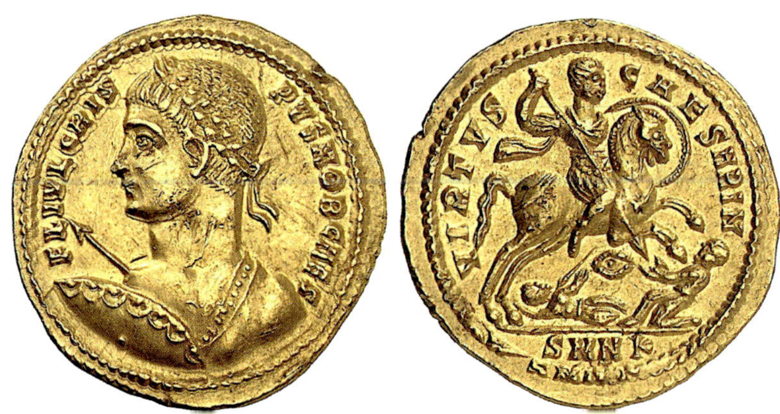

Abb. 69: Crispus nobilissimus Caesar

Dass Crispus Ambitionen hatte, legt der in Abb. 69 gezeigte Solidus nahe, der seine militärische VIRTVS herausstellt. Auf dem Avers sehen wir den lorbeerbekränzten, Energie ausstrahlenden *Caesar* mit Schild, Speer und Schwertgurt. Auf dem Revers bekämpft er zu Pferd Barbaren; einen hat er bereits niedergeritten, einen zweiten ersticht er gerade mit seiner Lanze.

Sollte Fausta von solchen Überlegungen im Kreis um Crispus erfahren haben, musste sie um die künftige Herrschaft (eines) ihrer Söhne fürchten und ihrem Gatten – durch geeignete Dramatisierung der Situation – suggerieren, dass seine Herrschaft in Gefahr sei. Dies ist ihr offenkundig gelungen. Als Constantin dann später klar (gemacht) wurde, dass die Lage bei Weitem nicht so bedrohlich gewesen war wie von Fausta dargestellt, war es auch um sie geschehen.

Die *Epitome de Caesaribus* fährt nach der oben zitierten Stelle wie folgt fort: „Constantin war über alle Maßen ruhmsüchtig. Den Trajan pflegte er wegen dessen Inschriften an vielen Gebäuden nur das Mauerkraut zu nennen. Er ließ [wie Trajan] eine Brücke über die Donau bauen, die kaiserlichen Kleider mit Edelsteinen besetzen und trug ständig ein Diadem." Diese Prunksucht greift ein heimlich am Palasttor angebrachter satirischer Zweizeiler auf, der Constantins Regentschaft ebenso strahlend und blutig sieht wie die Neros:

Wer fragt nach den goldenen Zeiten Saturns?
Sie sind da, wie Juwelen leuchtend, jedoch neronisch.

Der Bischof Sidonius Apollinaris, der dies in der zweiten Hälfte des 5. Jahrhunderts einem Freund schreibt, fährt mit einem Bonmot fort: Constantin habe ja um diese Zeit „seine Gattin Fausta durch die Hitze eines Bades, seinen Sohn Crispus durch die Kälte eines Gifts umgebracht".[42]

Neun potentielle Konkurrenten aus Nebenlinien fanden den Tod, bevor gut drei Monate nach Constantins Tod Faustas Söhne am 9. September 337 als *Augusti* die Herrschaft über das nun dreigeteilte Reich antraten: Constantin II über den Westen, Constantius II über den Osten, Constans über Italien sowie die griechischen und nordafrikanischen Provinzen. Der mit der Aufteilung offensichtlich unzufriedene Constantin II fiel im Frühjahr 340 in das Gebiet seines Bruders Constans ein und „wurde, als er bei Aquileia allzu unbedacht die Schlacht eröffnete, von den Feldherrn des Constans getötet“.[43] Constans starb im Januar 350 auf der Flucht vor dem Gegenkaiser Magnentius. Constantius II zog wenig später gegen den Usurpator in den Krieg. Im September 351 „wurde Magnentius in einer Feldschlacht geschlagen und wäre fast gefangengenommen worden. … In verschiedenen Schlachten besiegt, nahm sich Magnentius [im August 353] in Lyon das Leben, im dritten Jahr und siebten Monat seiner Herrschaft.“[44] Bis zu seinem Tod im November 361 herrschte nun Constantius II über das gesamte Reich.

5.4 Häresie! – Iustina und Valentinian II

Von der Familie der Iustina, der zweiten Gattin des Kaisers Valentinian I, wissen wir wenig. Sie hatte zwei Brüder, Constantianus und Cerealis, die beide den Titel *tribunus stabuli* führten und unter Valentinian I für die Pferde und Lasttiere am kaiserlichen Hof zuständig waren.[45] Aus der *Kirchengeschichte* des Sokrates Scholastikos, eines um 380 in Konstantinopel geborenen Geschichtsschreibers, erfahren wir ferner, dass ihr Vater Iustus Statthalter der an der Adria gelegenen Region Picenum war.[46]

Der in Pannonien geborene Valentinian (I) hatte die Herrschaft im Jahr 364 übernommen (siehe zum Folgenden die Stammtafel auf S. 133). Er war damals mit Marina Severa verheiratet, mit der er einen Sohn hatte, den am 18. April 359 geborenen Gratian. Einen Monat nach seiner Ernennung zum *Augustus* erhob Valentinian seinen sieben Jahre jüngeren Bruder Valens ebenfalls zum *Augustus* und übertrug ihm die Herrschaft über den Osten des Reichs. Als Valentinian 367 lebensgefährlich erkrankte, bestand nach Ammian die Gefahr, dass ein Offizier, „der nach Art wilder Tiere gierig auf Menschenblut war“,[47] Kaiser würde. Um Ähnliches für die Zukunft auszuschließen, ließ Valentinian bald nach seiner Genesung seinen achtjährigen Sohn Gratian zum *Augustus* ausrufen, vielleicht „auf die Bitten seiner Schwiegermutter und seiner Gattin“[48] hin.

Valentinian erwarb sich nicht zuletzt deshalb „den Ruf eines maßvollen Herrschers, weil er in religiösen Streitigkeiten nicht Partei ergriff. Weder behelligte er irgendjemanden, noch befahl er, dieses oder jenes zu verehren, noch zwang er durch drohende Erlasse seine Untertanen, ihren Nacken vor dem zu beugen, was er selbst verehrte. Vielmehr ließ er all dies so, wie er es vorfand.“[49] Wir werden sehen, dass diese religiöse Toleranz in Kirchenkreisen wenig Anklang fand.

Um 370 ließ sich Valentinian von Marina Severa scheiden und heiratete Iustina,[50] die Witwe des Gegenkaisers Magnentius. In der Kirchengeschichte des Sokrates Scholastikos lesen wir dazu Verblüffendes. Der Kaisergattin Severa, mit der Iustina freundschaftlich verkehrte, sei bei einem gemeinsamen Bad ihre makellose Schönheit aufgefallen. Severa „sprach zum Kaiser über sie und sagte, die Tochter des Iustus sei ein so schönes Geschöpf und besitze eine so ebenmäßige Gestalt, dass selbst sie, obwohl sie eine Frau sei, ganz entzückt von ihr sei. Der Kaiser, der sich diese Beschreibung seiner Frau zu Herzen nahm, überlegte, wie er Iustina heiraten könnte, ohne Severa zu verstoßen, da sie ihm Gratian geboren hatte, den er kurz zuvor zum *Augustus* ernannt hatte. Er erließ daher ein Gesetz und ließ es in allen Städten veröffentlichen, wonach jeder Mann zwei rechtmäßige Ehefrauen haben durfte. Das Gesetz wurde verkündet und er heiratete Iustina, von der er Valentinian den Jüngeren und drei Töchter, Iusta, Grata und Galla, hatte.“[51]

Ein römisches Gesetz, das Bigamie erlaubt, ist fraglos eine Erfindung des Autors. Kaiser Valentinian könnte allenfalls die geltenden Regelungen zur Ehescheidung modifiziert haben. Vielleicht wollte auch Sokrates dadurch zum Ausdruck bringen, dass eine Scheidung im Widerspruch zum Neuen Testament stand und deshalb der Kaiser für ihn trotz seiner Scheidung von Severa weiter mit ihr verheiratet blieb. Iustinas Schönheit war sicher nicht der entscheidende Grund für Valentinians zweite Eheschließung. Vielmehr war Iustina eine gute Partie, da sie wohl verwandtschaftlich mit dem Constantinischen Haus verbunden war.[52]

Im Herbst 371 kam der nach dem Vater benannte Sohn auf die Welt. Vier Jahre später starb Valentinian I an einem Schlaganfall, nachdem er sich bei Friedensverhandlungen mit Germanen übermäßig aufgeregt hatte. „Wie vom Blitz getroffen versagten gleichzeitig Atmung und Stimme und er lief rotglühend an. Schlagartig wich das Blut und er war in Todesschweiß gebadet.“[53] Nach dem Tod seines Vaters übernahm der 16-jährige Gratian die Regentschaft über die Westprovinzen. Ammian beschreibt den jugendlichen Kaiser als „jungen Mann von außerordentlichem Talent, redegewandt und besonnen, streitbar und nachsichtig. Obwohl seine Wangen noch von prächtigem Flaum überzogen waren, war er auf dem besten Weg, sich unter die vorbildlichen *principes* einzureihen.“[54]

Neben Valens und Gratian gab es bald einen dritten *Augustus*: Valentinian II. „Als Valentinian tot war, bedachten die Feldherren Merobaudes und Aequitius, dass Valens und Gratian weit entfernt waren – jener war im Osten, dieser aber von seinem Vater in Gallien zurückgelassen worden – und befürchteten zugleich, die jenseits der Donau wohnenden Barbaren könnten in das seines Regenten beraubte Reich einfallen.“[55] „Nach reiflicher Überlegung kam man zum Entschluss, Valentinian, den damals vierjährigen Sohn des Verstorbenen, der 100 Meilen entfernt mit seiner Mutter Iustina in einer Villa namens Murocincta [die von einer Mauer umgebene] lebte, zum Mitregenten zu machen. Nachdem dies durch das einmütige Votum aller bestätigt worden war, schickte man auf der Stelle seinen Onkel Cerealis zu ihm. Er brachte den Jungen ins Lager, wo er am sechsten Tag nach dem Tod seines Vaters als *Imperator* begrüßt und feierlich zum *Augustus* ernannt wurde.“[56]

„Als dies den beiden anderen Kaisern mitgeteilt wurde, waren sie verärgert, nicht weil der Bruder des einen und der Neffe des anderen zum Kaiser erklärt worden war, sondern weil ohne Rücksprache mit ihnen der zum Kaiser ausgerufen wurde, den sie selbst gerne proklamiert hätten. Beide willigten jedoch ein und so nahm der jüngere Valentinian den Platz seines Vaters ein.“[57]

Die Anerkennung Valentinians durch seinen Halbbruder Gratian dokumentiert der wohl bald danach in Trier geprägte prächtige Solidus, der in Abb. 70 zu sehen ist. Der Avers

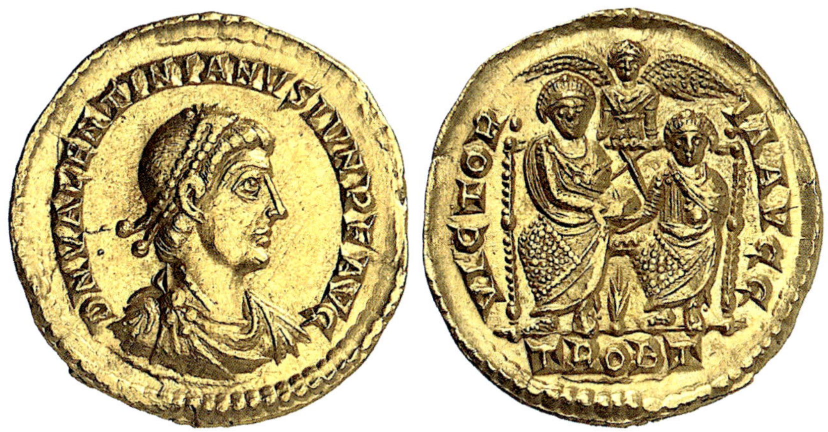

Abb. 70: Valentinian II

zeigt den von einem Perlendiadem gekrönten VALENTINIANVS IVN(ior) P(ius) F(elix) AVG(ustus). Auf dem Revers sitzen die beiden von einer geflügelten Victoria beschützten Brüder einträchtig nebeneinander. Der etwa 12 Jahre jüngere Valentinian ist kleiner dargestellt, was dem Altersunterschied geschuldet ist, aber wohl auch ein Machtgefälle andeuten soll. Auf späteren Münzen verschwinden sowohl der Größenunterschied als auch der Namenszusatz *iunior* in der Aversumschrift.

Valens starb 378 bei Adrianopel nach einer vernichtenden Niederlage gegen die Goten. Als diese danach in Illyrien und Kleinasien einfielen, ernannte Gratian 379 den gleichnamigen Sohn des erfolgreichen Feldherrn Theodosius, der unter seinem Vater gekämpft hatte und später wegen Hochverrats hingerichtet worden war, zum *Augustus* und sandte ihn in den Osten. Valentinian II und seine Mutter Iustina verlegten nun ihren Hof von Sirmium nach Mediolanum, dem heutigen Mailand, das sie zu ihrer ständigen Residenzstadt machten.

Am 19. Januar 383 erhob Theodosius seinen sechsjährigen Sohn Arcadius zum *Augustus*. Nun gab es also vier *Augusti* – und wenig später einen Gegenkaiser: Magnus Maximus, der sich im Frühjahr 383 in Britannien zum *Augustus* ausrief und in der Folge seine Herrschaft auf Gallien und Spanien ausdehnen konnte. Gratian, der gerade von einem Feldzug gegen die Alamannen aus Rätien nach Norditalien zurückgekehrt war, zog dem Usurpator entgegen. Als seine Soldaten nach und nach zu Maximus überliefen, floh Gratian nach Lyon, wo er am 25. August 383 gefangen genommen und getötet wurde. Nun war Valentinian II der dienstälteste *Augustus*, mit seinen 12 Jahren aber sicher nicht der tonangebende.

Um seinen Makel als Usurpator loszuwerden, suchte Magnus Maximus den Kontakt mit den *Augusti* Theodosius und Valentinian II. Schon im Herbst 383 sandte daher Valentinian II – de facto wohl seine Mutter Iustina, die „in Staatsgeschäften nicht unerfahren"[58] war – eine Delegation nach Trier. An ihrer Spitze stand Ambrosius, der wegen seiner früheren Karriere im Staatsdienst die nötige Kompetenz und als Bischof der Residenzstadt

Mailand die erforderliche Autorität besaß. Später war Ambrosius nochmals in ähnlicher Mission unterwegs.[59] In seiner – wohl im August 392 in Mailand gehaltenen – Leichenrede für Kaiser Valentinian II geht Ambrosius auf diese beiden Missionen ein: „Ich habe dich als kleines Kind empfangen, als ich mich als Legat zu deinem Feind begab, und ich umarmte dich, als du mir von den mütterlichen Armen [Iustinas] übergeben wurdest. Ich bin ein zweites Mal als dein Legat nach Gallien gegangen und ich habe diese Aufgabe sehr gern übernommen, da es zunächst um deine Sicherheit ging, dann um den Frieden und die Frömmigkeit, die dich die sterblichen Überreste deines Bruders [Gratian] verlangen ließ. Noch nicht ohne Sorgen um die eigene Sicherheit sorgtest du dich schon um ein ehrenvolles Begräbnis für deinen Bruder."[60]

Der heute als Kirchenlehrer und Kirchenvater verehrte Ambrosius war – obwohl noch nicht einmal getauft – im Jahr 374 vom Volk per Akklamation zum Bischof von Mailand ausgerufen worden.[61] „Er wurde daher getauft, dann soll er alle Stufen der kirchlichen Ämter durchlaufen haben; am achten Tag wurde er schließlich zum Bischof geweiht – zur größten Zufriedenheit und Freude aller."[62]

Letzteres kann durchaus zutreffen, da man von jemandem ohne innerkirchliche Vorgeschichte eine ausgleichende Haltung erhoffen durfte. Doch Ambrosius hatte eine andere Mission. Dass Iustina deutlich mehr Spuren in den Schriften der Zeitgenossen hinterlassen hat als Severa, liegt insbesondere daran, dass Iustina zum Missfallen des Ambrosius in innerkirchlichen Streitigkeiten – als Mutter des schon als Kind in die Herrschaft eingebundenen Kaisers Valentinian II – eine aktive Rolle spielte.

Dies war für Ambrosius grundsätzlich ein Problem, da er – wie viele Zeitgenossen – das Heim als die angemessene Wirkungsstätte der Frau sah: „Wie nämlich der Mann als fähiger für öffentliche Ämter angesehen wird, so die Frau für häusliche Dienste."[63] Besonders gern zitierte er daher das (wohl später eingefügte) kirchliche Schweigegebot für die Frau (*mulier taceat in ecclesia*) aus dem 1. Korintherbrief des Paulus.[64] Iustina entsprach diesem Frauenbild nicht im Geringsten. Der um 345 in der Nähe von Aquileia geborene Mönch Rufinus, für den Ambrosius „die Mauer und der stärkste Turm der Kirche" war, beschreibt sie abfällig als Frau, die „in den Kirchen schwatzte, lärmte, Zwietracht im Volk schürte".[65] Iustina war demnach eine Frau, die sich nicht den Mund verbieten ließ, und damit für Ambrosius ein rotes Tuch – zumal sie bei innerkirchlichen Auseinandersetzungen auf der falschen Seite stand.

Ausgelöst wurde dieser Streit durch theologische Kontroversen über das Verhältnis von Jesus Christus, dem Sohn Gottes, zu seinem Vater. Die ihnen zugrunde liegenden – wesentlich auf den um 327 gestorbenen, aus Alexandria stammenden Presbyter Arius zurückgehenden – dogmatischen Spitzfindigkeiten können hier nicht vertieft werden, zumal sie außerhalb theologischer Zirkel schon für die meisten Zeitgenossen unverständlich, jedenfalls nicht der Grund waren für die erbitterten Kämpfe zwischen den Anhängern der verschiedenen Lager (so wenig wie heute die Probleme in Nordirland mit der Transsubstantiationslehre zu tun haben). Für die Rechtgläubigen waren alle Abweichler „Arianer", auch wenn sie nicht die speziellen Ansichten des Arius teilten oder sich sogar von ihm distanziert hatten. Auch Iustina gehörte zu diesen „Arianern“. Solange ihr Mann lebte, habe sie dies allerdings für sich behalten.[66] Angesichts der toleranten Religionspolitik des Valentinian I (siehe S. 145) ist dies aber schwer vorstellbar.

Schon Kaiser Constantius II hatte gegen Ende seiner langen Regentschaft versucht, die Einheit des Reichs durch ein einheitliches christliches Glaubensbekenntnis zu stärken. Der Bischof Acacius schlug die Formulierung, der Sohn sei dem Vater *ähnlich gemäß den Schriften*, „als die weitest mögliche und unverbindlichste Einheitsformel vor, die Kaiser Constantius akzeptierte und durch Druck auf die Doppelsynode von Rimini/Seleukia in Nike beschließen und von einer Synode in Konstantinopel (360) bestätigen ließ“.[67] Der dieses Ergebnis – und Constantius' Rolle – missbilligende Ambrosius sah es durch Betrug zustande gekommen. Nach ihm „verfassten die Bischöfe zuerst ein unverfälschtes Glaubensbekenntnis, aber indem einige innerhalb des Palastes über das Glaubensbekenntnis entscheiden wollten, betrieben sie, dass die bekannten Urteile der Bischöfe durch Täuschung verändert wurden“.[68]

Auf diese Kirchenversammlungen bezieht sich ein – in der Tradition von Valentinian I stehendes – Toleranzedikt, das die *Augusti* Valentinian II, Theodosius und Arcadius am 23. Januar 386 in Mailand verkündeten: „Wir gewähren denjenigen das Recht, sich zu versammeln, die an die Lehren glauben, die zu Zeiten des Constantius seligen Andenkens als die ewig gültigen verkündet wurden, als die Priester aus der ganzen römischen Welt zusammengerufen wurden und der Glaube auf dem Konzil von Ariminum [Rimini] von eben jenen Personen dargelegt wurde, die heute als Abweichler bekannt sind, ein Glaube, der auch auf dem Konzil von Konstantinopel bestätigt wurde. … Sollten jene Personen, die meinen, das Versammlungsrecht sei allein ihnen gewährt worden, versuchen, Unruhe gegen den von uns verordneten Frieden zu stiften, so sollen sie wissen, dass sie als Urheber von Aufruhr und als Störer des Kirchenfriedens auch die Strafe des Hochverrats erleiden und mit ihrem Leben und Blut dafür zahlen werden.“[69]

Bereits die Zeitgenossen vermuteten, dass die Kaisermutter Iustina die treibende Kraft hinter diesem Gesetz war, da vorher die „Arianer“ vergeblich versucht hatten, für die Feier ihrer Gottesdienste die vor den Mauern Mailands gelegene Kirche *basilica Portiana* zu erhalten.[70]

Iustina traf bei ihren Bemühungen auf den entschiedenen Widerstand des Ambrosius. Paulinus, Diakon und Sekretär des Ambrosius, schildert die Auseinandersetzung plastisch und leidenschaftlich in seiner Ambrosius-Biografie, die er im Jahr 422, also etwa 25 Jahre nach dem Tod des Ambrosius, auf Anregung des Augustinus von Hippo verfasste. Es verwundert nicht, dass dabei Iustina stets die Böse und Ambrosius der Gute ist, der Übeltaten der „Arianer“ mit Werken der Barmherzigkeit vergilt.

Als Ambrosius „nach Sirmium [wo Valentinian II anfangs residierte] gekommen war, um Anemius zum Bischof zu weihen, sollte er durch die Macht der damaligen Königin Iustina und die versammelte Menge aus der Kirche verjagt werden, damit – nicht von ihm, sondern von den Ketzern – ein arianischer Bischof in derselben Kirche geweiht würde. Er saß [mit den anderen Würdenträgern] auf dem Tribunal und kümmerte sich nicht um jene, die durch das Weib aufgestachelt wurden. Da bestieg eine der Jungfrauen der Arianer, die unverschämter war als die anderen, das Tribunal und ergriff das Gewand des Priesters, um ihn zu den Frauen herunterzuziehen, damit er von diesen verprügelt und aus der Kirche geworfen würde. Er sprach zu ihr, wie er gewohnt war zu antworten: ‚Selbst wenn ich auch solcher Priesterwürde nicht wert bin, so ziemt es weder dir noch deinem Stand, an irgendeinen Priester Hand anzulegen. Darum sollst du das Gericht Gottes fürchten, damit dir nichts Böses widerfahre.' Das Ergebnis bestätigte seine Worte: Denn an einem anderen Tag führte er die tote Frau zum Grab und vergalt so ihr empörendes Verhalten mit einem Liebesdienst. Dies erfüllte die Widersacher mit nicht geringer Furcht und gab der katholischen Kirche großen Frieden bei der Bischofsweihe."[71]

Danach „kehrte er nach Mailand zurück und erduldete dort die unzähligen Intrigen der besagten Iustina, die Geschenke und Ehrenämter einsetzte, um das Volk gegen den heiligen Mann aufzustacheln. Der Sinn der Schwachen wurde von solchen Versprechungen geblendet; sie versprach ihnen nämlich das Tribunat und verschiedene andere Würden, wenn sie ihn aus der Kirche fortgeschleppt und ins Exil geführt hätten. Als viele es versuchten, aber dank göttlichen Beistands nicht erreichten, hatte einer namens Euthymius, der unseliger war als die Übrigen, die verrückte Idee, sich in der Nähe der Kirche ein Haus zu kaufen und darin einen Karren bereitzuhalten, um damit leichter den Verschleppten auf einen Wagen setzen und ins Exil schaffen zu können. Doch ‚seine Untat kommt auf sein eigenes Haupt' [Psalm 7.17]. In der Tat wurde er ein Jahr später, am selben Tag, an dem er meinte, jenen entführen zu können, in denselben Wagen gesetzt und aus demselben Haus in die Verbannung geschickt. ... Doch der Bischof gewährte ihm größtmögliche Unterstützung durch Geld oder andere Dinge, die notwendig waren."[72]

„Aber das Geständnis dieses [von Iustina zu seinen Taten angestifteten] Mannes zügelte weder die Wut der Frau noch den Wahnsinn der rasenden Arianer; mit noch größerem Unverstand versuchten sie sogar, die *basilica Portiana* in Besitz zu nehmen. Auch bewaffnete Soldaten ließ man aufmarschieren, um das Portal der Kirche zu bewachen, damit niemand es wagte, die katholische Kirche zu betreten. Aber Gott der Herr, der seiner Kirche Triumphe über seine Widersacher zu bescheren pflegt, wandelte die Herzen der Soldaten zum Bollwerk seiner Kirche, sodass sie das Kirchenportal mit umgewendeten Schilden bewachten, also niemanden herausließen, aber das katholische Volk nicht im Geringsten daran hinderten, die Kirche zu betreten. Doch das genügte den entsandten Soldaten nicht; gemeinsam mit dem Volk priesen sie den katholischen Glauben."[73]

Diese Ereignisse waren wohl der Anlass für das oben erwähnte Toleranzedikt. Wie es nach dessen Verkündung weiterging, schildert Ambrosius im April 386 seiner in Rom lebenden Schwester Marcellina in einem Brief: „In fast allen deinen Briefen erkundigst du dich besorgt über die Kirche; höre also, was vor sich geht. Am Tag, nachdem ich den Brief erhalten hatte, in dem du mir erzählt hast, wie dich deine Träume beunruhigt hatten, begannen schwere Unruhen gewaltigen Ausmaßes um sich zu greifen. Es war nicht mehr die *basilica Portiana*, also die Kirche außerhalb der Mauern, die gefordert wurde, sondern die *basilica nova*, also die größere innerhalb der Mauern. Zunächst forderten mich einige führende Männer, Mitglieder des kaiserlichen Kabinetts, auf, die Basilika zu übergeben und das Volk von jeglichem Aufruhr abzuhalten. Ich antwortete selbstverständlich, dass ein Bischof das Haus Gottes nicht aufgeben könne. Am nächsten Tag äußerte das Volk in der Kirche lebhaft seine Zustimmung. Nun kam auch der Präfekt dorthin und begann, uns zu drängen, wenigstens die *basilica Portiana* abzutreten. Das Volk wehrte sich lautstark dagegen, woraufhin er mit den Worten wegging, er werde dem Kaiser Bericht erstatten. Am nächsten Tag, dem Tag des Herrn, … setzte ich meinen Dienst fort und begann, die Eucharistie zu feiern. Während des Gottesdienstes erhielt ich die Nachricht, dass das Volk einen gewissen Castulus, den die Arianer Priester nannten, ergriffen hatte. Bei der Opferung fing ich an, bitterlich zu weinen und Gott um Hilfe zu bitten, dass im Streit um die Kirche kein Blut vergossen werde; und wenn doch, dann mein eigenes, und zwar zum Heil nicht nur meines Volks, sondern auch der Gottlosen selbst. Aber, um es kurz zu machen, ich schickte einige Presbyter und Diakone und rettete den Mann. Die schwersten Strafen wurden sofort verhängt, zuerst gegen die gesamte Kaufmannschaft. Und so rasselten während der Karwoche, in der die Schuldner von ihren Fesseln befreit werden sollten, die Ketten: Sie wurden den Unschuldigen um den Hals gelegt und zweihundert Pfund Gold innerhalb von drei Tagen von ihnen verlangt. Sie antworteten, dass sie so viel oder, falls gefordert, auch doppelt so viel geben würden, sofern sie ihren Glauben unversehrt bewahren könnten. Auch die Gefängnisse waren voll von Kaufleuten. Alle Beamten des Palastes … wurden unter dem Vorwand, dass es ihnen nicht erlaubt sei, bei aufrührerischen Versammlungen anwesend zu sein, aufgefordert, dem Treiben fernzubleiben. Und es wurden schwere Drohungen gegen Männer von hohem Rang ausgesprochen, falls sie die Basilika nicht übergeben würden. Die Verfolgung wütete und schien bei passender Gelegenheit in jede Art von Frevel auszuarten.“[74]

Der Kaiser forderte also unter Berufung auf sein im Januar erlassenes Toleranzedikt nun nicht mehr die außerhalb der Mauern gelegene *basilica Portiana*, sondern die innerhalb der Mauern erbaute größere *basilica nova*. Er zeigte sich aber kompromissbereit und hätte sich auch mit der Übergabe der *basilica Portiana* an die „Arianer“ zufrieden gegeben, die in den Augen des Kaisers eine Glaubensrichtung neben anderen, in den Augen der Orthodoxie aber eine üble häretische Gruppierung war.

Ambrosius erwähnt Iustina in diesem Brief nicht namentlich, macht aber überdeutlich was er von ihr hält: „Wir werden daher von kaiserlichen Vorschriften bedrängt, gleichzeitig aber gestärkt durch die Worte der Bibel, die darauf antwortet: ‚Du hast wie eine der dummen Frauen gesprochen.‘ Diese Prüfung ist daher nicht leicht, da wir wissen, dass Prüfungen durch Frauen ziemlich hart sind. Schließlich wurde sogar Adam durch Eva zu Fall gebracht.“[75] Die bibelfeste Marcellina erkennt natürlich, dass den zitierten Satz Ijob seiner Frau entgegenschleuderte, als sie ihn aufforderte, wegen seiner Leiden Gott zu verfluchen. Ambrosius setzt also die Forderung von Ijobs Frau, von Gott abzufallen, der Forderung des Kaisers (und der für ihn dahinterstehenden Frau!), eine Kirche an die Arianer abzutreten, gleich. Liest man weiter, bekommt man sogar den Eindruck, dass Iustina für Ambrosius geradezu eine neue Eva ist.

Der große Augustinus, der in der Osternacht 387 – also ein Jahr nach den geschilderten Ereignissen – von Ambrosius die Taufe empfing, schlägt in die gleiche Kerbe. In seinen gut zehn Jahre später entstandenen *Confessiones* klagt er vor Gott, dass „Iustina, die Regentin für ihren unmündigen Sohn, den Kaiser Valentinian, um ihrer Häresie willen, zu der sie von den Arianern verführt worden war, deinen Knecht Ambrosius verfolgte".[76] Später spricht er sogar von der Raserei der Iustina, ihrer *rabies feminea*. Nur ein Wunder Gottes konnte ihr Einhalt gebieten: „Damals hast du deinem bereits erwähnten Bischof durch ein Gesicht geoffenbart, wo die Leiber deiner heiligen Märtyrer Gervasius und Protasius lagen; durch lange Jahre hattest du sie unversehrt in deinem geheimnisvollen Schatzhaus aufbewahrt, um sie zur rechten Zeit hervorzuheben und dadurch die Wut eines Weibes, mochte es auch eine Kaiserin sein, zu bändigen. Als nämlich ihre Gebeine aufgefunden, ausgegraben und unter den geziemenden Ehrenbezeigungen in die Ambrosische Basilika überführt wurden, da wurden nicht nur die, die von unreinen Geistern gequält wurden, nach dem eigenen Geständnis dieser Geister geheilt, sondern auch ein in der Stadt sehr bekannter Bürger, der schon jahrelang blind war." Einem solchen Wunder hatte Iustina nichts entgegenzusetzen. Außerdem war sie auf die Hilfe des katholischen Kaisers Theodosius angewiesen, als der ebenfalls katholische und seine Rechtgläubigkeit gezielt gegen Valentinian einsetzende Magnus Maximus[77] im Jahr 387 in Italien einfiel.

Wir folgen der Schilderung des Zosimus, für den Theodosius nicht „der Große" ist, zu dem ihn Kirchenkreise bald nach seinem Tod machten. Entsprechend sieht er Iustinas Rolle bei weitem nicht so negativ wie die christlichen Geschichtsschreiber.[78] „Da Valentinian durch diesen plötzlichen Überfall [des Maximus] alle Hoffnung verlor, griff in seiner Umgebung die Furcht um sich, Maximus könnte ihn lebendig fangen und umbringen. Er bestieg daher ein Schiff und stach in Richtung Thessaloniki in See. Mit ihm schiffte sich seine Mutter Iustina ein, die … auch ihre Tochter Galla mitnahm. Nachdem sie so viele Meere durchfahren hatten und in Thessaloniki gelandet waren, schickten sie eine Gesandtschaft an Theodosius mit der Bitte, er möge wenigstens jetzt die gegenüber Valentinians Familie verübte Unverschämtheit rächen. Obgleich Theodosius diese Handlungen [des Maximus] erzürnten, zeigte er wegen seinem angeborenen Mangel an Energie und seiner bisher an den Tag gelegten Schlaffheit wenig Eifer für diesen Krieg. … Er verlangte vorher zu verhandeln. Wäre Maximus bereit, Valentinian sein Herrschaftsgebiet zurückzugeben und sich ruhig zu verhalten, müsse die Herrschaft im gesamten Reich gemäß der früheren Ordnung aufgeteilt werden; behielte aber die Gier bei ihm die Oberhand, so müsse man ihn unverzüglich mit Krieg überziehen. Da dies dem Staat einigermaßen zuträglich zu sein schien, wagte niemand aus dem Senat zu widersprechen."

Iustina wusste aber Theodosius umzustimmen. Sie stellte dem Kaiser, dessen Gattin Flaccilla Anfang 386 verstorben war, ihre Tochter Galla vor, „die sich durch außerordentliche Schönheit auszeichnete. Sie umfasste die Knie des Kaisers und flehte ihn an, er möge doch weder den Tod des Gratian, der ihm die Herrschaft gegeben habe, ungerächt lassen, noch zulassen, dass ihre Familie unbeachtet und jeder Hoffnung beraubt vor ihm liege." Sie erzielte den gewünschten Eindruck: Theodosius wollte sie heiraten – natürlich auch (oder insbesondere), um durch diese Hochzeit Anschluss an die valentinianische Herrscherfamilie zu bekommen (siehe die Stammtafel auf S. 133). Iustina „aber erwiderte, sie würde sie ihm nur geben, wenn er gegen Maximus aufbräche, den Tod des Gratian räche und Valentinian das Reich seines Vaters wieder übergebe. Unter diesen Bedingungen erreichte er die Vermählung; gleichzeitig rüstete er mit aller Macht zum Krieg. Auf Anregung seiner Gattin gewann er die Herzen seiner Soldaten durch eine Erhöhung des Jahressolds. … Iustina ließ er mit Sohn und Tochter ein Schiff besteigen und unter sicherem Geleit nach Rom bringen. Er war nämlich überzeugt, dass die Römer, die für Maximus nichts übrig hatten, sie mit Vergnügen aufnehmen würden. Er selbst wollte mit dem Heer durch die Provinz *Pannonia superior* und über den Apennin gegen Aquileia vorrücken und den Feind noch unvorbereitet überfallen." Der Feldzug war erfolgreich: Maximus wurde im Juli 388 in zwei Schlachten geschlagen, bei Aquileia gefangen genommen und wenig später hingerichtet.

Theodosius „übergab Valentinian das ganze Reich, soweit es dessen Vater besessen hatte, und zeigte dadurch, was er seinen Wohltätern schuldig war. Von den Soldaten des Maximus nahm er ausgesuchte Truppenteile in sein Heer auf. Dem Valentinian stellte er es frei, in Italien, Gallien und den übrigen Teilen seines Herrschaftsgebiets die Dinge zu regeln. Seine Mutter [Iustina] stand ihm zur Seite und ergänzte, was dem Jüngling wegen seines Alters an Klugheit fehlte, so weit dies von einer Frau geleistet werden konnte."

Iustina starb wenig später. Die christlichen Autoren verhehlen ihre Erleichterung darüber nicht. So berichtet der um 450 gestorbene Sozomenos in seiner Kirchengeschichte, dass Theodosius nach Beendigung des Krieges „nach Rom ging, dort zusammen mit Valentinian einen Triumph feierte und die kirchlichen Angelegenheiten in Italien wieder in die rechte Ordnung brachte; denn Iustina war gestorben."[79]

Im Rahmen dieser Neuordnung wurde am 14. Juni 388 das Mailänder Toleranzedikt, das nie die Billigung der römischen Kirche hatte, aufgehoben oder besser in sein Gegenteil verkehrt. Nun hieß es: „Allen Mitgliedern feindlicher und treuloser Sekten, die der Wahnsinn einer elenden Verschwörung gegen Gott umtreibt, soll es nicht erlaubt sein, sich irgendwo zu versammeln, Schriften zu verfassen, geheime Treffen abzuhalten, in unverschämter Weise Altäre einer ruchlosen Falschheit für die Ämter einer gottlosen Bande zu errichten und den falschen Anschein von Gottesdiensten zum Schaden der wahren Religion zu erwecken. Damit diese Verordnung ihre angemessene Wirksamkeit erlangt, sind … einige sehr zuverlässige Personen einzusetzen, die in der Lage sind, die oben genannten Personen sowohl in ihre Schranken zu weisen als auch die bei einer Missetat Ertappten den Richtern zu übergeben, damit sie gemäß den vorhergehenden Bestimmungen die schwerste Strafe sowohl vor Gott als auch vor den Gesetzen erhalten."[80]

Ambrosius gelang es wohl, nach Iustinas Tod ein vertrauensvolles Verhältnis zu Valentinian aufzubauen. Dieser überlebte allerdings seine Mutter nicht lange. Am 15. Mai 392 fand man ihn erhängt in seinen Gemächern im südgallischen Vienna (Vienne), wobei ungeklärt ist, ob er ermordet wurde oder Suizid beging. Einem Brief, den anlässlich seines Todes Ambrosius im Juli oder August dieses Jahres an Kaiser Theodosius schrieb, ist zu entnehmen, dass Valentinian – wenn auch noch nicht getauft – auf den Pfad des wahren (katholischen) Glaubens zurückgekehrt war.[81] Er drückt darin zunächst den bitteren Schmerz über den Tod des 20-Jährigen aus, aber auch die Freude darüber, dass bei Valentinian die Überredungskünste seiner Mutter nicht nachgewirkt hätten und er sich „eine so große Ergebenheit gegenüber unserem Gott angeeignet hatte und mir mit einer so großen Leidenschaft anhing, dass er jetzt den, den er vorher verfolgte, achtete, den, den er vorher wie einen Gegner zurückwies, jetzt wie einen Vater schätzte. … Er zog es vor, von mir erzogen zu werden, er sehnte sich nach mir wie nach einem umtriebigen Vater."

Noch nach ihrem Tod halfen Wunder, Iustinas Ruf zu untergraben. „Nach dem Tod der Iustina begann ein gewisser Seher, … als er wegen seiner Missetaten vor Gericht stand und gefoltert wurde, etwas anderes zu gestehen als das, worüber er verhört wurde. Er klagte nämlich, vom Engel, der Ambrosius bewache, würden ihm größere Qualen bereitet. Denn zur Zeit Iustinas sei er auf das höchste Kirchendach gestiegen und habe um Mitternacht Opfer dargebracht, um den Hass des Volks gegen den Bischof zu schüren. Doch je drängender und aufgeregter er seine üblen Handlungen beging, desto stärker wurde die Liebe der Menschen zum katholischen Glauben und zum Priester des Herrn. Er gestand, auch Dämonen geschickt zu haben, die den Bischof ermorden sollten. Doch die Dämonen hätten ihm berichtet, dass sie sich nicht nur ihm selbst nicht nähern konnten, sondern nicht einmal den Türen des Hauses, in dem er wohnte. Denn ein unüberwindliches Feuer habe dieses Gebäude gesichert, so dass selbst weit Entfernte versengt wurden. Und so habe er aufgehört mit seinen Künsten, mit denen er glaubte, gegen den Priester des Herrn etwas ausrichten zu können. In der Absicht, den Priester zu töten, gelangte ein anderer mit einem Schwert sogar bis zu seiner Schlafkammer. Als er aber seine Hand mit gezücktem Schwert erhoben hatte, erstarrte die ausgestreckte Rechte in der Luft. Nachdem er zugegeben hatte, von Iustina gesandt worden zu sein, wurde der Arm, der steif geworden war, als er ihn in übler Absicht ausgestreckt hatte, durch dieses Geständnis geheilt."[82]

Anmerkungen

Vorwort

1 Römische Kaisertabelle [58], S. XIX.
2 Nach Aurelius Victor, *Liber de Caesaribus* 36.2; möglicherweise fiktiv.
3 Tacitus, Annalen 3.33.3f.
4 Seneca, *Ad Helviam matrem de consolatione* 14.2.
5 Digesten 50.17.2pr.
6 So Nadolny in Hinsicht auf die Stellung und den Einfluss der severischen Kaiserfrauen ([69], S. 14) bzw. Mannsperger in ANRW II.1, S. 924.

Auftakt: Aurelia und Caesar

1 Dass die drei Konsuln Brüder waren, überliefert Asconius Paedianus IV (67). Aurelias Verwandtschaft belegt Sueton *De vita Caesarum*, Divus Iulius 1.
2 Siehe Plinius, *Naturalis historia* 7.7.47.
3 Siehe Johannes Lydos, *De mensibus* IV.102.
4 Maurus Servius Honoratus, *Commentarii in Vergilii Aeneidos libros* 1.286. Auch dieser Bezug wird in der Forschung angezweifelt. Weitere Erklärungsversuche HA Aelius 2.3f.
5 Tacitus, *Dialogus de oratoribus* 28.
6 Siehe Cicero, Brutus 252.
7 Siehe Cassius Dio, Römische Geschichte 44.38.
8 Plinius, *Naturalis historia* 7.54.181.
9 Sueton, *De vita Caesarum*, Divus Iulius 1.
10 Siehe Velleius Paterculus, Römische Geschichte 2.43.1.
11 Plutarch, Caesar 7.
12 Sueton, *De vita Caesarum*, Divus Iulius 13.
13 Plutarch, Caesar 9 und (im Folgenden) 10.
14 Sueton, *De vita Caesarum*, Divus Iulius 74.
15 Cassius Dio, Römische Geschichte 37.46 (3).
16 Sueton, *De vita Caesarum*, Divus Iulius 26.
17 Plutarch, Pompeius 53.
18 Plinius, *Naturalis historia* 33.16.53.
19 Plutarch, Caesar 55.
20 Sueton, *De vita Caesarum*, Divus Iulius 84.

Die julisch-claudische Dynastie

1 Plutarch, Cicero 44.
2 Velleius Paterculus, Römische Geschichte 2.59.2.
3 Sueton, *De vita Caesarum*, Divus Augustus 6.
4 Siehe Sueton, *De vita Caesarum*, Divus Augustus 8; daraus auch das nächste Zitat.
5 Nikolaos III.5f.
6 Nikolaos IV.10.
7 Siehe Horaz, Oden 3.6.39f.
8 Nikolaos IV.7.

9 Siehe Nikolaos V.13.
10 Siehe Nikolaos XVII.48.
11 Nikolaos VI.
12 Siehe Nikolaos IX–XI.
13 Siehe Plutarch, Marcus Antonius 11.
14 Appian, Die Bürgerkriege 3.9.30.
15 Nikolaos XVI.38.
16 Nikolaos XVI.43.
17 Nikolaos XVII.48.
18 Nikolaos XVIII.52–54.
19 Siehe Cicero, *Ad familiares* 12.2.2 und *Ad Atticum* 15.12.2.
20 Appian, Die Bürgerkriege 3.13.43–14.49; Octavius zitiert Homer, Ilias 18.98f.
21 Siehe Sueton, *De vita Caesarum*, Divus Augustus 89.
22 Sueton, *De vita Caesarum*, Divus Augustus 8.
23 Nikolaos XXXI.134.
24 Sueton, *De vita Caesarum*, Divus Augustus 4.
25 Cicero, *Oratio Philippica* 3.15f.
26 Vergil, Aeneis 5.568–572; Übersetzung nach W. Plankl. Bei Livius (Ab urbe condita 1.3) ist Atys einer der mythischen Könige Albas.
27 Sueton, *De vita Caesarum*, Divus Augustus 43.
28 Appian, Die Bürgerkriege 3.88.365.
29 Appian, Die Bürgerkriege 3.91.376–92.380.
30 Appian, Die Bürgerkriege 3.88.365.
31 Sueton, *De vita Caesarum*, Divus Augustus 61.
32 Siehe Cassius Dio, Römische Geschichte 47.17 (6).
33 Epigrammata Bobiensia 40: *Hic Atiae cinis est, genitrix hic Caesaris, hospes, / condita: Romani sic voluere patres.*
34 Siehe Plinius, *Naturalis historia* 36.5.36.
35 Siehe Augustus, *Res gestae* 7.
36 Tacitus, Annalen 5.1.1.
37 Tacitus, Annalen 5.1.3.
38 Siehe Cassius Dio, Römische Geschichte 48.44 (1).
39 Siehe Cicero *Ad Atticum* 6.6.1.
40 Siehe Sueton, *De vita Caesarum*, Tiberius 5.
41 Siehe hierzu und zum Folgenden Velleius Paterculus, Römische Geschichte 2.75; Sueton, *De vita Caesarum*, Tiberius 4; Cassius Dio, Römische Geschichte 48.15 (3).
42 Sueton, *De vita Caesarum*, Tiberius 6; daraus auch die beiden nächsten Zitate.
43 Siehe Velleius Paterculus, Römische Geschichte 2.77.3.
44 Zu Bartschur und Scheidung Cassius Dio, Römische Geschichte 48.34 (3).
45 Tacitus, Annalen 5.1.2.
46 Siehe Cassius Dio, Römische Geschichte 48.44 (3). Der genaue Zeitpunkt der Zeremonie ist unklar (siehe Kunst [64], S. 336–340).
47 Sueton, *De vita Caesarum*, Galba 1; ähnlich Plinius, *Naturalis historia* 15.40.136f.
48 Sueton, *De vita Caesarum*, Tiberius 66 und 68.
49 Siehe Seaby [86] Augustus 223 und 300 sowie Tiberius 16 und 46,48.
50 Sueton, *De vita Caesarum*, Tiberius 6; daraus auch das folgende Zitat.
51 Cassius Dio, Römische Geschichte 49.38 (1).
52 Siehe Cicero, *Pro Murena* 27.
53 Siehe Gaius, *Institutiones* 1.190.
54 Siehe Gaius, *Institutiones* 1.145.

55 Siehe Velleius Paterculus, Römische Geschichte 2.93.1 sowie Cassius Dio, Römische Geschichte 53.30 (1f.).
56 Cassius Dio, Römische Geschichte 53.33 (4).
57 Sueton, *De vita Caesarum*, Tiberius 7.
58 Siehe Cassius Dio, Römische Geschichte 54.35 (4f.).
59 Ovid, Briefe vom Schwarzen Meer 3.1.125; im Folgenden 3.1.125–128, Übertragung von W. Willige.
60 Macrobius, Saturnalia 2.5.6.
61 Seneca, *Ad Marciam de consolatione* 3f.
62 Cassius Dio, Römische Geschichte 55.8 (2).
63 Sueton, *De vita Caesarum*, Tiberius 10.
64 Sueton, *De vita Caesarum*, Tiberius 11.
65 Siehe Sueton, *De vita Caesarum*, Divus Augustus 65.
66 Sueton, *De vita Caesarum*, Tiberius 12.
67 Sueton, *De vita Caesarum*, Tiberius 13.
68 Tacitus, Annalen 1.3.3.
69 Siehe Cassius Dio, Römische Geschichte 55.10a (10).
70 Sueton, *De vita Caesarum*, Divus Augustus 65.
71 Tacitus, Annalen 4.57.3.
72 Cassius Dio, Römische Geschichte 55.32 (2).
73 Sueton, *De vita Caesarum*, Divus Augustus 65.
74 Tacitus, Annalen 1.3.4.
75 Sueton, *De vita Caesarum*, Caligula 23.
76 Philon von Alexandria, Gesandtschaft an Caligula 40.319f.
77 Siehe Cassius Dio, Römische Geschichte 55.14–55.22.
78 Tacitus, Annalen 1.5.
79 Tacitus, Annalen 1.6.1.
80 Sueton, *De vita Caesarum*, Tiberius 22.
81 Detweiler [26] listet neun verschiedene von Historikern vertretene Szenarien zum Tod des Agrippa Postumus auf.
82 Siehe Tacitus, Annalen 1.8.1.
83 Cassius Dio, Römische Geschichte 57.12 (1–5). Auch Tacitus (Annalen 1.14.1) überliefert die vom Senat vorgeschlagenen – und von Dio griechisch wiedergegebenen – Titel: *mater patriae* bzw. *parens patriae*.
84 Cassius Dio, Römische Geschichte 80.17 (2).
85 Tacitus, Annalen 13.5.1.
86 Tacitus, Annalen 1.14.2.
87 Siehe Tacitus, Annalen 4.16.4.
88 Sueton, *De vita Caesarum*, Tiberius 50.
89 Cassius Dio, Römische Geschichte 56.46 (1f.).
90 Tacitus, Annalen 3.31.2.
91 Tacitus, Annalen 3.64.1–3.
92 Siehe Tacitus, Annalen 3.71.1.
93 Tacitus, Annalen 4.15.3.
94 Siehe Tacitus, Annalen 4.37.
95 Tacitus, Annalen 4.38.1.
96 Sueton, *De vita Caesarum*, Tiberius 51; daraus auch das nächste Zitat.
97 Velleius Paterculus, Römische Geschichte 2.130.5.
98 Sueton, *De vita Caesarum*, Galba 5.
99 Siehe Sueton, *De vita Caesarum*, Otho 1.
100 Siehe CIL XII.5842.
101 Siehe etwa Tacitus, Annalen 1.13.6 oder 3.15.1.

102 Siehe Tacitus, Annalen 1.53.2.
103 Tacitus, Annalen 4.71.4.
104 Tacitus, Annalen 5.1.4.
105 Tacitus, Annalen 5.2.1.
106 Cassius Dio, Römische Geschichte 58.2 (1–6).
107 Siehe Sueton, *De vita Caesarum*, Tiberius 51.
108 Cassius Dio, Römische Geschichte 59.2 (4).
109 Sueton, *De Grammaticis* 17.
110 Sueton, *De vita Caesarum*, Divus Augustus 86.
111 Sueton, *De vita Caesarum*, Caligula 7.
112 Sueton, *De vita Caesarum*, Caligula 8.
113 Tacitus, Annalen 1.33; daraus auch das nächste Zitat.
114 Tacitus, Annalen 1.40.3–1.42.1.
115 Tacitus, Annalen 1.69.
116 Siehe Sueton, *De vita Caesarum*, Caligula 10 und Tacitus, Annalen 2.54.1.
117 Tacitus, Annalen 2.69.3.
118 Tacitus, Annalen 2.73.4. Für Cassius Dio (Römische Geschichte 57.18 (9)) ist der Giftmord erwiesen.
119 Siehe Tacitus, Annalen 2.71.1.
120 Tacitus, Annalen 2.72.1.
121 Tacitus, Annalen 2.75.1.
122 Tacitus, Annalen 3.1.4–3.3.1.
123 Cassius Dio, Römische Geschichte 57.13 (1) und Tacitus, Annalen 3.37.2.
124 Siehe Sueton, *De vita Caesarum*, Tiberius 62 und Tacitus, Annalen 4.8.1. Wie wenig die Beweise überzeugen, zeigen etwa Eisenhut [38] oder Sonnabend [89], S. 143f.
125 Cassius Dio, Römische Geschichte 58.11 (7).
126 Tacitus, Annalen 4.8.3–5.
127 Siehe Tacitus, Annalen 4.15.1.
128 Tacitus, Annalen 4.12; daraus auch das nächste Zitat.
129 Tacitus, Annalen 4.17; daraus auch das nächste Zitat.
130 Tacitus, Annalen 4.52.2f.
131 Tacitus, Annalen 4.53.2.
132 Tacitus, Annalen 4.54.
133 Tacitus, Annalen 4.60.
134 Tacitus, Annalen 5.3.
135 Siehe Seneca, *De ira* 3.21.
136 Sueton, *De vita Caesarum*, Tiberius 53.
137 Sueton, *De vita Caesarum*, Caligula 10.
138 Zu den Todesdaten der beiden Brüder siehe Sueton, *De vita Caesarum*, Tiberius 61 und Tacitus, Annalen 6.23.2.
139 Sueton, *De vita Caesarum*, Tiberius 54.
140 Sueton, *De vita Caesarum*, Caligula 10.
141 Tacitus, Annalen 6.20.1.
142 Tacitus, Annalen 6.25.1. Die von Tacitus daneben genannte Möglichkeit, man habe sie verhungern lassen, widerspricht Suetons Aussage, man habe sie sogar zum Essen gezwungen (Sueton, *De vita Caesarum*, Tiberius 53).
143 Siehe Tacitus, Annalen 6.25.3. Den Todestag des Seianus findet man in den Fasti Ostienses.
144 Tacitus, Annalen 6.46.1.
145 Sueton, *De vita Caesarum*, Caligula 15.
146 Cassius Dio, Römische Geschichte 59.8 (1).
147 Sueton, *De vita Caesarum*, Caligula 23.

148 Plutarch, Marcus Antonius 87.
149 Siehe Sueton, *De vita Caesarum*, Claudius 1.
150 Siehe Flavius Josephus, Jüdische Altertümer 18.6.6.
151 Siehe Cassius Dio, Römische Geschichte 60.2 (5).
152 Sueton, *De vita Caesarum*, Claudius 3; zu Claudius' Gebrechen siehe auch Claudius 30.
153 Sueton, *De vita Caesarum*, Claudius 2.
154 Sueton, *De vita Caesarum*, Claudius 4; daraus auch das nächste Zitat.
155 Tacitus, Annalen 3.3.2f.
156 Perné [77], S. 65.
157 Cassius Dio, Römische Geschichte 65.14 (1f.).
158 Josephus, Jüdische Altertümer 18.6.6.
159 Siehe Josephus, Jüdische Altertümer 18.6.1.
160 Cassius Dio, Römische Geschichte 59.3 (4).
161 Cassius Dio, Römische Geschichte 59.3 (6).
162 Den Todestag findet man in den Fasti Ostienses.
163 Cassius Dio, Römische Geschichte 60.1 (1–3).
164 Cassius Dio, Römische Geschichte 60.5 (1f.).
165 Sueton, *De vita Caesarum*, Claudius 11. Nach Sueton habe Antonia den Titel *Augusta* zu Lebzeiten abgelehnt. Was genau diese Aussage bedeutet, wird kontrovers diskutiert (siehe Kokkinos [59], Review Chapter).
166 Seneca, *De brevitate vitae* 18; weitere Überlegungen zu den Münzen des Claudius bei Grant [48].
167 Siehe CIL X.6638 und CIL VI.2030.
168 Es erstaunt, dass manchen Historikern gerade die in Abb. 19 gezeigte Münzrückseite als Beleg dafür gilt, dass Agrippina die älteste Tochter ist.
169 Tacitus, Annalen 4.75; siehe auch die Stammtafel auf S. 17.
170 Sueton, *De vita Caesarum*, Nero 5 gegen Seneca, *Controversiae* 9.4.18. Auch Velleius Paterculus rühmt ihn (Römische Geschichte 2.10.2 und 2.72.3).
171 Sueton, *De vita Caesarum*, Nero 6.
172 Plinius, *Naturalis historia* 7.6.46.
173 Sueton, *De vita Caesarum*, Caligula 24; daraus auch das nächste Zitat.
174 CIL XIV.244.
175 Cassius Dio, Römische Geschichte 59.11 (2).
176 Cassius Dio, Römische Geschichte 59.22 (8).
177 Sueton, *De vita Caesarum*, Caligula 29.
178 Sueton, *De vita Caesarum*, Caligula 39.
179 Sueton, *De vita Caesarum*, Nero 6.
180 Cassius Dio, Römische Geschichte 60.4 (1).
181 Sueton, *De vita Caesarum*, Galba 5.
182 Cassius Dio, Römische Geschichte 60.8 (5).
183 Siehe Seneca, Apocolocyntosis 10.4; nach Seneca ist Claudius für ihren Tod verantwortlich.
184 Tacitus, Annalen 11.11.2–11.12.2.
185 Siehe Tacitus, Annalen 11.5.3.
186 Siehe Tacitus, Annalen 11.26.3.
187 Sueton, *Vita Passieni Crispi*.
188 Tacitus, Annalen 12.1.1.
189 Tacitus, Annalen 12.2f.
190 Siehe Seneca, Apocolocyntosis 10.
191 Tacitus, Annalen 12.4.2; das folgende Zitat 12.4.3.
192 Siehe Tacitus, Annalen 12.8.1.
193 Tacitus, Annalen 12.5.2.

194 Cassius Dio, Römische Geschichte 61.31 (8).
195 Cassius Dio, Römische Geschichte 61.32 (1).
196 Siehe Tacitus, Annalen 12.22. Die von Cassius Dio überlieferten makabren Details (Römische Geschichte 61.32 (4)) kann man getrost übergehen.
197 Tacitus, Annalen 12.8.2.
198 Seneca, *De constantia sapientis* 1.1 und 14.1.
199 Plinius, *Naturalis historia* 10.59.120.
200 Tacitus, Annalen 12.25f.
201 Siehe Sueton, *De vita Caesarum*, Claudius 41.
202 Tacitus, Annalen 12.27.1.
203 So heißt die Stadt bei Sueton und Tacitus.
204 Siehe Flavius Josephus, Jüdische Altertümer 20.6.3.
205 Tacitus, Annalen 12.37.4.
206 Plinius, *Naturalis historia* 33.19.63.
207 Tacitus, Annalen 12.41.
208 Cohen Band I, S. 269f.; für manche Numismatiker eine Gedenkprägung des Titus.
209 Tacitus, Annalen 12.42.1f.
210 Tacitus, Annalen 12.58.1.
211 Tacitus, Annalen 12.64.2–12.65.1. Tacitus spricht fälschlich von der jüngeren Antonia.
212 Sueton, *De vita Caesarum*, Nero 7.
213 Siehe Cassius Dio, Römische Geschichte 61.34 (1).
214 Plinius, *Naturalis historia* 22.46.92.
215 Tacitus, Annalen 12.66f.
216 Tacitus, Annalen 12.68.2.
217 Tacitus, Annalen 12.69; daraus auch das nächste Zitat.
218 Tacitus, Annalen 13.1.
219 Cassius Dio, Römische Geschichte 61.3.
220 Tacitus, Annalen 13.2.2f.
221 Tacitus, Annalen 13.12.
222 Tacitus, Annalen 13.13f.
223 Aurelius Victor, *Liber de Caesaribus* 5.9.
224 Cassius Dio, Römische Geschichte 62.11 (4).
225 Siehe etwa Fußnote 48 auf S. 103.
226 Tacitus, Annalen 13.16.2–4.
227 Tacitus, Annalen 13.18.2f.
228 Cassius Dio, Römische Geschichte 61.8 (6).
229 Tacitus, Annalen 13.19.1f; zum Folgenden Annalen 13.19–21.
230 CIL XII.5474.
231 Cassius Dio, Römische Geschichte 62.12 (2)–62.13 (5).
232 Tacitus, Annalen 14.10.1.
233 Siehe Tacitus, Annalen 14.10.3 bzw. Cassius Dio, Römische Geschichte 62.14 (3).
234 Tacitus, Annalen 14.11.1f.
235 Cassius Dio, Römische Geschichte 62.16 (1f.,2^{a}).
236 Sueton, *De vita Caesarum*, Nero 34.
237 Sueton, *De vita Caesarum*, Nero 35.
238 Tacitus, Annalen 16.6.1.
239 Siehe Sueton, *De vita Caesarum*, Nero 48f.
240 Sueton, *De vita Caesarum*, Galba 1; daraus auch das nächste Zitat.
241 Unbeschriftete Porträts führen oft zu Diskussionen. So wollen manche dieses Porträt Trajans Mutter zuschreiben. Doch es ist kaum vorstellbar, dass Trajan, der als erster Kaiser seinen nicht kaiserlichen Vater

mit einer Münze ehrte und für seine Gattin Plotina, seine Schwester Marciana und seine Nichte Matidia Porträtmünzen prägen ließ (sogar posthum, falls sie vor ihm starben), aber seine Mutter bei seinen Prägungen überging, ausgerechnet sie dermaßen prominent herausstellte.

Flavier und Adoptivkaiser

1 Zum Folgenden Sueton, *De vita Caesarum*, Galba 3f.
2 Siehe Sueton, *De vita Caesarum*, Otho 1.
3 Zum Folgenden Tacitus, Historien 2.64.2 und 2.89.2.
4 Sueton, *De vita Caesarum*, Vitellius 17.
5 Sueton, *De vita Caesarum*, Divus Vespasianus 3.
6 Sueton, *De vita Caesarum*, Titus 1.
7 Siehe Sueton, *De vita Caesarum*, Domitian 1.
8 Siehe Sueton, *De vita Caesarum*, Divus Vespasianus 1.
9 Zur lange umstrittenen Identität der abgebildeten Domitilla siehe Wood [103].
10 CIL VI.31297.
11 Siehe HA Hadrianus 1.
12 Siehe HA Antoninus Pius 1 und CIL XV.69–74,76–78,81–91.
13 Siehe Römische Kaisertabelle [58], S. 135.
14 Siehe Cassius Dio, Römische Geschichte 69.1 und HA Hadrianus 4.6–10.
15 Sueton, *De vita Caesarum*, Divus Vespasianus 1; daraus auch das nächste Zitat.
16 Sueton, *De vita Caesarum*, Divus Vespasianus 5.
17 Sueton, *De vita Caesarum*, Divus Vespasianus 2.
18 Sueton, *De vita Caesarum*, Divus Vespasianus 5.
19 Siehe Sueton, *De vita Caesarum*, Caligula 46.
20 Sueton, *De vita Caesarum*, Divus Vespasianus 2.
21 Siehe CIL XI.4778 und Bormann [17], S. 33–37.
22 Siehe Sueton, *De vita Caesarum*, Divus Vespasianus 4.
23 Sueton, *De vita Caesarum*, Divus Vespasianus 2.
24 Plinius der Jüngere, Briefe 8.18.
25 Zur umstrittenen Zuordnung der Stempel an Mutter oder Tochter siehe CIL XV, S. 270ff.
26 Graham [47], S. 681.
27 Siehe HA Marcus Aurelius 1.3.
28 Siehe Haines [49], Volume I, S. 60.
29 Das Datum ist umstritten. Wir folgen den Überlegungen von Birley [11], S. 47.
30 Mark Aurel, Selbstbetrachtungen V.4.
31 HA Marcus Aurelius 4.6f.
32 Mark Aurel, Selbstbetrachtungen I.3.
33 Etwa Haines [49], Volume I, S. 154.
34 Siehe Haines [49], Volume I, S. 124.
35 Siehe HA Marcus Aurelius 2.4.
36 Zur Datierung des Konsulats Eck [35], S. 73; zum Ort der Geburtstagsfeier Haines [49], Volume I, S. 146.
37 Haines [49], Volume I, S. 148; ebenso das nächste Zitat.
38 Fronto zitiert Homer, Ilias 9.313.
39 Haines [49], Volume I, S. 196.
40 HA Marcus Aurelius 6.9.
41 Siehe Haines [49], Volume I, S. 246.
42 Die abschließende Grußformel *mater mea te salutat* in einem um 156 geschriebenen kurzen Brief des Mark Aurel an Fronto ist die letzte Erwähnung der Lucilla in Frontos Briefwechsel (siehe Haines [49], Volume I, S. 254). Stempel *ex praesidiis Lucillae* auf Tongefäßen zeigen, dass sie im Jahr 155 noch lebte (siehe CIL XV.1090).

43 Mark Aurel, Selbstbetrachtungen I.17.
44 Tacitus, Historien 1.16.1. Tacitus, der zumindest noch die Regentschaft Trajans erlebte, lässt diesen Satz Kaiser Galba sagen.
45 Siehe Cassius Dio, Römische Geschichte 72.22 (3).
46 Cassius Dio, Römische Geschichte 72.36 (4).
47 Cassius Dio, Römische Geschichte 73.17 (4).
48 HA Marcus Aurelius 19.1–7.
49 Plinius, *Naturalis historia* 7.9.49.
50 HA Antoninus Pius 3.7.
51 HA Antoninus Pius 7.9.
52 Haines [49], Volume I, S. 128.
53 Siehe HA Marcus Aurelius 6.3.
54 Siehe HA Antoninus Pius 10.2 und die Fasti Ostienses.
55 Ameling [5], S. 166.
56 Haines [49], Volume I, S. 194.
57 Siehe Cassius Dio, Römische Geschichte 73.4 (5f.).
58 Siehe Cassius Dio, Römische Geschichte 72.10 (5).
59 Cassius Dio, Römische Geschichte 72.6 (3).
60 Cassius Dio, Römische Geschichte 72.22 (3).
61 Siehe HA Marcus Aurelius 20.7 und Cassius Dio, Römische Geschichte 73.4 (5).
62 Cassius Dio, Römische Geschichte 72.23 (1).
63 Cassius Dio, Römische Geschichte 72.27 (3^2).
64 Cassius Dio, Römische Geschichte 72.28 (4).
65 HA Marcus Aurelius 26.4.
66 Cassius Dio, Römische Geschichte 72.29 (1).
67 Cassius Dio, Römische Geschichte 72.30 (1).
68 Siehe HA Marcus Aurelius 26.5–7 und CIL VI.10222.
69 Mark Aurel, Selbstbetrachtungen I.17.

Die Severer

1 Siehe HA Didius Iulianus 1.2.
2 Siehe HA Septimius Severus 1.2; dort werden allerdings die Großväter väter- und mütterlicherseits des Septimius Severus verwechselt.
3 Alföldy [1], S. 431.
4 Siehe HA Septimius Severus 19.9.
5 Siehe Cassius Dio, Römische Geschichte 77.17 (4). Dieses Datum wird in der Forschung dem in der HA genannten vorgezogen.
6 Siehe CIL VIII.19494, in der HA (Septimius Severus 3.2) heißt sie kurz Marcia.
7 Siehe HA Septimius Severus 3.2 und 14.4.
8 HA Septimius Severus 3.9.
9 HA Severus Alexander 5.4.
10 Siehe Herodian, Kaisergeschichte 5.3.2.
11 Siehe *Epitome de Caesaribus* 21.1 und 23.2.
12 Nach Cassius Dio, Römische Geschichte 79.6 (5); siehe auch *Epitome de Caesaribus* 21.7. Gegen das von Caracalla selbst ins Spiel gebrachte Geburtsjahr 186 argumentiert überzeugend Alföldy in [2].
13 Siehe Cassius Dio, Römische Geschichte 76.7 (4); inschriftlich bereits 194/195 (CIL VIII.9317).
14 Siehe HA Septimius Severus 4.2 und Cassius Dio, Römische Geschichte 78.2 (5).
15 Cassius Dio, Römische Geschichte 74.15 (1).
16 HA Clodius Albinus 3.4f.

17 Siehe Nadolny [69], S. 66.
18 Siehe etwa CIL VIII.9035.
19 Siehe HA Aurelianus 42.4.
20 *Epitome de Caesaribus* 1.28f.
21 HA Septimius Severus 18.7; folgendes Zitat 18.8.
22 Aurelius Victor, *Liber de Caesaribus* 20.24.
23 Cassius Dio, Römische Geschichte 76.15 (6f.).
24 Aurelius Victor, *Liber de Caesaribus* 20.22.
25 Siehe Philostratos, Das Leben des Apollonios von Tyana 1.3.
26 Siehe Philostratos, Leben der Sophisten 2.30.
27 Cassius Dio, Römische Geschichte 77.3 (1).
28 Cassius Dio, Römische Geschichte 77.4 (2–5).
29 Siehe Cassius Dio, Römische Geschichte 77.6 (3) und 78.1 (1).
30 Cassius Dio, Römische Geschichte 79.11 (1). Zur Amtszeit des Papinianus CIL VI.228 und Cassius Dio, Römische Geschichte 78.1 (1).
31 CIL VI.1872.
32 Siehe Bertalozzi [10], S. 199.
33 Siehe IGLS XIII.1, Nr. 9054 und Kommentar zu Nr. 9055.
34 Siehe Cassius Dio, Römische Geschichte 77.16 (5).
35 Cassius Dio, Römische Geschichte 77.15 (2); siehe auch 77.14 (1–4).
36 Cassius Dio, Römische Geschichte 78.2 (1–5).
37 HA Geta 6.3.
38 HA Caracalla 8.5.
39 HA Geta 7.1.
40 Iuliae Domnae Piae Felicis Aug(ustae) matris Aug(usti) et castrorum et senatus et patriae totiusque divinae domus; siehe etwa CIL VIII.1483.
41 Siehe etwa CIL XIII.1754.
42 CIL III.138.
43 CIL III.7836.
44 CIL II.2661.
45 Digesten 50.15.1.4.
46 Cassius Dio, Römische Geschichte 78.18 (2f.).
47 Cassius Dio, Römische Geschichte 78.10 (1f.).
48 Siehe HA Caracalla 10; Aurelius Victor, *Liber de Caesaribus* 21.3; Eutrop, *Breviarium* 8.20.
49 Meyer [67], S. 372.
50 Cassius Dio, Römische Geschichte 79.4 (1–4).
51 *Epitome de Caesaribus* 21.6; ähnlich HA Caracalla 7.1f.
52 Cassius Dio, Römische Geschichte 79.23; daraus auch das nächste Zitat.
53 Cassius Dio, Römische Geschichte 79.24 (1f.).
54 Siehe CIL XIII.12042. Die bisweilen ins Spiel gebrachte Vergöttlichung unter Kaiser Macrinus überzeugt nicht.
55 Cassius Dio, Römische Geschichte 79.30 (4).
56 Herodian, Kaisergeschichte 5.3.2.
57 Siehe Herodian, Kaisergeschichte 5.3.3.
58 Siehe Herodian, Kaisergeschichte 5.3.3 und Cassius Dio, Römische Geschichte 79.30 (3).
59 Siehe Herodian, Kaisergeschichte 5.3.6 oder HA Macrinus 8.4.
60 Siehe CIL X.6569.
61 HA Macrinus 9.3.
62 Siehe etwa Herodian, Kaisergeschichte 5.2.5.
63 Siehe HA Macrinus 9.4f. und Herodian, Kaisergeschichte 5.3.10f.

64 Cassius Dio, Römische Geschichte 79.34 (2f.). Zum Namen siehe etwa CIL XV.7505; der in der HA angegebene Name Diadumenus ist falsch.
65 Siehe HA Diadumenus 7.5.
66 So Birley [12], S. 191; zu den Posten des Haius Diadumenianus CIL VIII.9366 und AE 1960.102.
67 Cassius Dio, Römische Geschichte 79.38 (1).
68 Cassius Dio, Römische Geschichte 79.38 (2).
69 Cassius Dio, Römische Geschichte 79.38 (4); zum Ort der Schlacht 79.37 (3).
70 Herodian, Kaisergeschichte 5.5.2.
71 Siehe Birley [13], S. CXIV.
72 Pr(idie) id(us) Iul(ias) in Capit(olio) ant(e) cell(am) Iun(onis) reg(inae) fratr(es) Arv(ales) conv(enerunt) ad vota annua suscipienda pro salute et incolum(itate) imp(eratoris) Caes(aris) M. Aurelli Antonini pii fel(icis) Aug(usti) p(ontificis) m(aximi) trib(unicia) pot(estate) co(n)s(ulis) p(atris) p(atriae) proco(n)-s(ulis) et Iuliae Maesae Aug(ustae) aviae Aug(usti) n(ostri) totaq(ue) dom(o) divin(a) eor(um).
73 Herodian, Kaisergeschichte 5.5.3–6.
74 Siehe HA Elagabal 31.4.
75 HA Elagabal 2.1.
76 Siehe HA Elagabal 19.4, 20.5 und 32.1.
77 Herodian, Kaisergeschichte 5.6.3f.
78 Herodian, Kaisergeschichte 5.7.1f.
79 Cassius Dio, Römische Geschichte 80.17 (2f.).
80 Siehe Herodian, Kaisergeschichte 5.7.4.
81 Alexander ist *nobilissimus Caesar imperii et sacerdotis*; siehe hierzu Dušanić [32] und Eck [33].
82 HA Elagabal 4.1f.
83 HA Elagabal 12.3: Wenn er das Lager oder die Kurie betrat, nahm er seine Großmutter … mit, um durch ihr Prestige mehr Ansehen zu gewinnen, weil er dies selbst nicht vermochte.
84 HA Elagabal 4.4.
85 Siehe CIL XIV.2120; ausführlich dazu Hemelrijk [53], S. 181–225.
86 Siehe Plinius, *Naturalis historia* 37.23.85.
87 Siehe Hieronymus, Brief an Marcella 43.3.
88 Siehe CIL VI.997 und Gorrie [45], S. 71f.
89 Herodian, Kaisergeschichte 5.7.4–6.
90 HA Elagabal 15.5–7.
91 Herodian, Kaisergeschichte 5.8.; daraus auch das nächste Zitat.
92 Cassius Dio, Römische Geschichte 80.20 (1f.).
93 HA Elagabal 17.1.
94 HA Elagabal 18.2f.
95 Herodian, Kaisergeschichte 5.8.10.
96 Cassius Dio, Römische Geschichte 79.30 (3).
97 Digesten 1.9.12 belegt sowohl den Status ihres ersten Gatten als auch dieses Privileg.
98 Siehe etwa CIL XVI.141.
99 HA Severus Alexander 1.2.
100 Der Name Severus findet sich erstmals in der auf den 13. April 222 datierbaren Inschrift CIL VI.1454; zur Namensablehnung HA Severus Alexander 5.
101 Und zwar nicht nur übergangsweise, wie das Militärdiplom CIL XVI.144 aus dem Jahr 230 zeigt.
102 Gegen Kosmetatou [62], S. 407.
103 Cassius Dio, Römische Geschichte 80 letztes Fragment.
104 HA Severus Alexander 14.7.
105 Siehe HA Severus Alexander 44.2 und 64.3.
106 Herodian, Kaisergeschichte 6.1.8.
107 *Epitome de Caesaribus*, 24.5.

108 Eusebius, Kirchengeschichte 6.21.3f.
109 HA Severus Alexander 22.4.
110 Orosius 7.18.6: *Mamaea Christiana Originem presbyterum audire curavit*.
111 Cassius Dio, Römische Geschichte 80 letztes Fragment. Es ist umstritten, ob dieses Fragment auf Dio zurückgeht oder es eher eine komprimierte Fassung der im Folgenden zitierten Stelle bei Herodian ist.
112 Herodian, Kaisergeschichte 6.1.2–4.
113 Siehe Aurelius Victor, *Liber de Caesaribus* 24.6.
114 Liebs [66], S. 69; Syme äußert [93], S. 406 allerdings Zweifel an seiner Qualität.
115 Siehe AE 1988.1051.
116 Siehe *Codex Iustinianus* 4.65.4.
117 HA Severus Alexander 51.4; daraus auch das nächste Zitat.
118 Cassius Dio, Römische Geschichte 80.2 (2); siehe auch Zosimus, Neue Geschichte 1.11.
119 Siehe Syme [93], S. 408.
120 Siehe CIL VI.32544 und 36775; das massiv getilgte Gegenbeispiel AE 1912.155 überzeugt nicht.
121 Siehe CIL XIV.125 und Kettenhofen [57].
122 CIL VIII.1406.
123 Siehe CIL VI.2108. Der Zeitpunkt der Verleihung muss danach vor dem 3. Januar 231 liegen.
124 CIL II.3413.
125 Siehe Sayar, M. H.: Die Inschriften von Anabarzos und Umgebung Nr. 14f.
126 Herodian, Kaisergeschichte 6.1.5–9.
127 Die HA Severus Alexander 20.3 erwähnte Gattin Memmia ist fiktiv; siehe etwa Heil [51], S. 237f. Dort auch Überlegungen zur Dauer der Ehe.
128 CIL VIII.18254.
129 HA Severus Alexander 49.4.
130 Herodian, Kaisergeschichte 6.1.9f.
131 Die HA kennt Sallustia Orbiana nicht; daher sind die dort (stattdessen oder zusätzlich) erwähnten, anderweitig nicht belegten Gattinnen (siehe Severus Alexander 20.3 und 49.3) höchstwahrscheinlich fiktiv.
132 Aurelius Victor, *Liber de Caesaribus* 24.5.
133 HA Severus Alexander 3.1.
134 Siehe HA Antoninus Pius 8.1.
135 Siehe HA Severus Alexander 57.7.
136 HA Severus Alexander 56.1; die 56.2–9 zitierte Rede und die darin genannten Truppengrößen sind reine Fiktion.
137 Herodian, Kaisergeschichte 6.9.5–8.
138 Peachin fasst in [76] die Überlegungen zum Zeitpunkt überzeugend zusammen.
139 HA Severus Alexander 59.8.
140 Andreae [6], S. 100 und S. 108.
141 HA Severus Alexander 63.4.
142 Chronograph des Filocalus [28], S. 213 und S. 299.

Soldatenkaiser

1 Siehe HA Maximus und Balbinus 5.2 und 5.7.
2 Siehe Herodian, Kaisergeschichte 7.10.7.
3 Siehe Oliver [72].
4 Aurelius Victor, *Liber de Caesaribus* 27.8.
5 CIL VIII.8323.
6 Siehe Eusebius, Kirchengeschichte 6.36.
7 Siehe Zosimus, Neue Geschichte 1.22.
8 Aurelius Victor, *Liber de Caesaribus* 28.11.

9 CIL IX.4056.
10 Siehe Ammian, *Res gestae* 31.5.16.
11 Aurelius Victor, *Liber de Caesaribus* 30. Die von Zosimus (Neue Geschichte 1.25.2) berichtete Adoption des Hostilianus durch Gallus ist wohl nicht korrekt. Auch Zosimus weiß von der Epidemie. Daher ist seine Aussage, Gallus habe Hostilianus umbringen lassen, wenig glaubwürdig.
12 Siehe CIL XI.1927.
13 Zosimus, Neue Geschichte 1.28.3.
14 Siehe CIL XI.4999.
15 Siehe AE 1903.281.
16 So die allerdings stark restaurierte Inschrift CIL V.857; siehe auch BCTH 1894.362.
17 Zosimus, Neue Geschichte 1.38.5.
18 Porphyrios, *Vita Plotini* 12.
19 Aurelius Victor, *Liber de Caesaribus* 33.6; ähnlich *Epitome de Caesaribus*, 33.1. In der HA heißt die Geliebte Pipara (Die beiden Galliene 21.3).
20 Siehe etwa HA Die beiden Galliene 9.2.
21 Anonymus post Dionem fr. 5.1 in C. Müller: Fragmenta Historicorum Graecorum 4, S. 194. Zum Zeitpunkt der Erhebung Aurelius Victor, *Liber de Caesaribus* 33.2.
22 Zonaras, *Epitome Historiarum* 12.25.
23 Siehe Aurelius Victor, *Liber de Caesaribus* 33.27.

Im Dominat

1 Siehe Aurelius Victor, *Liber de Caesaribus* 39.48.
2 Siehe Ammian, *Res gestae* 25.3.23.
3 Julian, Misopogon (Barthasser) 352B.
4 Siehe Photios, Bibliothek 96.
5 Athanasius, Geschichte der Arianer 5.1.
6 Die Kaiserin firmiert in den Quellen teils als Marina, teils als Severa. Mangels besserer Kenntnisse verbanden die Historiker einfach beide Namen; siehe dazu Woods [106], S. 173f.
7 Rufinus, Kirchengeschichte 11.16.
8 Theodoret, Kirchengeschichte 5.13.
9 Siehe *Epitome de Caesaribus*, 48.1.
10 *Epitome de Caesaribus* 40.12f.
11 So formuliert bei Anonymus Valesianus 4.
12 *Panegyrici Latini* X/II.14.1 bzw. XII/IX.3.4 und 4.3.
13 Eusebius, Vita Constantini 3.52f.
14 Siehe Eusebius, Vita Constantini 4.61.
15 Ambrosius, Trauerrede auf Kaiser Theodosius 42; Ambrosius zitiert hier Ps 113.7.
16 Zonaras, *Epitome Historiarum* 13.1.
17 Siehe CIL VI.1134–1136, VI.36950 im Unterschied zu CIL IX.6581 (Sepino), X.517 (Salerno), X.1483 (Neapel).
18 *Panegyrici Latini* VI/VII.4.2.
19 Siehe [14], S. 38 (Consularia Constantinopolitana 324).
20 Siehe *Liber Pontificalis*, Silvester 27 und CIL VI.1136.
21 Eusebius, Vita Constantini 3.42–44.
22 Ambrosius, Trauerrede auf Kaiser Theodosius 43–46.
23 *Liber Pontificalis*, Silvester 22.
24 *Liber Pontificalis*, Silvester 17.
25 Siehe Westall [99] und Drijvers [30], S. 149f.
26 Siehe Eusebius, Vita Constantini 3.46.

27 *Liber Pontificalis*, Silvester 26.
28 Julian, *Oratio* I.9.
29 Julian, *Oratio* I.5.
30 Ersteres legt *Panegyrici Latini* VII/VI.4.1 nahe, Letzteres behauptet Zosimus, Neue Geschichte 2.20.2.
31 *Panegyrici Latini* VII/VI.1.1; nächstes Zitat VII/VI.1.4.
32 Siehe Zonaras, *Epitome Historiarum* 13.2. Eine verworrene Stelle bei Zosimus (Neue Geschichte 2.39.2) heranzuziehen, um Fausta die Mutterschaft für Constantin II abzuerkennen, überzeugt nicht, zumal Zonaras diese Tatsache gegen Fausta genutzt hätte.
33 *Epitome de Caesaribus* 40.5.
34 Lactantius, *De mortibus persecutorum* 29f. Das Zitat entnahm Laktanz der Aeneis Vergils, der mit diesen Worten den Selbstmord der Latinerkönigin Amata beschreibt.
35 Einen guten Überblick und eine weitere Theorie liefert Woods in [104].
36 *Epitome de Caesaribus* 41.11f.
37 Zosimus, Neue Geschichte 2.29.3–6.
38 Zonaras, *Epitome Historiarum* 13.2.
39 Eutrop, *Breviarium* 10.6. Bei dem Neffen (*filius sororis*) handelte es sich wohl um Licinius iunior, den Sohn von Licinius und Constantins Halbschwester Constantia, der bei der Hinrichtung seines Vater im Vorjahr verschont worden war (siehe Anonymus Valesianus 5).
40 Siehe Chastagnol [21], S. 491.
41 Siehe *Codex Theodosianus* 9.38.1.
42 Sidonius Apollinaris, Briefe 5.8.2: *extinxerat coniugem Faustam calore balnei, filium Crispum frigore veneni*.
43 Eutrop, *Breviarium* 10.9.2.
44 Eutrop, *Breviarium* 10.12.
45 Siehe Ammian, *Res gestae* 28.2.10 und 30.5.19.
46 Siehe Sokrates, Kirchengeschichte 4.31.
47 Ammian, *Res gestae* 27.6.1.
48 *Epitome de Caesaribus* 45.4.
49 Ammian, *Res gestae* 30.9.5.
50 Ein genaues Jahr festzulegen, lassen die Quellen nicht zu (siehe etwa Koşkun [61], Fußnote 66 auf S. 421).
51 Sokrates, Kirchengeschichte 4.31. Von Iustinas Schönheit weiß auch Zosimus, Neue Geschichte 4.43.2.
52 Siehe dazu Woods [105]; er vermutet, dass das auf S. 143 erwähnte Kind des Crispus ihre Mutter ist.
53 Ammian, *Res gestae* 30.6.3.
54 Ammian, *Res gestae* 31.10.18.
55 Zosimus, Neue Geschichte 4.19.1.
56 Ammian, *Res gestae* 30.10.4f.
57 Sokrates, Kirchengeschichte 4.31.
58 Zosimus, Neue Geschichte 4.44.4.
59 Der Zeitpunkt der zweiten Mission ist umstritten (siehe Raschle [79], Fußnote 20 auf S. 52).
60 Ambrosius, *De obitu Valentiniani consolatio* 28 (1368B).
61 Nach Paulinus (*Vita Sancti Ambrosii* 7) war er lediglich *catechumenus*, also Taufanwärter.
62 Paulinus, *Vita Sancti Ambrosii* 9.
63 Ambrosius, *De Paradiso* 50.
64 Siehe etwa Ambrosius, *De virginibus ad Marcellam Sororem* 3.3.9.
65 Rufinus, Kirchengeschichte 11.15.
66 Siehe Rufinus, Kirchengeschichte 11.15.
67 Drobner [31], S. 244.
68 Ambrosius, Brief 75 (Maur. 21).15.
69 *Codex Theodosianus* 16.1.4.
70 Der zeitliche Ablauf ist umstritten. Wir folgen hier Gottlieb [46].

71 Paulinus, *Vita Sancti Ambrosii* 11.
72 Paulinus, *Vita Sancti Ambrosii* 12.
73 Paulinus, *Vita Sancti Ambrosii* 13.
74 Ambrosius, Brief 76 (Maur. 20).1–7.
75 Ambrosius, Brief 76 (Maur. 20).17. Ambrosius zitiert Ijob 2.10.
76 Augustinus, *Confessiones* 9.7; daraus auch das nächste Zitat.
77 Siehe etwa Theodoret, Kirchengeschichte 5.14.
78 Die folgenden Zitate Zosimus, Neue Geschichte 4.43–4.47.
79 Sozomenos, Kirchengeschichte 7.14.14.
80 *Codex Theodosianus* 16.5.15. Die von Gottlieb in [46] vertretene Meinung, dass diesem Erlass eine Verschärfung des Mailänder Toleranzedikts vorausgegangen sei, weist Dassmann zurück (Artikel Ambrosius, Theologische Realenzyklopädie).
81 Siehe Ambrosius, Brief 25 (Maur. 53); daraus auch das folgenden Zitat.
82 Paulinus, *Vita Sancti Ambrosii* 20.

Abbildungsnachweise

Abb. 1 Fritz Rudolf Künker, Osnabrück (www.kuenker.de), Auktion 396, Los 1115
Abb. 4 Inscriptions of Aphrodisias 9.40
Abb. 5 Wikimedia Commons, Palazzo Massimo alle Terme, Carole Raddato
Abb. 6 Mitte und rechts CNG Triton XXVI, Los 687, www.cngcoins.com
Abb. 8 CNG Mail Bid Sale 73, Los 688, www.cngcoins.com
Abb. 9 Wikimedia Commons, Römisch-Germanisches Museum Köln, Calidius
Abb. 10 American Numismatic Society, ImageSponsor Mike Gasvoda
Abb. 11 Numismatica Ars Classica NAC AG, Auktion 92, Los 487
Abb. 12 Numismatik Lanz, München, Auktion 156, Los 268
Abb. 13 Gorny & Mosch, Giessener Münzhandlung, München, Auktion 297, Los 1473
Abb. 14 Wikimedia Commons, Kunsthistorisches Museum Wien, U.Name.Me
Abb. 15 Numismatica Ars Classica NAC AG, Auktion 101, Los 95
Abb. 16 American Numismatic Society, ImageSponsor Mike Gasvoda
Abb. 17 Numismatica Ars Classica NAC AG, Auktion 138, Los 641
Abb. 19 Fritz Rudolf Künker, Osnabrück (www.kuenker.de), Auktion 62, Los 313
Abb. 20 Fritz Rudolf Künker, Osnabrück (www.kuenker.de), Auktion 377, Los 5722
Abb. 21 American Numismatic Society, ImageSponsor Mike Gasvoda
Abb. 22 Wikimedia Commons, Classical Numismatic Group, Inc. http://www.cngcoins.com
Abb. 23 American Numismatic Society, ImageSponsor Mike Gasvoda
Abb. 24 Wikimedia Commons, Aphrodisias Museum, Dosseman
Abb. 25 Wikimedia Commons, Museo dei Fori Imperiali Rom, Picture by M0tty
Abb. 26 Numismatica Ars Classica NAC AG, Auktion 38, Los 41
Abb. 27 American Numismatic Society, E. T. Newell
Abb. 29 Wikimedia Commons, Classical Numismatic Group, Inc. http://www.cngcoins.com
Abb. 30 Wikimedia Commons, Musei Capitolini, Merulana
Abb. 31 Wikimedia Commons, Classical Numismatic Group, Inc. http://www.cngcoins.com
Abb. 32 American Numismatic Society; linkes Bild: ImageSponsor Institute for the Study of the Ancient World, New York University; rechtes Bild: E. T. Newell
Abb. 33 Fritz Rudolf Künker, Osnabrück (www.kuenker.de), Auktion 382, Los 466, Los 467
Abb. 34 Numismatica Ars Classica NAC AG, Auktion 138, Los 726
Abb. 35 Numismatica Ars Classica NAC AG, Auktion 135, Los 323
Abb. 36 Fritz Rudolf Künker, Osnabrück (www.kuenker.de), Auktion 383, Los 2094
Abb. 37 Numismatica Ars Classica NAC AG, Auktion 138, Los 754
Abb. 38 American Numismatic Society, ImageSponsor: Institute for the Study of the Ancient World, New York University
Abb. 39 Staatliche Museen zu Berlin, Antikensammlung
Abb. 40 Gorny & Mosch, Giessener Münzhandlung, München, Auktion 261, Los 772

Abb. 41 National Museum Warschau
Abb. 44 Gorny & Mosch, Giessener Münzhandlung, München, Auktion 297, Los 1540
Abb. 45 Gorny & Mosch, Giessener Münzhandlung, München, Auktion 269, Los 1130
Abb. 46 Wikimedia Commons, Classical Numismatic Group, Inc. http://www.cngcoins.com
Abb. 47 American Numismatic Society, F. M. Endicott
Abb. 48 Münzkabinett, Staatliche Museen zu Berlin / Lutz-Jürgen Lübke (Lübke und Wiedemann)
Abb. 50 Gorny & Mosch, Giessener Münzhandlung, München, Auktion 265, Los 717
Abb. 51 Gorny & Mosch, Giessener Münzhandlung, München, Auktion 293, Los 600
Abb. 52 Andreae [6], S. 99; Sammlung Dierichs in der Ruhr-Universität Bochum
Abb. 53 American Numismatic Society, F. Munroe Endicott
Abb. 54 Links und Mitte Auktionshaus H. D. Rauch, Auktion 116, Los 208
Abb. 61 Numismatica Ars Classica NAC AG, Auktion 114, Los 806
Abb. 62 Numismatica Ars Classica NAC AG, Auktion 138, Los 864
Abb. 64 Wikimedia Commons, Musée Saint-Raymond Toulouse, Daniel Martin
Abb. 65 Numismatica Ars Classica NAC AG, Auktion 125, Los 788
Abb. 66 Wikimedia Commons, Villa de Sanctis, Valentina.desantis
Abb. 68 American Numismatic Society, ImageSponsor Institute for the Study of the Ancient World, New York University
Abb. 69 Fritz Rudolf Künker, Osnabrück (www.kuenker.de), Auktion 397, Los 2912
Abb. 70 Fritz Rudolf Künker, Osnabrück (www.kuenker.de), Auktion 397, Los 2952

Übrige Abbildungen vom Autor

Literaturverzeichnis

[1] Alföldy, G.: Zeitgeschichte und Krisenempfindung bei Herodian. In: Hermes 99, 429–449 (1971)

[2] Alföldy, G.: Nox dea fit lux! Caracallas Geburtstag. In: Bonamente, G. und Mayer, M. (Hrsg.): Historiae Augustae Colloquium Barcinonense, Bari 1996

[3] Ambrosius von Mailand: Pflichtenlehre und ausgewählte kleinere Schriften, übers. v. J. Niederhuber, Kösel, Kempten 1917

[4] Ambrosius von Mailand: Politische Briefe, übers. v. F. M. Ausbüttel, Wissenschaftliche Buchgesellschaft, Darmstadt 2020

[5] Ameling, W.: Die Kinder des Marc Aurel und die Bildnistypen der Faustina Minor. In: Zeitschrift für Papyrologie und Epigraphik 90, 147–166 (1992)

[6] Andreae, B.: Alexander Severus – Bronzeporträt. In: Imdahl, M. und Kunisch, N. (Hrsg.): Plastik – Antike und moderne Kunst der Sammlung Dierichs in der Ruhr-Universität Bochum, Paul Dierichs, Kassel 1979

[7] Appian von Alexandria: Römische Geschichte, Zweiter Teil: Die Bürgerkriege, übers. v. O. Veh, Anton Hiersemann, Stuttgart 2019

[8] Barnes, T. D. und Vander Spoel, J.: Julian on the Sons of Fausta. In: Phoenix 38, 175–176 (1984)

[9] Becher, I.: Atia, die Mutter des Augustus – Legende und Politik. In: Schmidt, E. G. (Hrsg.): Griechenland und Rom, Palm & Enke, Erlangen/Jena, 1996

[10] Bertolazzi, R.: Julia Domna: Public Image and Private Influence of a Syrian Queen, Thesis, University of Calgary 2017

[11] Birley, A. R.: Mark Aurel, Verlag C. H. Beck, München 1977[2]

[12] Birley, A. R.:Septimius Severus: The African Emperor, Routledge, London 1999[2]

[13] Birley, A. R.: Review-discussion: The last Books of Cassius Dio. In: Histos 14, CVII–CXX (2020)

[14] Bleckmann, B. und Stein, M. (Hrsg.): Kleine und fragmentarische Historiker der Spätantike (KFHist) – Consularia Constantinopolitana und verwandte Quellen, Ferdinand Schöningh, Paderborn 2016

[15] Bleicken, J.: Augustus – Eine Biographie, Alexander Fest Verlag, Berlin 2000

[16] Boatwright, M. T.: Imperial Women of Rome – Power, Gender, Context, Oxford University Press, New York 2021

[17] Bormann, E.: Inschriften aus Umbrien. In: Archaeologisch-epigraphische Mittheilungen aus Oesterreich-Ungarn XV, 29–43 (1892)

[18] Bringmann, K.: Geschichte der römischen Republik, Verlag C. H. Beck, München 2002

[19] Bringmann, K.: Augustus, Wissenschaftliche Buchgesellschaft, Darmstadt 2007

[20] Burrer, F. und Günther, R.: Vergöttlicht oder verdammt? Römische Kaiserfrauen im Spiegel der Münzen, Numismatische Gesellschaft Speyer, Speyer 2006

[21] Chastagnol, A.: Aspects concrets et cadre topographique des fêtes décennales des empereurs à Rome. In: L'Urbs: espace urbain et histoire (Ier siècle av. J.-C. – IIIe siècle ap. J.-C.). Actes du colloque international de Rome 1985, Rom 1987

[22] Christ, K.: Geschichte der römischen Kaiserzeit, Verlag C. H. Beck, München 1995[3]

[23] Cohen, H.: Description historique des monnaies frappées sous L' Empire Romain, Paris 1880–1892[2]

[24] Dahlheim, W.: Augustus – Aufrührer, Herrscher, Heiland, Verlag C. H. Beck, München 2013

[25] Demandt, A.: Geschichte der Spätantike, Verlag C. H. Beck, München 2008[2]

[26] Detweiler, R.: Historical Perspectives on the Death of Agrippa Postumus. In: The Classical Journal 65, 289–295 (1970)

[27] Dio, C.: Römische Geschichte I–V, übers. v. O. Veh, Wissenschaftliche Buchgesellschaft, Darmstadt 2007

[28] Divjak, J. und Wischmeyer, W. (Hrsg.): Das Kalenderhandbuch von 354 – Der Chronograph des Filocalus, Verlag Holzhausen, Wien 2014

[29] Drijvers, J. W.: Flavia Maxima Fausta: Some Remarks. In: Historia 41, 500–506 (1992)

[30] Drijvers, J. W.: Helena Augusta and the City of Rome. In: Verhoeven, M., Bosman, L. und van Asperen, H. (Hrsg.): Monuments & Memory: Christian Cult Buildings and Constructions of the Past, Brepols Publishers, Turnhout 2016

[31] Drobner, H. R.: Lehrbuch der Patrologie, Peter Lang, Frankfurt am Main 2011[3]

[32] Dušanić, S.: Severus Alexander as Elagabalus' Associate. In: Historia 13, 487–498 (1964)

[33] Eck, W.: Ein neues Militärdiplom für die misenische Flotte und Severus Alexanders Rechtsstellung im J. 221/222. In: Zeitschrift für Papyrologie und Epigraphik 108, 15–34 (1995)

[34] Eck, W.: Köln in römischer Zeit, Greven Verlag, Köln 2004

[35] Eck, W.: Die Fasti consulares der Regierungszeit des Antoninus Pius. Eine Bestandsaufnahme seit Géza Alföldys *Konsulat und Senatorenstand*. In: Eck, W., Fehér, B. und Kovács, P. (Hrsg.): Studia epigraphica in memoriam Géza Alföldy, Dr. Rudolf Habelt Verlag, Bonn 2013

[36] Ehmig, U.: Bauten als Gegenwert göttlicher Hilfe im Zeugnis lateinischer Votivinschriften. In: Museum Helveticum 73, 56–77 (2016)

[37] Eich, A.: Die römische Kaiserzeit, Verlag C. H. Beck, München 2014

[38] Eisenhut, W.: Der Tod des Tiberius-Sohnes Drusus. In: Museum Helveticum 7, 123–128 (1950)

[39] Eutropius: Breviarium ab urbe condita, B. G. Teubner, Leipzig 1992

[40] FitzGerald, T. G.: Dynasty and Collegiality – Representations of Imperial Legitimacy, AD 284–337, Dissertation, Exeter 2017

[41] Flach, D.: Römische Geschichtsschreibung, Wissenschaftliche Buchgesellschaft, Darmstadt 2013[4]

[42] Fuhrer, Th. (Hrsg.): Rom und Mailand in der Spätantike, De Gruyter, Berlin 2012

[43] Gardner, J. F.: Frauen im antiken Rom, Verlag C. H. Beck, München 1995

[44] Gibbon, E.: Verfall und Untergang des römischen Imperiums, 2 Bände, Wissenschaftliche Buchgesellschaft, Darmstadt 2016

[45] Gorrie, Ch.: Julia Domna's Building Patronage, Imperial Family Roles and the Severan Revival of Moral Legislation. In: Historia 53, 61–72 (2004)

[46] Gottlieb, G.: Der Mailänder Kirchenstreit von 385/386: Datierung, Verlauf, Deutung. In: Museum Helveticum 42, 37–55 (1985)

[47] Graham, S.: The Space Between: The Geography of Social Networks in the Tiber Valley. In: Coarelli, F. und Patterson, H. (Hrsg.): Mercator Placidissimus: The Tiber Valley in Antiquity, Proceedings of the Conference held at the British School at Rome, Feb. 2004 (2009)

[48] Grant, M.: CONSTANTIAE AVGVSTI. In: The Numismatic Chronicle and Journal of the Royal Numismatic Society 10, 23–42 (1950)

[49] Haines, C. R.: The Correspondence of Marcus Cornelius Fronto I, II, William Heinemann, London 1919, 1920

[50] Hausmann, M.: Die Leserlenkung durch Tacitus in den Tiberius- und Claudiusbüchern der „Annalen", De Gruyter, Berlin 2009

[51] Heil, M.: Severus Alexander und Orbiana. Eine Kaiserehe. In: Zeitschrift für Papyrologie und Epigraphik 135, 233–248 (2001)

[52] Hekster, O.: Emperors and Ancestors – Roman Rulers and the Constraints of Tradition, Oxford University Press, Oxford 2015

[53] Hemelrijk, E. A.: Hidden Lives, Public Personae – Women and Civic Life in the Roman West, Oxford University Press, New York 2015

[54] Henzen, W.: Acta fratrum arvalium, Reimer, Berlin 1874

[55] Holland, T.: Rubikon, Triumph und Tragödie der Römischen Republik, Klett-Cotta, Stuttgart 2015

[56] Instinsky, H. U.: Studien zur Geschichte des Septimius Severus. In: KLIO 35, 200–219 (1942)

[57] Kettenhofen, E.: Zum Todesdatum Julia Maesas. In: Historia 30, 244–249 (1981)

[58] Kienast, D., Eck, W. und Heil, M.: Römische Kaisertabelle, Wissenschaftliche Buchgesellschaft, Darmstadt 2017^{6}

[59] Kokkinos, N.: Antonia Augusta: Portrait of a Great Roman Lady, Libri Publications Ltd, London 2002^{2}

[60] König, I.: Kleine römische Geschichte, Reclam Verlag, Stuttgart 2001

[61] Koşkun, A.: Ein geheimnisvoller gallischer Beamter in Rom, ein Sommerfeldzug Valentinians und weitere Probleme in Ausonius' Mosella. In: Revue des Études Anciennes 104, 401–431 (2002)

[62] Kosmetatou, E.: The Public Image of Julia Mamaea. An Epigraphic and Numismatic Inquiry. In: Latomus 61, 398–414 (2002)

[63] Królczyk, K.: *Hic finis Antoninorum nomini in re publica fuit*. Assassination of Emperor Elagabalus and Condemnation of His Memory. In: Res Historica 48, 37–54 (2019)

[64] Kunst, C.: Livia, Macht und Intrigen am Hof des Augustus, Klett-Cotta, Stuttgart 2008

[65] Leisering, W. (Hrsg.): Putzger Historischer Weltatlas, Cornelsen Verlag, Berlin 1997^{102}

[66] Liebs, D.: Hofjuristen der römischen Kaiser bis Justinian, Verlag C. H. Beck, München 2010

[67] Meyer, J.: Julia Domna. In: Pangerl, A. (Hrsg.): 500 Jahre römische Münzbildnisse, Staatliche Münzsammlung München 2017

[68] Murphy, M. G.: Vergil as a Propagandist. In: The Classical Weekly 19, 169–174 (1926)

[69] Nadolny, S.: Die severischen Kaiserfrauen. Franz Steiner Verlag, Stuttgart 2016

[70] Nicols, J.: Antonia and Sejanus. In: Historia 24, 48–58 (1975)

[71] Nikolaos von Damaskus: Leben des Kaisers Augustus, hrsg. und übers. v. J. Malitz, Wissenschaftliche Buchgesellschaft, Darmstadt 2011^{3}

[72] Oliver, J. H.: The Ancestry of Gordian I. In: The American Journal of Philology 89, 345–347 (1968)

[73] Oosten, D.: The Mausoleum of Helena and the Adjoining Basilica *Ad Duas Lauros*: Construction, Evolution and Reception. In: Verhoeven, M., Bosman, L. und van Asperen, H. (Hrsg.): Monuments & Memory: Christian Cult Buildings and Constructions of the Past, Brepols Publishers, Turnhout 2016

[74] Orosius, P.: Historiarum adversum paganos libri VII, Gerold, Wien 1882

[75] Panegyrici Latini: Lobreden auf römische Kaiser, 2 Bände, übers. v. B. Müller-Rettig, Wissenschaftliche Buchgesellschaft, Darmstadt 2008, 2014

[76] Peachin, M.: P.Oxy. VI 912 and the Accession of Maximinus Thrax. In: Zeitschrift für Papyrologie und Epigraphik 59, 75–78 (1985)

[77] Perné, W.: De filiis filiabusque Germanici Iulii Caesaris e litteris, testimoniis epigraphicis, nummis demonstrata, Dissertation, Wien 2006

[78] Priwitzer, St.: Faustina minor: Ehefrau eines Idealkaisers und Mutter eines Tyrannen. In: Antike Welt 2011 Nr. 1, 24–29

[79] Raschle, Chr. R.: Ambrosius' Predigt gegen Magnus Maximus. In: Historia 54, 49–67 (2005)

[80] Rogers, R. S.: The Conspiracy of Agrippina. In: Transactions and Proceedings of the American Philological Association 62, 141–168 (1931)

[81] Schlange-Schöningen, H.: Augustus, Wissenschaftliche Buchgesellschaft, Darmstadt 2005

[82] Schönau, B.: Neros Mütter, Berenberg Verlag, Berlin 2021

[83] Schuller, W.: Frauen in der römischen Geschichte, Universitätsverlag Konstanz, Konstanz 1987

[84] Schulz, F.: Ambrosius, die Kaiser und das Ideal des christlichen Ratgebers. In: Historia 63, 214–242 (2014)

[85] Scott, A. G.: Cassius Dio's Julia Domna. In: TAPA 147, 413–433 (2017)

[86] Seaby, H. A.: Roman Silver Coins Vol. I, II, Seaby, London 1967^{2}, 1968^{2}

[87] Seneca: Schriften zur Ethik – Die kleinen Dialoge, hrsg. und übers. v. G. Fink, Artemis & Winkler Verlag, Düsseldorf 2008

[88] Simon, E.: Die Götter der Römer, Hirmer Verlag, München 1990

[89] Sonnabend, H.: Tiberius – Kaiser ohne Volk, wbg Philipp v. Zabern, Darmstadt 2021

[90] Spielvogel, J.: Septimius Severus, Wissenschaftliche Buchgesellschaft, Darmstadt 2006

[91] Stoll, R.: Frauen auf römischen Münzen, Trier 1996

[92] Sutherland, C.H.V.: Roman Coins, Barrie & Jenkins, London 1974

[93] Syme, R.: Lawyers in Government: The Case of Ulpian. In: Proceedings of the American Philosophical Society 116, 406–409 (1972)

[94] Tacitus: Annalen, 3 Bände, übers. v. A. Städele, Wissenschaftliche Buchgesellschaft, Darmstadt 2011

[95] Tacitus: Historien, 2 Bände, übers. v. A. Städele, Wissenschaftliche Buchgesellschaft, Darmstadt 2014

[96] Temporini-Gräfin Vitzthum, H. (Hrsg.): Die Kaiserinnen Roms. Von Livia bis Theodora, Verlag C. H. Beck, München 2002

[97] Velleius Paterculus: Historia Romana – Römische Geschichte, hrsg. und übers. v. M. Giebel, Reclam Verlag, Stuttgart 2014

[98] Vergil: Aeneis, hrsg. und übers. v. W. Plankl, Reclam Verlag, Stuttgart 1966

[99] Westall, R.: Constantius II and the basilica of St. Peter in the Vatican. In: Historia 64, 205–242 (2015)

[100] Wienand, J.: Der Kaiser als Sieger – Metamorphosen triumphaler Herrschaft unter Constantin I., Akademie Verlag, Berlin 2012

[101] Williams, M. G.: Studies in the Lives of Roman Empresses. In: American Journal of Archaeology 6, 259–305 (1902)

[102] Wood, S.: *Memoriae Agrippinae*: Agrippina the Elder in Julio-Claudian Art and Propaganda. In: American Journal of Archaeology 92, 409–426 (1988)

[103] Wood, S.: Who was Diva Domitilla? Some Thoughts on the Public Images of the Flavian Women. In: American Journal of Archaeology 114, 45–57 (2010)

[104] Woods, D.: On the Death of the Empress Fausta. In: Greece & Rome 45, 70–86 (1998)

[105] Woods, D.: The Constantinian Origin of Justina. In: The Classical Quarterly 54, 325–327 (2004)

[106] Woods, D.: Valentinian I, Severa, Marina and Justina. In: Classica et Mediaevalia 57, 173–187 (2006)

[107] Yavetz, Z.: Tiberius – Der traurige Kaiser, Deutscher Taschenbuch Verlag, München 2002

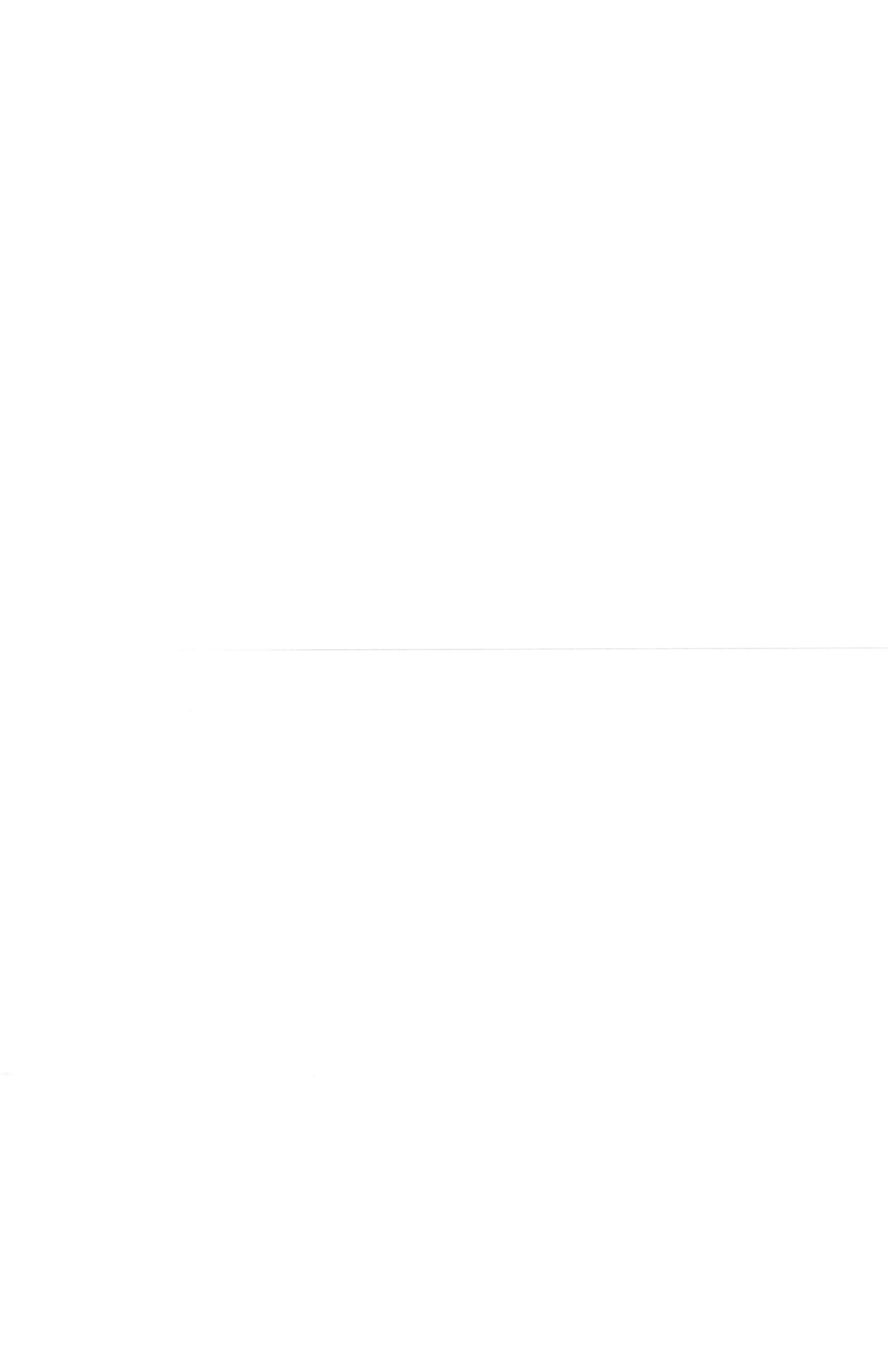

Personenregister

Ausschließlich in Stammtafeln erwähnte Personen sind nicht aufgeführt. Bei Historikern und Dichtern wird nur auf Fakten zu ihrem Leben verwiesen.

Orts- und Sachregister

Rom ist nicht aufgeführt. Münznominale verweisen in der Regel auf Abbildungen.